AF509154

FACULTÉ DE DROIT DE PARIS.

DU CONTRAT DE SOCIÉTÉ

EN DROIT ROMAIN.

DE LA SOCIÉTÉ CIVILE

EN DROIT FRANÇAIS.

THÈSE

POUR LE DOCTORAT

Présentée et soutenue le mercredi 21 décembre 1859, à une heure,

PAR

J.-F. RAUTER, avocat.

STRASBOURG,

IMPRIMERIE DE VEUVE BERGER-LEVRAULT, IMPRIMEUR DE L'ACADÉMIE.

1859.

DU CONTRAT DE SOCIÉTÉ

EN DROIT ROMAIN.

DE LA SOCIÉTÉ CIVILE

EN DROIT FRANÇAIS.

THÈSE

POUR LE DOCTORAT

Présentée et soutenue le mercredi 21 décembre 1859, à une heure,

PAR

J. F. RAUTER, avocat.

STRASBOURG,

IMPRIMERIE DE VEUVE BERGER-LEVRAULT, IMPRIMEUR DE L'ACADÉMIE.

1859.

Président : M. Bugnet, professeur.

Suffragants :
{ MM. Pellat, doyen.
Ortolan,
Duranton, } professeurs.
Batbie, professeur suppléant.

*Le candidat répondra en outre aux questions qui lui seront
faites sur les autres matières de l'enseignement.*

A LA MÉMOIRE DE MON PÈRE

J. F. RAUTER,

DOYEN HONORAIRE ET PROFESSEUR A LA FACULTÉ DE DROIT DE
STRASBOURG.

J. F. RAUTER.

TABLE DES MATIÈRES.

DROIT ROMAIN.

Du Contrat de Société.

DROIT FRANÇAIS.

De la Société civile.

DROIT ROMAIN.

DU CONTRAT DE SOCIÉTÉ.

*(Dig., pro socio, 17, 2. Cod. pro socio, 4, 37. Inst. de
societate, 3, 25.)*

INTRODUCTION.

La Société dans le sens spécial où ce mot est pris au
Digeste, dans le titre *pro socio* (17, 2), est un contrat par
lequel deux ou plusieurs personnes mettent quelque
chose en commun, dans le but d'opérer un gain commun
et licite et de le partager.

Nous posons cette définition *à priori*, sans invoquer à
l'appui aucun texte des jurisconsultes romains; mais
nous en avons puisé les éléments dans les espèces particulières que nous avons trouvées dans les Pandectes,
ainsi que nous aurons occasion de le démontrer.

Mais il importe tout d'abord de distinguer nettement
la société de l'état d'indivision. A ne prendre pour guide
que la phraséologie des Romains, on n'en tire pas grande
lumière, car ils se servent indifféremment des mêmes
expressions pour désigner la société et la simple indivision. (Voy. l. 14, § 3, D. *comm. divid.* 10, 3; l. 3, C.
comm. divid. 3, 37.) Mais lorsqu'on pénètre au fond des

choses, on voit tout de suite les différences qui les sépa-rent l'une de l'autre. Celle qui la première se présente à l'esprit, c'est que la société est toujours un contrat, tan-dis que l'indivision peut naître d'une autre cause que d'un contrat. Les textes citent l'exemple d'une seule et même chose léguée à deux personnes ou d'une succession dé-férée à plusieurs héritiers. (L. 31, D. *h. t.*)

Mais il peut se faire que l'indivision, elle aussi, résulte d'un contrat. Dans cette hypothèse, elle diffère de la so-ciété par l'intention qui a présidé à l'opération. Ainsi l'achat d'une chose en commun peut être tantôt une so-ciété, tantôt une indivision. Il se montre avec le premier caractère dans la l. 2, D. *comm. div.* 10, 3, et avec le se-cond dans la l. 31, D. *h. t.* Lorsque c'est un contrat qui est ainsi la source de l'indivision, on peut dire que celle-ci doit être considérée comme un simple résultat, tandis qu'elle est le but que se proposent les parties dans la so-ciété, et en même temps le moyen de réaliser les béné-fices que les associés ont en vue.

Il faut maintenant nous demander quel peut être l'in-térêt pratique d'une semblable distinction ?

Cet intérêt se manifeste tout d'abord au point de vue des actions à exercer. Le contrat de société donne lieu à l'action *pro socio* et à l'action *communi dividundo ;* l'état d'indivision ne donne lieu qu'à l'action *communi dividun-do.* Ensuite les associés jouissent les uns vis à vis des au-tres, au point de vue de la première action, du bénéfice de compétence qui est refusé aux simples communistes. En troisième lieu, un incapable, un impubère par exem-ple, ne peut, sans l'autorisation du tuteur, se soumettre aux obligations résultant du contrat de société, tandis que, même sans l'autorisation du tuteur, l'impubère peut se trouver obligé par l'état d'indivision. (L. 33, D. *h. t.*) Enfin si la simple indivision ne revêt jamais le caractère de personne morale, il n'en est pas de même de la société. Nous établirons, il est vrai, qu'en thèse générale, la société n'est pas, dans le droit romain, une personne juridique distincte des associés; mais nous verrons aussi que, par exception, certaines sociétés, telles par exemple que les *societates vectigalium*, jouaient le rôle de personnes morales.

Au surplus, les simples communistes peuvent, comme les associés, convenir de rester dans l'indivision pendant un temps défini, qui néanmoins ne peut excéder la vie de l'un d'eux, et sous ce rapport nous ne trouvons pas, dans le Droit romain, la même différence qu'en Droit français. (L. 14, § 2 et 3, D. *comm. div.* 10, 3, 1. 70, D. *h. t.* 1. 5, C. *comm. div.* 3, 37.)

Ayant à traiter de la société seulement, nous rechercherons d'abord quels en sont les éléments essentiels et les modalités qui peuvent l'affecter; nous décrirons ensuite les diverses espèces de sociétés, puis nous nous occuperons de déterminer les rapports des associés entr'eux et à l'égard des tiers; enfin nous verrons de quelle manière la société finit.

CHAPITRE PREMIER.

Des éléments essentiels du contrat de société et des modalités diverses qui peuvent l'affecter.

SECTION Iʳᵉ. — *Eléments essentiels du contrat de société.*

Les éléments essentiels du contrat de société, outre le consentement des parties, sont :

1° Un apport effectué par chacun des associés ;

2° L'intention de faire en commun des bénéfices licites et de les partager.

Nᵒ I. — *Apport effectué par chacun des associés.*

Pour qu'il y ait société, il faut que chacune des parties fasse un apport, consistant soit en choses seulement, soit en industrie seulement, soit à la fois en choses et en industrie. (L. 1, C. *h. t.*) De là il résulte que si l'un des contractants n'apporte rien et que néanmoins on lui donne droit aux bénéfices, le contrat ne vaut pas comme société. Mais si les autres ont eu l'intention de lui faire une libéralité, le contrat vaudra-t-il au moins comme donation ?

Du temps des jurisconsultes, la négative n'est pas douteuse. Dans la l. 5, § 2, *h. t.*, Ulpien nous dit : *Donationis causa societas recte non contrahitur*, et dans d'autres passages des Pandectes, la même idée est exprimée à propos des autres contrats consensuels. (V. l. 38, D. *de contrah. empt.* 18, 1 ; et l. 20, § 1, D. *locat. cond.* 19, 2.) Cela tient à ce qu'une convention qui ne vaut pas comme contrat consensuel est un simple pacte, et qu'au temps de la jurisprudence classique le pacte de donation ne donne pas d'action.

La même idée est aussi exprimée dans la l. 35, § 5, D. *de mortis causa donat.* 39, 6. Seulement Paul suppose que la société sans apport de l'une des parties a été formée dans l'intention de faire une donation à cause de mort : *Si quis societatem per donationem mortis causa inierit, dicendum est nullam societatem esse.* De là les textes concluent que la nullité dont il s'agit tenant à l'application des principes ordinaires du droit, étant ce que nous appellerions dans notre Droit français une nullité de droit, le mineur de 25 ans qui a éprouvé un préjudice parce qu'il est entré dans une semblable société, n'a pas besoin de recourir au remède suprême de la *in integrum restitutio* (L. 16, § 1, D. *de minor.* 4, 4).

De même lorsqu'une société *donationis causa* est intervenue entre époux, l'on n'a pas besoin de recourir à la prohibition des libéralités entre conjoints pour frapper de nullité une semblable opération. Les règles du droit commun suffisent pour cela, si bien que même depuis le sénatus-consulte rendu sous le règne de Caracalla, la donation ainsi faite n'est pas confirmée par le prédécès du donateur arrivé sans révocation. C'est toujours parce que la libéralité faite par simple pacte ne peut donner aucun droit au donataire ; et la preuve, c'est que si l'époux donateur avait réalisé l'apport qu'il avait promis en rendant son conjoint copropriétaire par une *mancipatio,* une *cessio in jure* ou une tradition, sans doute la règle prohibitive des donations entre époux rendrait nul tout cela pendant la durée du mariage ; mais le donateur ayant persisté jusqu'à son décès dans la volonté de donner, la libéralité se trouverait confirmée ; tel est le sens de la phrase : *Quæ tamen in commune tenuerunt fine præstituto revocanda non sunt* (L. 32, § 24, D. *de donat. inter V. et U.,* 24, 1).

Sous Justinien la société dont nous nous occupons, c'est-à-dire la société *donationis causa,* ne vaut pas plus qu'auparavant comme contrat de société et ne produit pas plus qu'auparavant *l'actio pro socio.* En ce sens les textes insérés au Digeste et que nous venons de citer ne figurent pas dans la compilation Justinienne à titre de simples renseignements historiques.

Mais il en est autrement du contrat envisagé comme donation. En vertu de la l. 35, § 5, C. *de donat.* 8, 54, la société *donationis causa* produira les effets ordinaires du pacte de donation, c'est-à-dire la *condictio ex lege.* Il résulte en effet de la phrase *sed quæ in commune tenuerunt fine præstituto revocanda non sunt,* qui se trouve dans la loi 32, § 24, D. *de donat. int. V. et U.,* que la donation n'était pas nulle par cela seul qu'elle avait revêtu la forme d'un contrat de société ; car après le prédécès de l'époux donateur le jurisconsulte la confirme parce que la réalisation des apports opérés par les modes ordinaires de translation de la propriété a rendu la libéralité parfaite. Dès le moment que sous Justinien la libéralité est parfaite par le simple pacte, l'on ne voit pas pourquoi la *condictio ex lege* ne serait pas résultée désormais d'une donation revêtue de la forme d'un contrat de société. Cette donation serait du reste soumise à la formalité de l'insinuation si elle excédait la valeur de 500 *solidi* (L. 36, C. *de donat.* 8, 54).

A raison de la nécessité d'un apport par chacun des associés, le même contrat peut être envisagé ou comme une société ou comme une opération *sui generis,* suivant que cet élément existe ou n'existe pas. Je vous livre un objet avec mission de le vendre pour une somme de tant, et avec faculté pour vous de garder tout ce qui, dans le prix de vente, excédera la somme fixée. Dans la l. 44, D. *h. t.,* Ulpien vous dit qu'il y a là une société *si animo contrahendæ societatis id actum sit.* Dans la l. 13, D. *de præscriptis verbis,* 19, 5, le même jurisconsulte décide qu'il n'y a lieu ni à *l'actio mandati,* parce que le mandat doit

être gratuit, ni à l'*actio pro socio*, parce que, dit-il, « So-
» cietas non videtur contracta in eo qui non te admisit
» socium distractionis, sed sibi certum pretium excepit ; »
et dans la l. 1, D. *de æstimatoria*, 19, 3, après avoir exposé
les doutes qui s'étaient élevés dans l'Ancien Droit sur le
caractère d'un semblable contrat, il ajoute que la jurisprudence a fini par adopter l'*actio præscriptis verbis ;*
c'est là ce que nous appelons le contrat estimatoire.

La contradiction apparente de tous ces textes se résout
par une distinction. L'opération dont il s'agit ici reste
dans la classe des contrats innommés, si l'on ne peut y
trouver tous les éléments de la société ; il y a société dans
le cas contraire. Par conséquent, si la personne chargée
de vendre n'est pas à même, à raison de son industrie,
de faire un marché plus avantageux que tout autre, et,
par exemple, que le propriétaire de la chose, on consi-
dérera qu'il n'y a aucun apport de sa part, et il faudra recourir à l'*actio præscriptis verbis*. Si, au contraire, à raison de sa profession, elle est en position de vendre l'objet
plus cher qu'il ne l'aurait été sans elle, il y a de son côté
un apport d'industrie qui fait que le contrat apparaît ici
avec tous les caractères de la société.

N° II. — Intention de réaliser des bénéfices.

Les bénéfices à réaliser doivent réunir deux caractères :
*Etre faits en commun dans le dessein de les partager, et n'être
pas illicites.*

Occupons-nous d'abord du premier caractère. Au premier aspect, il semble que la communauté de bénéfices
envisagée comme condition essentielle de la société soit
contredite par le texte d'Ulpien précité, à savoir la l. 44,
D. *h. t.* Ce jurisconsulte, nous le rappelons, voit un contrat de société dans la mission donnée à une personne de
vendre une certaine chose moyennant un certain prix, à
condition qu'elle gardera l'excédant. Nous avons vu, en

effet, que, dans certains cas déterminés, l'industrie de cette personne pouvait être considérée comme un apport suffisant; mais y a-t-il là un bénéfice à partager? Il semble bien que non; car si la chose n'est vendue que pour la somme qui a été fixée, le vendeur n'aura droit à aucune fraction de cette somme. Nous soutenons qu'il y a un bénéfice à partager. En effet, si le prix de vente est supérieur, il y aura bien partage des bénéfices dans une certaine proportion, et dans le cas où il ne dépasse pas le chiffre primitivement déterminé, le vendeur aura eu du moins, lors du contrat, l'espérance de prendre part aux bénéfices; et aux yeux d'Ulpien, cela suffit pour qu'il y ait une véritable société.

Cette objection une fois écartée, voici des textes qui prouvent avec la dernière évidence que des bénéfices à réaliser en commun sont une condition *sine qua non* du contrat de société.

1º Deux propriétaires voisins sont séparés par un fonds intermédiaire. L'un d'eux confie à l'autre la mission d'acheter ce terrain qui était en vente et de lui céder ensuite la part qui touche à son propre fonds; puis, à l'insu du voisin, il se porte lui-même acquéreur de la totalité du terrain. Suivant Julien, dont l'opinion est rapportée par Ulpien (L. 52, *pr.* D. *h. t.*), la question de savoir si le voisin aura une action quelconque est une question toute de fait. Le voisin s'était-il chargé de l'opération par pure complaisance et uniquement pour rendre service à son voisin, il n'y a pas d'action possible; alors, en effet, le contrat porte tous les caractères d'un mandat invoqué par la volonté du mandant. Mais si la convention intervenue entre les deux propriétaires avait pour objet l'utilité commune, c'est là une véritable société.

2º Nous sommes copropriétaires d'un même fonds et nous convenons que nous jouirons chacun une année de la totalité du fonds *certo pretio*. Alors que votre année de jouissance était près d'expirer, vous avez mis le fonds hors d'état de produire la moindre récolte l'année suivante, j'agirai contre vous par deux actions, l'*actio ex conducto* et l'*actio ex locato*. En effet, en ce qui touche ma part dans le fonds, je suis locateur, et en ce qui touche la vôtre, je suis locataire ; telle est l'opinion de Servius, rapportée par Africain dans la l. 35, § 1, D. *locati conducti*, 19, 2. Il ajoute que, suivant une remarque faite par son maître Julien, la réparation du préjudice causé peut être obtenue au moyen de l'action *communi dividundo*. Il admet l'une et l'autre doctrine en faisant observer que les actions *ex locato* et *ex conducto* et l'action *communi dividundo* ne peuvent pas se cumuler. Il termine en disant que la question est encore plus simple si la convention dont il s'agit est intervenue entre deux propriétaires de deux fonds distincts et séparés.

Dans la même hypothèse, Ulpien (L. 23, D. *communi dividundo*, 10, 3), supposant que les deux copropriétaires par indivis n'ont pas fixé de prix, écarte l'*actio locati* et l'*actio conducti* pour s'en tenir à l'*actio communi dividundo*, ou tout au moins à l'action *præscriptis verbis*. Mais aucun de ces jurisconsultes ne songe à l'action *pro socio*, par la raison bien simple que, chacun gardant pour soi le bénéfice réalisé pendant son année de jouissance, l'esprit ne pouvait concevoir l'idée d'une société.

Du reste, peu importe la nature du profit commun résultant de l'exploitation d'une chose commune. Ainsi deux propriétaires voisins mettent en commun chacun une portion de leur terrain pour y construire un mur mitoyen et y appuyer des poutres, ou bien ils achètent en commun un terrain pour se ménager la vue ; il y a là un contrat de société donnant naissance à l'action *pro socio* (L. 52, § 13, D. *h. t.*).

Abordons maintenant le second caractère dont doivent être revêtus les bénéfices que les parties se proposent de faire pour qu'il y ait société. Ces bénéfices doivent être licites, autrement la société serait frappée de nullité.

Ce principe est exprimé sous des formes diverses : « Flagitiosæ rei societas coïta nullam vim habet (L. 70, » § ult. D. *de fidejuss.*, 46, 1.). — Si maleficii societas » coïta est, constat nullam esse societatem ; generaliter » enim traditur rerum inhonestarum nullam esse socie- » tatem (L. 57, D. *h. t.*). — Nec enim ulla societas ma- » leficiorum est (L. 1, § 14, Ulpien, D. *de tut. et rat. distr.* » 27, 3.). »

Toutefois, si une pareille société s'est formée en fait, examinons les rapports qui peuvent exister soit entre les associés et les tiers, soit entre les associés les uns vis-à-vis des autres.

I. — *Rapports des associés vis-à-vis des tiers.*

Il peut se faire que tous les associés mettant en œuvre l'association qu'ils ont formée, commettent les délits en vue desquels ils se sont réunis. Ces délits peuvent donner naissance à des actions pénales bilatérales ou à des actions pénales unilatérales ; nous aurons plus tard, à propos du concours de l'action *pro socio* avec d'autres actions, à revenir sur la distinction que nous nous contentons d'énoncer ici. Les actions pénales bilatérales se donneront pour le tout contre chacun des codélinquants, sans que le paiement fait par l'un d'eux libère les autres. Ainsi en sera-t-il de l'*actio furti*, par exemple. On partira de l'idée qu'il y a autant de vols commis que de voleurs, et cette idée devra s'appliquer à toutes les actions de même nature (L. 51 *in fine* D. *ad legem Aquiliam*, 9, 2; l. 55, § 1. D. *de adm. et periculo tut.* 26, 7; l. 5, § 3, D. *ne quis cum*, 2, 7; l. 1, C. *de cond. furtiva*, 4, 8; l. 34. D. *de injuriis* 47, 10; l. 5, *pr.* D. *noxal. act.* 9, 4).

Les actions pénales unilatérales se donneront aussi contre chacun des *socii maleficiorum* pour le tout. Mais la libération des autres résultera du paiement effectué par l'un d'entre eux (l. 1, § 4, D. *de eo per quem fact.* 2, 10 ; l. 14, § 15 et l. 15, D. *quod metus causa*, 4, 2; l. 1, § 10; l. 3; l. 4, D. *de his qui eff.* 9, 3; l. 17, *pr.* D. *de dolo malo,* 4, 3).

L'idée mère de cette théorie, c'est que l'action étant *rei persecutoria* du côté du demandeur, c'est-à-dire ayant simplement pour but de l'empêcher de s'appauvrir, une fois que ce but se trouve atteint, il n'y a plus lieu à des poursuites ultérieures.

Quant aux actions pénales qui tiennent le milieu entre les deux espèces que nous venons d'indiquer, c'est-à dire quant aux actions pénales mixtes, elles ne se donneront qu'une fois contre l'un des codélinquants, en ce qu'elles contiennent de réparateur seulement. Mais la victime du délit pourra les exercer autant de fois qu'il y a de codélinquants en ce qu'elles ont de pénal.

Nous n'avons pas parlé d'actions purement *rei persecutoriæ* résultant d'un délit ; le seul exemple que l'on puisse en citer est celui de la *condictio furtiva*, et quand on pénètre au fond des choses en s'en tenant à la rigueur des principes, il n'est pas exact de dire que la *condictio furtiva* résulte du vol. Elle est attachée par les textes à cette circonstance que la victime du vol est restée propriétaire, et en conséquence par une dérogation aux principes introduits *odio furum*, elle est destinée à faire l'office de la *rei vindicatio.* Or nul ne prétendra que celle-ci résulte du délit. Toutefois et sous le bénéfice de ces observations, lorsqu'un vol a été commis par plusieurs associés, la *condictio furtiva* suit la même règle que les actions pénales unilatérales, en ce qui touche la question de savoir si elle peut être exercée pour le tout une seule fois ou plusieurs fois (L. 1, C. *de cond. furt.* 4, 8).

II. — *Rapports des associés entre eux.*

La possibilité de ces rapports se conçoit relativement

aux *bénéfices* faits par l'un des associés au moyen de la perpétration d'un délit, relativement aux *pertes* auxquelles il s'est exposé à l'occasion du même délit, enfin relativement aux *mises* que chacun des associés s'est obligé à réaliser.

1° *Bénéfices*. — Deux cas se présentent ici. Il faut tout d'abord supposer que le bénéfice n'a pas été communiqué. Les associés qui n'ont pas commis le délit n'auront pas l'action *pro socio*, pour forcer celui qui l'a commis à une semblable communication. Cette règle ne comporte aucune espèce de distinction ; elle s'applique et lorsque la société a été formée en vue d'opérations illicites, et lorsqu'il s'agit d'une société qui, envisagée à sa source, était parfaitement honnête, par ex. de la société *omnium bonorum*. Même, dans cette dernière hypothèse, les associés non délinquants n'ont aucune espèce de base sur laquelle ils puissent se fonder pour exercer l'*actio pro socio*. Dans la supposition la plus honorable pour eux, leur pensée n'a pas été de faire entrer en société les biens à venir provenant de leurs méfaits ; et, s'ils y ont réellement songé, leur société, quant à cela, est à considérer comme non avenue ; c'est ce qu'exprime Ulpien dans la L. 53, D. *h. t.*, en disant : « Quia delictorum turpis atque » fœda communio est. » Il faut supposer ensuite que le gain illicite a été communiqué. Ulpien, dans le même passage, nous dit qu'alors il devient commun : « plane si » in medium collata sit, commune erit lucrum. » D'où il faut conclure que ce *lucrum*, faisant désormais partie intégrante du fonds social, sera comme le fonds social lui-même partagé au moyen de l'*actio communi dividundo*. Ici encore il n'y a pas à distinguer entre le cas où les associés se sont réunis en vue de commettre des délits, et le cas où ils se sont réunis en vue d'opérations permises, et par exemple pour rester dans l'hypothèse du texte, en contractant une société *universorum bonorum*. Un court raisonnement d'analogie suffit pour rendre commune aux deux cas la solution formellement donnée par le jurisconsulte pour l'un d'eux.

A supposer que les associés de tous biens aient eu en vue non-seulement les gains honnêtes, mais encore ceux résultant des délits, la circonstance que l'association est entachée de nullité sur ce point, comme une *turpis atque fœda communio*, n'empêche pas la communication faite par l'auteur du délit de faire entrer les choses en provenant dans le fonds commun. En généralisant la pensée du jurisconsulte, nous dirons que la turpitude d'une association formée pour commettre des délits et la nullité qui en découle, n'empêchent pas les gains illicites qui sont communiqués d'entrer dans l'indivision et de pouvoir faire l'objet de l'action *communi dividundo*.

2° *Pertes.* — Lorsque l'associé délinquant a subi une perte par suite de la condamnation qu'il a encourue, cette perte peut être d'une double nature suivant le caractère de l'action qui aura été exercée contre lui, caractère déterminé lui-même par les distinctions exposées plus haut et qui se reproduiront plus d'une fois.

Son patrimoine peut avoir été l'objet d'une diminution ayant pour but l'enrichissement du demandeur, en d'autres termes l'auteur du délit peut avoir payé une somme à titre de peine ; en outre, il peut avoir été condamné à payer une autre somme destinée à réparer le dommage en empêchant la fortune du demandeur de s'amoindrir.

Pourra-t-il à ce sujet recourir contre ses coassociés ? La solution de cette question dépend de la distinction que voici et qui est exprimée dans les textes.

La société se trouve-t-elle infectée d'un vice originel par la raison qu'elle a été formée précisément en vue d'opérations illicites ? Dans aucun cas, l'auteur du délit ne pourra exercer d'action récursoire contre les autres membres de l'association criminelle. Où trouverait-il, en effet, son point d'appui pour exercer l'*actio pro socio?* S'agit-il, au contraire, d'une société licite et de nature à comprendre tous les gains futurs, à moins qu'ils n'aient un délit pour cause, les jurisconsultes établissent une sous-distinction. Si le bénéfice illicite n'a pas été communiqué, de même que le délinquant ne peut être contraint, au moyen de l'action *pro socio*, à opérer cette communication, de même il ne peut forcer les autres parties contractantes à supporter une part quelconque de la perte qu'il a faite. Si la communication du bénéfice a eu lieu, les autres associés doivent participer à la perte ; seulement la participation n'est pas la même, suivant qu'ils ont connu ou ignoré la source honteuse du profit. Dans le premier cas, ils devront contribuer au paiement, non-seulement de l'indemnité, mais encore de la peine ; dans le second, au paiement de l'indemnité seulement. Dans la première hypothèse, ils se sont associés, quoique après coup, au délit, et il est juste qu'ils en subissent les conséquences ; dans la seconde, le profit illicite ayant été rendu commun, il y a juste réciprocité à rendre la perte commune. L'associé délinquant trouve dans le contrat de société qui a eu, nous le supposons, un but licite, la source de son *actio pro socio*. Ll. 55 et 57, D. *h. t.*

3° *Mises.* — La société illicite étant nulle et ne produisant en conséquence ni obligations ni actions, aucune des parties contractantes n'a d'action contre les autres pour les contraindre à réaliser les apports promis ; mais si cette réalisation a eu lieu, il faut induire de ce qui a été dit précédemment que la nullité de la société n'empêche pas l'indivision de s'établir. Ceci du reste est conforme aux règles élémentaires du droit. Lorsqu'une personne a l'intention de transférer la propriété à une autre, le but illicite qu'elle se propose ne met pas obstacle à ce que cette translation s'effectue ; d'un autre côté, la *condictio ob turpem causam* est ici sans application possible, puisqu'il y a eu *turpitudo ex utriusque parte*. L'indivision de fait qui s'est établie restera soumise aux règles ordinaires des indivisions qui ne résultent pas d'un contrat de société, et la fin d'un pareil état sera, comme dans les cas ordinaires, la suite de l'*actio communi dividundo*, (Cf. l. 3, *pr.* D. *d. colleg. et corp.* 47, 22).

SECTION II. — Des modalités du contrat de société.

Le contrat de société se forme *solo consensu, pr. Inst. de consensu obligation.* 3, **22**. Dès que les parties sont d'accord sur les éléments essentiels du contrat, il y a société ; peu importe la manière dont leur intention à cet égard se trouve exprimée. Elle peut l'être verbalement ou par cela seul qu'il y a eu des choses mises en commun, avec la pensée bien arrêtée d'établir des relations sociales. Cela est exprimé par Modestin, dans la l. 4, *pr. h. t.*: « Societatem coïre et re et verbis et per nuntium posse » nos dubium non est. » Ce texte n'a cependant pas été entendu de la même manière par tous les interprètes. D'après Accurse, l'intention des contractants ne saurait résulter de la mise en commun de certains objets. Il faudrait encore une déclaration expresse de volonté. D'autres entendent le mot *verbis* dans le sens de paroles solennelles. Donneau (*Comment. Jur. Civ., lib.* 13, *c.* 15) a très-bien réfuté ces opinions diverses en donnant au passage de Modestin l'interprétation bien naturelle qui se présente la première à l'esprit et que nous avons donnée.

Tout au plus pourrait-on faire exception pour la société *omnium bonorum,* en se fondant sur la l. 3, § 1, D. *h. t.* « Cum specialiter omnium bonorum societas coïta est. » En dehors d'une formelle déclaration de volonté, il est bien difficile, en effet, de prouver que l'intention des parties a été de mettre en société tous leurs biens. Cela ne doit pas se présumer.

Quoi qu'il en soit, le contrat de société étant un contrat *bonæ fidei*, les pactes accessoires qui y sont ajoutés sont régis par les mêmes règles qui gouvernent les *pacta adjecta* joints soit *in continenti*, soit *ex intervallo*, à tout autre contrat de la même nature. Nous nous contentons de cette indication générale, l'exposé de cette théorie ne rentrant pas dans notre sujet.

Le contrat de société peut être affecté de modalités diverses, entre autres d'un terme, d'une condition ou de conventions destinées à modifier la répartition des bénéfices et des pertes, telle qu'elle a lieu d'après le droit commun.

Le terme n'a jamais été le sujet d'un doute dans la jurisprudence romaine. Il n'en a pas été de même de la condition. Bien que les textes des Pandectes ne portent aucune trace de la controverse qui a régné à cet égard, elle nous est positivement affirmée par Justinien dans la l. 6, C. *h. t.* Dans la l. 1, D. *h. t.*, après avoir dit : « Societas » coiri potest vel in perpetuum, id est dum vivunt, vel ad » tempus, vel ex tempore, » Paul ajoute : « vel sub con- » ditione, » comme si cela n'avait jamais fait l'objet d'un doute. Aussi certains interprètes ont-ils voulu voir ici la main de Tribonien. Mais il arrive souvent que les jurisconsultes donnent leur avis sur un point controversé comme si c'était un point hors de discussion, parce que l'opinion qu'ils expriment est de leur temps l'opinion dominante.

Il est plus difficile de concevoir la raison qui fait hésiter les jurisconsultes romains. Cujas a tenté de la découvrir. Il a dit que la réalisation des apports devait se faire par la *mancipatio*, et que cette opération, figurant parmi les *actus legitimi*, était incompatible avec la condition. Cette conjecture de notre grand interprète a été re-

produite par Voët et par Pothier. Tous citent à l'appui la
l. 77, **D.** *de diversis regul. jur.* 50, 17, où il est dit : « Ac-
» tus legitimi qui recipiunt diem vel conditionem ve-
» luti mancipatio, acceptilatio, hereditatis aditio, servi
» optio, datio tutoris, in totum vitiantur per temporis vel
» conditionis adjectionem. » La mancipation n'existant
plus du temps de Justinien et la tradition suffisant dans
tous les cas à transférer la propriété, la raison de
douter n'existait plus, et telle serait la cause pour
laquelle Justinien aurait législativement tranché la controverse.

Cette explication pèche en un grand nombre de points.
sans doute la *mancipatio*, pas plus que les autres *actus legitimi*, n'est susceptible d'être affectée d'une condition.
Mais il faut en dire autant du terme, et cependant Justinien ne nous dit pas que la société à terme ait été l'objet
de la moindre controverse. Ensuite ce n'est pas la *mancipatio* que la condition aurait affectée, mais le contrat
lui-même. Tout au plus aurait-on pu dire que la communication des apports par *la mancipatio* était tacitement
soumise à la condition sous laquelle la société avait été
formée, mais cela même n'avait rien d'impossible. C'est
ainsi que dans une donation à cause de mort le donateur
pouvait immédiatement manciper la chose au donataire,
lors même que la libéralité avait été faite sous la condition du prédécès du donateur. De plus, si les *actus legitimi* ne pouvaient être affectés d'une condition, c'est
en ce sens seulement que la condition ne pouvait être
expresse. Rien n'empêchait qu'ils ne fussent soumis à
une condition tacite.

La loi 77. *de regul. juris* elle-même nous dit :

« Nonnunquam tamen actus supra scripti tacite reci-
» piunt quæ aperte comprehensa vitium adferunt; nam
» si acceptum feratur ei qui sub conditione promisit, ita
» demum egisse aliquid acceptilatio intelligitur, si obli-

» gationis conditio extiterit, quæ si verbis nominatim
» acceptilationis comprehendatur, nullius momenti faciet
» actum. » Ainsi les *actus legitimi* pouvaient être affectés
d'une condition tacite qui, si elle eût été exprimée, aurait
rendu l'acte complétement nul. Voilà, par exemple, un
homme qui a promis sous condition; avant la réalisation
de l'évènement son créancier lui fait acceptilation purement et simplement. *L'acceptilatio* n'a pas d'effet actuel,
car il est impossible d'éteindre une obligation qui n'existe
pas encore. Mais elle n'en est pas moins valable, et lorsque la condition se réalisera, la dette s'éteindra en même
temps qu'elle prendra naissance. Au contraire, si la même
condition qui, en suspendant l'existence de la dette, avait
par voie de conséquence suspendu l'effet de l'acceptilation, avait été exprimée, alors que cette dernière est
intervenue, *l'acceptilatio* aurait été viciée à l'origine, et à
l'époque où l'évènement serait arrivé, le promettant eût
été lié vis-à-vis du créancier. On pourrait citer bien
d'autres applications de cette distinction entre les conditions expresses et les conditions tacites, en ce qui
touche la validité des *actus legitimi*. Mais ce que nous
venons de dire suffit amplement aux besoins de notre
démonstration. A supposer qu'une condition eût été
apposée à un contrat de société, la *mancipatio* interve-
nant en exécution de ce contrat à l'effet de réaliser les
apports, aurait pû être dans ses conséquences, à savoir
la translation de propriété, soumise tacitement à la condition convenue dans le contrat, et dès lors ont ne voit
pas sur quelle base peuvent s'appuyer Cujas et ceux qui
l'ont copié.

Au surplus, si les apports à effectuer étaient des choses
nec mancipi, une condition expresse aurait pû accompa-
gner non seulement la société lors de sa formation, mais
encore la tradition elle-même. Julien nous dit en effet
dans la l. 38, § 1. D. *de adq. vel am. posses. :* « Si quis posses-

» sionem fundi ita tradiderit ut ita demum cedere ea dicat
» si ipsius fundus esset, non videtur possessio tradita si
» fundus alienus sit; hoc amplius existimandum est,
» possessiones sub conditione tradi posse, sicut res sub
» conditione traduntur, neque aliter accipientis fiunt
» quam conditio extiterit. » Le système de Cujas n'a donc
pas dissipé l'obscurité qui règne sur le point dont nous
nous occupons.

Voici peut-être ce qui avait produit l'hésitation dans
l'esprit de certains jurisconsultes : tant que la condition
est en suspens, celle des parties qui fait une opération
ne sait pas si elle fait l'opération pour son compte ou
pour le compte de la société; cette situation paraît présenter quelque chose de bizarre, surtout si l'on suppose
une société *omnium bonorum*. Mais cette singularité se
produit lors même qu'il s'agit d'une société *unius rei*.
Deux personnes se sont associées sous condition pour
faire un achat en commun. L'une d'elles achète la chose.
Elle l'aura acquise pour son propre compte, si la condition ne se réalise pas ; pour le compte de la société, si la
condition se réalise. C'est peut-être à raison de cette in-
certitude que certains jurisconsultes avaient proscrit la
condition comme modalité du contrat de société.

Nous mentionnerons ici pour mémoire les clauses spéciales qui ont pour but de déroger au droit commun en
ce qui touche la répartition des bénéfices et des pertes.
Nous en traiterons quand nous nous occuperons des
apports des associés entr'eux.

CHAPITRE II.

Des diverses sociétés.

La classification des sociétés peut se faire à un double
point de vue : au point de vue de leur objet et au point
de vue de leur caractère.

SECTION Ire. — *Classification des sociétés au point de vue de leur objet.*

Au point de vue de leur objet, les sociétés sont au nombre de cinq :

1° La société *omnium bonorum* ou *universarum fortuna-rum* ;

2° La société *quæstuum* ;

3° La société *alicujus negotiationis* ;

4° La société *unius rei* ;

5° La *societas vectigalium*, à laquelle il faut ajouter, parce qu'elles ont la même nature, les sociétés formées pour l'exploitation des mines d'or ou d'argent et des salines, appelées *societates aurifodinarum, argentifodinarum et salinarum.* (V. ll. 5 et 7, D. *h. t.*).

N° 1. — *Societas omnium bonorum vel universarum fortunarum.*

Nous étudierons cette espèce de société en examinant comment se compose son actif, comment son passif.

1° *Composition de l'actif.* — L'actif comprend tout le patrimoine des associés. Nous allons examiner de quelle manière s'opère la communication des biens corporels présents, des biens corporels futurs, et des biens incorporels.

Biens corporels présents. — Les biens présents de chacun des associés deviennent la copropriété de tous. Cette communication s'opère immédiatement et *ipso jure.* Dans la l. 1, § 1, D. *h. t.*, Paul nous dit : « In societate omnium » bonorum omnes res quæ coeuntium sunt continuo com-» municantur. » N'induisons pas de là que dans la société *omnium bonorum*, et en vertu d'une dérogation spéciale aux principes généraux du droit romain, le simple consentement des parties ait la vertu d'opérer la translation immédiate de la propriété. Le jurisconsulte Gaius a le

soin de nous en avertir, en nous disant : « Quia, licet
» specialiter traditio non interveniat, tacite tamen credi-
» tur intervenire. » (L. 2. D. *h. t.*) On applique ici les
règles ordinaires du constitut possessoire, avec cette
seule différence que dans les autres contrats, tels que
la vente, le constitut possessoire doit être exprès, tandis que dans la société *universorum bonorum* il est sous-
entendu. Cette différence a été introduite en vue de
l'utilité pratique. Il eût été trop embarrassant de faire
intervenir un constitut possessoire exprès à propos de
chacune des choses appartenant aux divers associés ;
mais c'est toujours par le mode ordinaire du droit
des gens, la possession, que la propriété se trouve
transférée. Il est élémentaire que la possession s'acquiert
animo et corpore, et s'il est nécessaire que l'*animus possidendi* doive résider en la personne de celui qui veut devenir possesseur, il n'en est pas de même de la détention
matérielle, du *corpus,* qui peut s'exercer soit par soi-
même, soit par l'intermédiaire d'autrui. Chacun des associés a l'intention d'acquérir pour partie la possession
des choses appartenant à son co-associé ; et quant au
corpus, chacun d'eux l'acquiert par l'intermédiaire des
autres. C'est dans le même sens qu'au § 44, *Inst.* 2, 1 ,
Justinien nous dit que si je vous vends une chose que
je vous ai prêtée ou que j'ai déposée chez vous, la propriété se trouve transmise indépendamment de toute
tradition effective. Il reste à observer que le constitut
possessoire tacite entre associés ne transfèrera le *domi-
nium ex jure Quiritium,* que des choses *non mancipi* et l'*in
bonis* des choses *mancipi.* Ceci avant Justinien bien entendu.

Choses corporelles futures. — Les choses futures acquises par chacun des associés ne sont acquises qu'à lui,
elles n'appartiendront aux autres associés qu'après
qu'elles leur auront été communiquées ; et pour obtenir

cette communication, ils auront l'action *pro socio*. Cette différence entre les biens présents et les biens futurs s'explique aisément. Lorsque le contrat de société est formé, les divers intéressés se mettent en rapport les uns avec les autres, et chacun peut être considéré comme se constituant vis à vis des autres possesseur, en vertu d'un constitut tacite. Mais pour les acquisitions faites pendant le cours de la société, celui des associés qui acquiert n'est point par cette acquisition mis en rapport avec ses co-associés. L. 74. D. *h. t.*

Biens incorporels. — En ce qui touche les créances appartenant à chacun des associés, il n'y a pas la même distinction à faire que pour l'actif corporel. Soit qu'il s'agisse de créances actuelles, soit qu'il s'agisse de créances futures, la communication n'a jamais lieu *ipso jure.* Cela tient à ce que les jurisconsultes romains ne s'étaient pas faits à l'idée que les créances fussent susceptibles d'une cession véritable. Mais pour arriver à un résultat analogue, ils avaient imaginé des moyens détournés, la *procuratio in rem suam* et la novation par changement de créancier. Lors donc que l'un des associés *omnium bonorum* sera présentement ou deviendra plus tard créancier d'un tiers, la créance tout entière résidera sur sa tête, et ses co-associés auront contre lui l'action *pro socio* pour le contraindre à les constituer *procuratores in rem suam* en ce qui touche la part revenant à chacun d'eux dans la créance.

Les règles précédentes relatives au mode suivant lequel s'opère la communication, s'appliquent du reste aux biens soit corporels soit incorporels, de quelque manière qu'ils soient advenus aux associés. Pour faire ressortir à cet égard l'étendue de la société *omnium bonorum,* les jurisconsultes disent que chacun des associés doit communiquer aux autres :

1° Les actions pénales, l. 52, § 16. *h. t.*

2° Les hérédités, les legs et les donations, 1. 3, § 1 ; 1. 73. D. *h. t.*

Et 3°, enfin, la dot de sa femme, 1. 65, § 16 ; 1. 66. D. *h. t.*

La destination spéciale de la dot nous force à nous arrêter un instant sur ce dernier point. La dot est destinée à subvenir aux *onera matrimonii*. De là le principe souvent exprimé dans les textes que les *onera matrimonii* se trouvent là où est la dot. Dans une société *omnium bonorum*, lorsque l'un ou l'autre des associés est déjà marié au moment où se forme le contrat de société, la dot, dont il est *dominus*, devient *ipso jure* la propriété indivise des autres, et s'il se marie pendant la société, il est obligé de communiquer la dot à ses co-associés. Mais dans les deux hypothèses les *onera matrimonii* sont à la charge de la société. Deux cas peuvent désormais se présenter : ou bien la société se dissout avant le mariage, ou bien le mariage avant la société.

PREMIÈRE HYPOTHÈSE. — *La société se dissout avant le mariage.* En ce cas, les *onera matrimonii* qui étaient supportés par la société vont être désormais à la charge du mari. De là, il résulte que dans le partage du fonds commun, il est autorisé à exercer le prélèvement de la dot. L. 65, § 16. D. *h. t.*

DEUXIÈME HYPOTHÈSE. — *Le mariage est dissous avant la société.* Le mode de dissolution et le caractère de la dot vont ici exercer une grande influence sur les rapports du mari avec ses co-associés.

Supposons tout d'abord que le mariage se trouve dissous par le prédécès de la femme. La dot est-elle profectice, elle doit retourner à celui qui l'a constituée. Est-elle adventice, elle reste au mari, à moins que le constituant n'en ait stipulé la restitution. Dans tous les cas où elle doit rester au mari, celui-ci n'a pas le droit de la prélever. Elle entre dans le partage à l'égal des autres biens qui composent le fonds social. Toutes les fois que la restitution doit en être faite, il faudra distinguer si elle consiste en corps certains et déterminés ou en quantités. Les corps certains devant être restitués immédiatement, le mari les prélèvera tout de suite. Les quantités devant être restituées en trois ans, un tiers chaque année, le mari n'aura le droit de faire le prélèvement qu'aux diverses échéances. Nous nous plaçons, bien entendu, à une époque antérieure à Justinien; car tout le monde sait que sous ce prince la distinction n'est plus à faire entre les corps certains et les quantités, mais entre les meubles et les immeubles, que les immeubles doivent être rendus immédiatement et les meubles dans le courant de l'année.

Si l'on suppose que le mariage est dissous par le divorce, la femme a le droit de réclamer la restitution de sa dot dans des temps divers, suivant les distinctions que nous venons d'établir, et la question de savoir quand le mari pourra exercer le prélèvement sur le fonds commun dépendra également de toutes ces distinctions. V. l. 65, § 16 et l. 66. D. *h. t.*

II. — *De la composition du passif.*

Dettes présentes. — Tous les biens présents des associés devenant communs, il s'ensuit que les dettes présentes le deviennent aussi. Ce principe n'est nulle part positivement exprimé par les textes, par la raison qu'il n'avait nul besoin de l'être. La règle que nous posons se déduit du reste de celle-ci : « Bona intelliguntur cujusque quæ » deducto ære alieno supersunt. » L. 39, § 1. D. *de verb. sign.* Cet adage si connu n'est en définitive que l'expression de l'intention des parties. Lorsqu'une personne parle de la masse de ses biens, elle sous-entend dans sa pensée la déduction de ses dettes.

Dettes futures. — Les textes sont plus explicites sur ce point. Dans la l. 27 D. *h. t.*, Paul nous dit : « Omne æs alie-

» num quod manente societate contractum est, de com-
» muni solvendum est. » Qu'on ne soit pas tenté d'induire
de là par argument *a contrario*, et contrairement à ce que
nous venons de dire, que les dettes présentes ne doivent pas
être payées sur le fonds commun : le jurisconsulte n'a pas
eu l'idée d'établir un contraste entre les dettes futures et
les dettes présentes, mais de dire que les dettes contractées par l'un des associés pendant la société doivent être
soldées *de communi*, lors même que leur échéance serait
postérieure à la dissolution de la société.

Au surplus, de même qu'on ne fait aucune espèce de
distinction, au point de vue de l'actif, entre les diverses
natures de biens, de même on n'en fait aucune, au point
de vue du passif, entre les diverses natures de dettes. Les
associés se doivent les uns aux autres les frais de leur entretien et de leur nourriture, les frais d'entretien, de
nourriture, d'éducation de leurs enfants et la dot de leurs
filles. L. 73, D. *h. t.*

Arrêtons-nous un instant sur la dot des filles, comme
nous l'avons fait précédemment pour la dot des femmes.
Disons d'abord qu'une convention expresse et réciproque
n'est pas nécessaire pour que les associés soient mutuel-
lement obligés à doter leurs filles. Dans la l. 81. D. *h. t.*,
Papinien, en supposant à cet égard la nécessité d'un pacte
exprès et mutuel, s'occupe de toute autre société que de
la société *omnium bonorum*. Alors, en effet, l'obligation de
doter les filles ne s'induit pas d'elle-même, et, lorsqu'elle
existe, il faut qu'elle soit réciproquement contractée.
Dans une société *universarum fortunarum*, au contraire,
l'induction est toute naturelle, et la mutualité dont nous
parlons existe de droit.

Cela posé, voilà un associé qui, après avoir marié sa
fille et lui avoir constitué une dot par *promissio*, est mort
la laissant héritière, sans avoir au préalable payé la dot
au mari. Quelque temps après, le mariage a été dissous

par le divorce, et la femme, devenue par voie de succession débitrice de la dot promise par son père, a, par l'action *rei uxoriæ*, forcé son mari à lui faire *acceptilatio*. La question est de savoir si, en convolant à de secondes noces, elle pourra exercer l'*actio pro socio*, pour forcer les anciens associés de son père de la laisser prélever sur le fonds social une dot égale à celle qui lui avait été primitivement constituée. Papinien décide que l'obligation des associés ne va pas jusque là ; mais avant d'arriver à la solution, ce jurisconsulte, suivant son procédé habituel, passe par des raisonnements et des hypothèses intermédiaires destinés à faire ressortir et à mettre en relief, par voie de contraste, l'opinion dans le sens de laquelle il finit par se prononcer.

La première hypothèse qui se présente à son esprit est celle où le père a payé la dot et où le mariage de sa fille a été dissous par le prédécès de cette dernière. Le père ayant survécu a le droit d'exercer contre le mari l'*actio rei uxoriæ* pour opérer le recouvrement de la dot profectice. Mais ce recouvrement une fois opéré, l'intention commune des parties s'oppose à ce qu'il puisse la garder; il sera donc obligé de la reverser à la masse.

Le second cas prévu par Papinien est celui dans lequel la société durant encore, le mariage de la fille a été dissous par le divorce. L'*actio rei uxoriæ* a été alors acquise à la fille que nous supposons restée en puissance et par son intermédiaire au père. Mais à raison de l'a-nomalie des règles relatives à la dot, le père n'a pu exercer l'action que *adjuncta filiæ persona*. Si celle-ci ne lui a pas refusé son concours, il a donc pu recouvrer la dot, mais il l'a recouvrée *cum sua causa*, c'est-à-dire à la charge de la tenir à la disposition de sa fille, pour le cas où celle-ci voudrait se remarier. La dot aura donc été reversée à la masse sous l'affectation de la même charge, et lors du convol, elle sera retirée du fonds commun et donnée au nouveau mari.

Il peut se faire pourtant que la dot n'ait pas été restituée en entier à raison du bénéfice de compétence opposé par le mari. Dans cette hypothèse la masse ne sera tenue de mettre la dot à la disposition de la fille que dans les limites de ce qui aura été retiré, à moins que lors de la formation de la société, le contraire n'ait été formellement convenu.

Papinien apporte ensuite une modification à sa seconde hypothèse, en supposant que la dissolution du mariage par le divorce est arrivée après la mort du père. Alors l'action *rei uxoriæ* a été exercée par la femme, non qu'elle l'ait trouvée dans l'hérédité paternelle, puisqu'au moment où cette hérédité s'est ouverte, le mariage durait encore, mais elle l'a exercée *jure suo* et en sa qualité de femme. Ne tenant pas son droit de son père, elle n'est pas non plus soumise à ses obligations, et en conséquence elle ne sera pas forcée de reverser dans le fonds social la dot qui lui a été rendue. Mais, conclut Papinien, il ne faut pas induire de là que si le père est mort sans avoir payé la dot, la fille puisse en contractant un second mariage contraindre les anciens associés de son père à la doter; la raison qu'il en donne est celle-ci : « Nequaquàm » imputari posse societati non solutam pecuniam. »

La femme ayant été libérée par l'acceptilation, les choses doivent être replacées dans le même état que si la société se fût dissoute avant que le père ne constituât la dot; or, s'il en eût été ainsi, la fille de l'associé prédécédé n'aurait pu se faire doter par les autres associés. Si l'argent objet de la constitution dotale n'a pas été payé, ce n'est nullement la faute de la société.

N° II. De la société quæstuum.

Il y a deux espèces de sociétés *quæstuum*, celle qui

comprend tous les gains provenant de l'industrie des associés, et celle qui comprend seulement les gains qui proviennent de telle industrie déterminée. Les interprètes modernes ont appelé la première *societas generalis quœstuum* ; la seconde, *societas specialis quœstuum*. Lorsque les parties ont formé une société sans dire quel en était l'objet, c'est une société *universorum quœ ex quœstu veniunt*. Quant à la société *quœstuum* dite *specialis*, la l. 71. D. *h. t.* nous en donne un exemple dans le cas où deux grammairiens s'associent pour mettre en commun ce qu'ils gagneront dans l'exercice de leur profession.

I. *Societas universorum quœ ex quœstu veniunt.*

Composition de l'actif. — Cet actif comprend :

1º L'industrie de chacun des associés, quelle qu'elle soit; c'est ce qui constitue les mises proprement dites;

2º Tous les gains qui proviennent de cette industrie.

Ainsi sont compris dans la société, les bénéfices résultant des contrats à titre onéreux passés par chacun des associés, l. 7. D. *h. t.;* la solde militaire et les honoraires ou salaires de chacune des parties. A cet égard Papinien supposant que, par un *consortium voluntarium*, deux frères ont formé une société générale de gains, prévient une raison de douter qui aurait pu surgir dans l'esprit et se tirer des règles ordinaires de la *collatio bonorum*. Un fils émancipé qui vient à la succession paternelle en concours avec ses frères restés en puissance au moyen soit de la *bonorum possessio unde liberi*, soit de la *bonorum possessio contra tabulas*, est obligé de leur conférer tout ce qu'il aurait acquis lui-même au père sans l'émancipation et qui se serait ainsi trouvé dans l'hérédité. Le préteur l'avait ainsi établi dans un but d'égalité; mais l'émancipé n'était pas soumis à la *collatio* des *stipendia* ni des *salaria*, parce que, à supposer qu'il fût resté héritier sien, tout cela aurait échappé à l'acquisition du père. Mais autre chose sont les règles de la *collatio bonorum*, autre chose les règles de la société *quæstuum*. En contractant avec ses frères un *consortium voluntarium*, le frère émancipé a eu l'intention de mettre en société même les *quæstus* qu'il n'aurait pas été obligé de leur conférer en recueillant la succession de leur père commun. L. 52, § 8, D. *h. t.*

Mais la société générale de gains ne comprend pas les legs, les donations soit entre vifs soit à cause de mort, les hérédités, ll. 9, 11, et 71, § 1, D. *h. t.*; l. 45, § 2, D. *de adq. hered*, 29, 2. Les qualités personnelles ou l'espèce d'obligation naturelle en vertu de laquelle l'un ou l'autre des associés fait des acquisitions de cette nature, ne peuvent pas être considérés comme une industrie, et partant comme une cause propre à faire entrer tout cela dans le fonds social. L. 9, D. *h. t.*

Peu importent du reste les expressions dont se sont servies les parties. Quand bien même dans les conventions qu'elles ont formées le mot *quæstus* se trouverait renforcé par les mots *lucrum* et *compendium*, cette addition n'ajouterait rien à l'étendue de la société *quæstuum*, telle que nous venons de la déterminer. L. 13. L. 71, § 1, D. *h. t.*

Composition du passif. — La règle à suivre à cet égard est bien simple. Doivent être payées *de communi* toutes les dettes provenant des opérations d'où résultent les gains, et celles-là seulement. L. 12, D. *h. t.*

II. *Société limitée à certains gains spéciaux.*

Cette société ne comprend que les bénéfices provenant de l'industrie particulière que les parties ont eu en vue, et les dettes provenant de l'exercice de la même industrie.

N° III. — Société *negotiationis alicujus.*

C'est celle qui a pour objet une ou plusieurs opérations de commerce, par exemple : la vente ou l'achat des esclaves, du vin, de l'huile, les opérations de banque. Gaïus, III, § 148; *pr. Inst. h. t.* L. 52, § 5, D. *h. t.*

Cette société n'est composée, au point de vue de l'actif, que des apports des associés et des bénéfices provenant du négoce qu'ils exploitent, et au point de vue du passif, que des obligations provenant dudit négoce.

N° IV. — Société *unius rei*.

La société *unius rei* est celle en vertu de laquelle deux ou plusieurs associés mettent en commun une ou plusieurs choses déterminées pour les exploiter et partager les bénéfices.

Ainsi doit être considérée comme telle une société dans laquelle les parties font entrer une hérédité future ou une hérédité déjà ouverte. L. 3, § 2, *h. t.* L. 52, §6, D. *h. t.*

En ce qui touche la succession à venir, si les parties ont déclaré mettre en commun toute *justam hereditatem* qui pourrait advenir soit à l'un, soit à l'autre, la question peut s'élever de savoir si l'épithète *justa* s'applique non seulement à l'hérédité légitime, mais encore à l'heredité testamentaire. D'une part on peut dire qu'elle embrasse les deux, et c'est dans ce sens qu'on l'entendait dans l'interprétation des lois caducaires. L. 130, D. *de verb. signif.* 50, 16. Mais d'autre part, au point de vue de l'intention des contractants, on peut l'interpréter d'une manière restrictive, et les textes décident en effet formellement que dans tous les cas où les parties ne se seront pas clairement expliquées, la *justa hereditas* dont elles ont parlé n'a trait qu'à l'hérédité *abintestat*, bien que l'hérédité testamentaire puisse aussi, dans une acception large, être qualifiée de légitime, attendu qu'elle dérive de la loi des XII tables.

N° V. *Societas vectigalium.*

La *societas vectigalium* a pour objet la ferme des impôts. Les baux de cette nature se faisaient aux enchères publiques ; c'étaient ordinairement des chevaliers qui se portaient adjudicataires ; les membres de ces sociétés s'appelaient publicains. Il en est beaucoup question dans la littérature classique, et ils jouissaient d'une grande importance politique. En nous occupant des modes suivant lesquels la société prend fin, nous verrons qu'à ce point de vue la *societas vectigalium* présente quelques caractères particuliers. Celui que nous voulons signaler ici et qui est commun aux sociétés ayant pour objet l'exploitation des mines d'or, d'argent et des salines, c'est que ces diverses espèces de sociétés sont des personnes morales se distinguant nettement de la personne de chacun des associés, et ceci nous sert de transition pour faire connaître la destination des sociétés d'après leur caractère.

SECTION II. — *Classification des sociétés d'après leur caractère.*

Voici comment nous formulerons nos idées sur ce point. Les sociétés *vectigalium, argentifodinarum, aurifodinarum, salinarum* constituent des personnes morales. Dans tous les autres cas, la société consiste dans la réunion des associés considérés en tant que copropriétaires du fonds commun.

La première partie de cette proposition est facile à établir. La l. 1, *quod cujusc. Un.* 3. 4., pose en principe qu'il ne peut dépendre de la volonté des particuliers de fonder une personne juridique, telle qu'une société, un collége ou tout autre corporation de même nature ; que pour cela il faut l'intervention de l'autorité publique se manifestant sous la forme d'une loi, d'un sénatus-consulte, d'une constitution impériale ; que l'être juridique a été reconnu de cette manière dans un petit nombre de cas et en ce qui touche les *societates,* aux *socii vectigalium publicorum, aurifodinarum, argentifodinarum et salinarum.*

Ce texte est en même temps la démonstration directe de la seconde partie de notre proposition. Nous allons néanmoins insister sur ce point, parce qu'il a été de tout temps et qu'il est encore aujourd'hui l'objet de vives controverses.

Nous suivrons deux procédés pour combattre l'opinion suivant laquelle toutes les sociétés constitueraient des personnes morales. Nous réfuterons d'abord les arguments puisés dans des textes qui semblent établir une assimilation absolue entre les sociétés et des *corpora* dont la personnalité n'est pas contestée, et dans d'autres textes dont on a cru ne pouvoir donner l'explication qu'en prenant pour point de départ l'idée d'un être juridique distinct des associés. Nous nous attacherons ensuite à préciser les divers points de vue sous lesquels il y a intérêt à savoir si une société constitue ou non un être juridique; nous déduirons ainsi du principe de la personnalité certaines règles, et nous démontrerons par des textes que ces règles ne peuvent être appliquées aux sociétés ordinaires.

Les fragments des Pandectes, sur lesquels s'appuient nos adversaires, sont au nombre de quatre :

1° L. 22, D. *de fidejuss.* 46, 1. — « Mortuo reo pro- « mittendi et ante aditam hereditatem fidejussor accipi « potest : quia hereditas vice personæ fungitur, sicuti « municipium et decuria et *societas*. » — « Lorsque le débiteur est mort et avant que son héritier n'ait fait adition, le créancier peut recevoir un fidéjusseur, puisque l'hérédité joue le rôle d'une personne, comme un municipe, une décurie, *une société.* »

La pensée de Florentinus n'est pas que l'hérédité jacente joue le rôle d'une personne morale, mais bien que l'hérédité représente le défunt. Toutefois nous ne voulons pas à titre de réfutation nous prévaloir de cette idée, car cette représentation n'est en définitive autre chose qu'une fiction, comme celle qui consiste à attribuer aux corporations le caractère de la personnalité, et si nous reconnaissions que le mot *societas* est ici une expression générique, comprenant toute espèce de société, nous reconnaîtrions par cela même que les sociétés même ordinaires sont des personnes morales, la fiction, en ce qui les touche, comme en ce qui touche le municipe et la décurie, ne pouvant consister qu'à les reconnaître en tant que personnes juridiques.

Mais heureusement nous n'avons nul besoin d'un semblable expédient; la loi n'a pas pour but d'établir que les sociétés doivent être mises sur la même ligne que le municipe et la décurie, mais que quand une société est une personne morale et qu'à ce titre elle est débitrice, un tiers peut se porter fidéjusseur pour elle. Maintenant quand faut-il lui reconnaître les attributs de la personnalité? Voilà une question que le texte de Florentinus ne résout pas, et dont il faut chercher la solution dans la distinction que nous avons puisée dans la L. 1. D. *quod cujusc. univers.* 3, 4.

2° L. 3, § 4. D. *de bon. possess.* 37, 1. — « A munici-« pibus et societatibus et decuriis et corporibus bonorum « possessio adgnosci potest; proinde sive actor eorum « nomine admittat sive quis alius, recte competet bono-« rum possessio. » — Il peut être fait *agnitio bonorum,* par les municipes, les sociétés, les décuries et autres *corpora;* en conséquence, soit que l'*actor* de ces personnes morales, soit qu'un tiers quelconque fasse en leur nom *agnitio bonorum,* la *bonorum possessio* leur sera valablement acquise, en vertu des règles qui régissent la succession prétorienne, et suivant lesquelles la *bonorum possessio* peut être acquise *per liberam et extraneam personam.* L. 3, § 7. D. *de bon. possess.,* 37, 1.

Les sociétés sont encore ici assimilées aux municipes, aux décuries et aux autres *corpora.* La réponse à cet argument est la même que la précédente.

3° L. 31, § 1. D. *de furtis.* 47, 2. — « Si quis tabulas « instrumentorum reipublicæ, municipii alicujus aut sub-

« ripuerit aut interleverit, Labeo ait furti eum teneri. Idem
« scribit et de cæteris rebus publicis deque societatibus. »
— On retrouve dans ce passage d'Ulpien les *societates*
mises sur la même ligne que les *res publicæ*. Mais l'argument tiré de ce troisième texte se réfute de la même
manière que ceux que l'on a voulu tirer des deux premiers.

4° L. 65, § 14. D. *h. t.* — « Si communis pecunia penes
« aliquem sociorum sit, et alicui sociorum quid absit, cum
« eo solo agendum, penes quem ea pecunia sit: qua deducta,
« de reliquo quod cuique debeatur omnes agere possunt.»
— « Si l'argent de la société se trouve entre les mains
de l'un des associés et qu'un autre ait éprouvé une diminution dans son patrimoine, il devra intenter l'action *pro
socio* contre celui-là seul entre les mains de qui se trouve
l'argent commun, et lorsque ce qui lui est dû aura été
déduit, tous pourront agir pour se faire payer sur ce qui
restera, de ce qui revient à chacun. »

Le jurisconsulte suppose que les associés ont constitué
caissier l'un d'entre eux, et qu'un autre associé a fait des
dépenses ou subi des pertes pour la société. Ce dernier
ne peut agir, suivant Paul, que contre le caissier. Or, ont
fait observer certains interprètes, si la société n'était pas
une personne morale, il pourrait poursuivre le recouvrement de ses déboursés ou du préjudice qui lui a été causé
contre chacun de ses coassociés considérés comme ses
débiteurs, chacun en particulier. La nécessité dans laquelle il se trouve placé d'intenter son action contre le
caissier prouve, a-t-on conclu, que le débiteur unique
est l'être juridique appelé société, lequel se trouve représenté par la caisse commune.

Mais ce texte s'explique le plus naturellement du monde,
même dans le système qui n'attribue pas de personnalité
aux sociétés ordinaires. Tous les associés se sont réunis
pour donner mandat à l'un d'entre eux de tenir leurs

comptes; en conséquence celui qui a fait quelque dépense ou éprouvé quelque perte à cause des affaires sociales, agit contre le caissier comme contre le mandataire de ses coassociés. Il n'est donc pas nécessaire de recourir à la fiction de la personnalité pour se rendre compte de la solution donnée par Paul, puisqu'elle se justifie par les principes ordinaires du mandat.

Passons maintenant à l'examen de l'intérêt pratique qu'il peut y avoir à se demander si la société est ou non un être juridique. Cette étude va nous servir encore de moyen de preuve pour confirmer notre théorie.

I. *De la propriété du fonds social.*

Les personnes morales ont la capacité du droit de propriété. — Cela est exprimé dans la L. 1, § 1; D. *quod cuj. Un.*, 3, 4; « Quibus autem permissum est corpus « habere, proprium est ad exemplum reipublicæ habere « res communes, arcam communem. » Mais la propriété appartient à l'être juridique considéré comme unité, et non aux membres de la corporation considérés comme *singuli. Universitatis sunt, non singulorum* (L. 6, § 1; D. *de divis. rer.*, 1, 8).

Dans les sociétés ordinaires, chacun des associés est copropriétaire du fonds social; ce qui exclut pour les sociétés de cette sorte l'idée de personnalité. Ce que nous avançons est démontré par des textes formels. Ainsi, tout d'abord, dans la L. 13, § 1, D. *de præscript. verb.*, 19, 5, Ulpien suppose que je vous ai transféré la propriété de mon terrain, à la condition qu'après y avoir construit une maison, vous m'en rendrez une partie. Il n'y a pas là de vente, parce qu'au lieu et place du prix, je recouvre une partie de ma chose; il n'y a pas non plus de mandat, parce que le mandat doit être gratuit, et il n'y a pas de société, *quia nemo societatem contrahendo rei suæ dominus esse desinit.* Évidemment le jurisconsulte ne veut pas dire que chacun des associés reste propriétaire pour le tout de la chose qu'il met en commun. Sa pensée est qu'il reste copropriétaire pour sa part. Or, s'il en est ainsi, où pourrait-on rencontrer la personnalité juridique de la société. D'autre part, les textes nous disent que nul des associés ne peut rien aliéner au delà de sa portion dans le fonds commun, ce qui démontre clairement qu'il peut tout au moins aliéner cette portion; ce qu'il ne pourrait faire, si c'était la société, personne morale, qui fût propriétaire (L. 68, D. *h. t.*).

L'idée primordiale que nous venons d'établir en ce qui touche le droit de propriété, suivant qu'il appartient à une *societas* être juridique, ou aux associés divers dans une société ordinaire, produit des conséquences très-remarquables :

1° En matière criminelle, un esclave ne peut être soumis à la question contre son maître. Si donc il se trouve placé dans le domaine d'une *societas vectigalium,* ou tout autre semblable, comme il a pour maître la société, rien ne l'empêchera d'être admis à déposer contre l'un des associés. Cette règle, exprimée à propos des esclaves appartenant aux municipes (L. 1, § 7; D. *de quæst.,* 48, 18), n'a rien qui ne s'applique à toute autre personne morale, car elle est la conséquence naturelle des principes précédemment exposés. Mais la torture ne pourrait être appliquée à un esclave pour le faire déposer contre l'un ou l'autre des membres d'une société ordinaire, puisqu'il est leur propriété commune.

2° Varron (*De lingua latina,* liv. 8, ch. 41), parle d'esclaves affranchis par un municipe, une *societas,* etc. Sur ce point il faut suivre la progression historique du Droit. Avant la loi *Junia Norbana,* les affranchis des corporations ne pouvaient être que *in libertate,* c'est-à-dire avoir une liberté de fait dans laquelle ils étaient maintenus *tuitione prætoris,* et depuis cette loi ils ne pouvaient jouir que des droits de latinité.

En effet, pour qu'un esclave passât dans la classe des citoyens romains, il fallait, outre d'autres conditions, un affranchissement par un mode solennel, le cens, la vindicte ou le testament. L'affranchissement par le testament ou par le cens était impossible pour les esclaves appartenant à des personnes morales; il en était de même de l'affranchissement par la vindicte. La *vindicta* était une *vindicatio in libertatem* fictive, une *legis actio* que l'être fictif ne pouvait exercer par lui-même ni par l'intermédiaire d'un tiers, nul dans les actions de la loi ne pouvant agir pour le compte d'autrui.

Il fallut donc des règles positives pour faire passer les esclaves affranchis par les *corpora* dans la classe des *cives romani*. Une constitution rendue sous le règne de Trajan permit aux villes d'Italie d'affranchir leurs esclaves. Les villes de province reçurent la même faculté d'un sénatus-consulte rendu sous Adrien (L. 3, C. *de servis reipubl.*, 7, 8). Enfin Marc-Aurèle donna la même permission à tous les *collegia* (L. 1; L. 2; D. *de manum. quæ servis*, 40, 3).

Cela posé, l'affranchi d'une *societas* n'étant pas l'affranchi des associés en particulier, ne leur devait pas la soumission et le respect que tout affranchi doit à son patron. La L. 10, § 4, D. *de in jus voc.*, 2, 4, n'exprime cette idée qu'à propos des affranchis des cités, mais elle doit par identité de raison être étendue aux affranchis de tous les autres *corpora*. Au contraire lorsqu'un esclave appartenant à des associés ordinaires a été affranchi par eux, chacun d'eux individuellement a le droit de patronage et c'est à chacun d'eux pris isolément que l'affranchi doit les devoirs dont les affranchis sont tenus envers leurs patrons.

3° Lorsqu'il s'agit d'un acte d'aliénation à faire sur les biens qui appartiennent aux sociétés, la distinction entre celles qui sont des personnes morales et celles qui n'en sont pas, conduit encore aux conséquences différentes que voici : La volonté des premières est exprimée à cet égard par la majorité. Cela ne peut être douteux en présence de la L. 160, § 1 ; D. *de reg. juris*, 50, 17. « Refertur ad universos quod publice fit per majorem partem. » Maintenant, quels sont les membres présents dont la majorité suffit pour représenter la société? Ici nous sommes obligés de confesser notre ignorance. Nous trouvons bien des règles positives, lorsqu'il s'agit d'une curie. Alors, en effet, les délibérations, pour être valables, doivent être prises par les deux tiers des membres au moins et à la majorité (L. 2, 3, *de decret. ab ord. faciendis*, 50, 9; L. 46, C. *de decurion.*, 10, 31; L. 19, *ad municip.*, D. 50, 1; L. 2, l. 3, C. *de præd. decur.* 10, 33; L. 19, *pr.* D. *de tut. et curat.*, 26, 5).

Mais nous ne voyons nulle part aucun texte qui ait étendu aux autres personnes juridiques la nécessité de la présence des deux tiers des membres pour délibérer, et nous n'oserions pas raisonner ici par analogie.

Dans une société ordinaire, nous avons vu que chacun des associés pouvait aliéner sa part seulement dans chacun des objets qui composent le fonds social, d'où il résulte que, pour disposer entièrement de chacun de ces objets, l'unanimité est nécessaire. Le *veto* d'un seul mettrait obstacle à l'aliénation : «In re enim pari potiorem « causam esse prohibentis constat» (L. 28, D. *Comm. div.*, 10, 3). Nouvelle preuve que les sociétés ordinaires ne sont pas des êtres juridiques; autrement la majorité suffirait, suivant la L. 160, D. *de reg. jur.* précitée.

4° Poursuivons l'application de ces idées au cas particulier dont nous nous sommes déjà occupés. Pour affranchir un esclave appartenant à une société qui constitue un *corpus*, la majorité sera seule exigée; pour affranchir un esclave appartenant à des associés ordinaires, il faudra distinguer les époques.

Avant Justinien, il faut se demander si le mode d'affranchissement employé est de nature à faire passer l'esclave dans la classe des citoyens romains ou dans celle des latins juniens. Dans le premier cas et dans l'état primitif du Droit, l'esclave affranchi par un seul des associés copropriétaires, ne devient ni citoyen romain, ni latin junien : la part de l'affranchissant accroît à l'autre maître (*Paul. Sent.*, liv. 4, t. 12, § 1). Dans le second cas, par exemple si l'esclave était affranchi *inter amicos*, la question est controversée parmi les jurisconsultes, non pas de savoir si les droits de latinité sont en même temps que la liberté conférés à l'esclave, mais de savoir si l'acte d'affranchissement est frappé de nullité ou bien s'il aura pour effet de donner au maître non affranchissant la part de l'autre. Du temps d'Ulpien, la première opinion était la plus généralement adoptée (*Ulpiani Reg.* t. 1, § 18).

Des innovations sur ce point furent introduites dans la législation par des constitutions impériales. Ainsi, tout d'abord, Sévère vint imposer aux héritiers des militaires qui, dans leur testament, avaient affranchi un esclave dont ils étaient copropriétaires avec un tiers, l'obligation d'acheter la part de l'autre associé et de donner la liberté à l'esclave. Une autre constitution de Sévère et d'Antonin vint généraliser cette obligation et l'étendre aux héritiers d'un testateur quelconque. Justinien, supprimant toute distinction dans un esprit de faveur pour la liberté, abolit d'une manière définitive le *jus accrescendi* dont nous venons de parler, de telle sorte que sous ce prince, et par dérogation aux règles ordinaires du Droit, la volonté d'un seul des associés suffit pour rendre libre un esclave commun, sauf indemnité pour les autres associés (L. 1, C., *de comm. serv. man.*, 7, 7 ; § 4, *Inst. de donat.*, 2, 7).

La différence entre les sociétés revêtues du caractère

de la personnalité et les sociétés ordinaires se montre encore ici nettement. Pour affranchir un esclave, il faut en être propriétaire au moins pour partie, condition qui n'existe pas pour les membres des sociétés qui sont considérées comme *corpora*. L'affranchissement émané de l'un d'eux sera donc sans effet, même sous Justinien.

II. *Passons aux démembrements de la propriété, aux servitudes.* — Nous distinguerons les servitudes personnelles et les servitudes réelles.

Les sociétés personnes morales sont parfaitement capables d'avoir un droit d'usufruit, de même que les associés considérés *ut singuli*, dans une société ordinaire. Mais l'usufruit réside dans l'être juridique appelé *societas*, tandis qu'il réside sur la tête des associés, dans une société qui n'est pas un *corpus*.

Il y a encore d'autres différences au point de vue des modes d'acquisition qu'il faut employer. Les personnes morales, en général, et les *societates* en particulier, peuvent acquérir l'usufruit par un legs *per vindicationem*, mais elles ne peuvent l'acquérir ni par une mancipation, puisque l'*ususfructus* est une chose *nec mancipi*, ni par l'*in jure cessio*, revendication fictive qui ne pouvait s'exercer par mandataire, et dans laquelle ne pouvait figurer un esclave de la société. Cela revient à dire que la constitution du droit d'usufruit au profit des *societates* ne peut avoir lieu entre vifs, à moins qu'il ne s'agisse de la *quasi traditio* de l'usufruit et de sa constitution *jure prætorio* L. 3, *Si ususfruct.* D. 7, 6 ; L. 56, *De usufr.* D. 7, 1. Le dernier texte cité ne parle que des municipes, mais il n'y a aucune raison pour ne pas l'étendre par voie d'analogie aux autres personnes morales.

Des associés ordinaires peuvent au contraire devenir usufruitiers non-seulement par testament, mais encore par acte entre vifs, au moyen de la *in jure cessio*, sans préjudice de la *quasi possessio juris*.

En ce qui touche les servitudes prédiales, les *societates* comme toutes les personnes morales peuvent les acquérir par testament, par la *mancipatio* faite à l'un de leurs esclaves, s'il s'agit d'une servitude rurale, mais non par l'*in jure cessio*, soit qu'il s'agisse d'une servitude rurale, soit qu'il s'agisse d'une servitude urbaine (Gaius, *Com.* II, § 29; Ulpien, *Reg.*, liv. XIX, § 1. L. 12. D. *de servit.* 8, 1). L'acquisition d'une servitude soit rurale, soit urbaine, peut, au contraire, avoir lieu au profit d'associés ordinaires par l'*in jure cessio*.

Ce n'est pas la seule différence. Un membre d'une *societas* peut faire constituer au profit d'un fonds à lui appartenant une servitude sur un autre fonds, dont la *societas* est propriétaire. La maxime *nemini res sua servit* n'est ici d'aucune application. Tout au contraire, un associé ordinaire ne pourrait faire constituer un droit de servitude au profit de son héritage sur un héritage faisant partie du fonds social. Il est copropriétaire du fonds destiné à devenir servant, et nul ne peut avoir une servitude sur sa propre chose (L. 8, § 1. D. *de servitut.*, D. 8, 1).

III. *De la possession.* — Dans l'état primitif du Droit, les personnes morales ne pouvaient acquérir la possession. Ce principe est posé par la L. 1, § 22, D. *de adq. vel am. possess.*, 41, 2, en ce qui concerne les municipes : « Municipes per se nihil possidere possunt quia *uni* (et « suivant certaines éditions, *universi*) consentire non pos- « sunt. » Ce texte signifie que l'*universitas* ne peut avoir l'*animus possidendi*, qui est nécessaire à l'acquisition de la possession. Telle est l'interprétation que l'on doit en donner, soit qu'on lise *uni*, soit qu'on lise *universi*.

Suivant la première leçon, c'est l'unité, le *corpus*, qui ne peut avoir l'intention de posséder. Suivant la seconde, on serait tenté au premier abord d'entendre le fragment en ce sens que l'acquisition de la possession pour les personnes morales n'est pas possible, parce qu'on ne peut obtenir le consentement de tous leurs membres. Cette interprétation serait erronée à un double point de vue : d'abord il est très-possible d'obtenir l'unanimité, quoique cela puisse être quelquefois très-difficile; ensuite l'on ne voit pas pourquoi l'on ne se contenterait pas de la majorité, et, pour les municipes, de la majorité des membres présents, pourvu que ceux-ci formassent les deux tiers de l'*ordo*.

La L. 1, § 22 *de adq. vel am. possess.* signifie donc bien évidemment que les membres du *corpus* ne peuvent ici remplacer le *corpus* lui-même. L'*animus possidendi* est une condition qui s'examine en la personne de celui à qui la possession doit être acquise, et comme une personne morale ne peut la remplir, on conçoit très-bien la règle de l'ancien Droit romain sur ce point.

Mais les esclaves appartenant aux *societates*, comme aux autres personnes morales, pouvaient avoir l'administration d'un pécule. L'être juridique ne pouvait-il au moins devenir possesseur par l'intermédiaire de son esclave acquérant *peculiari nomine?* Sur ce point il y avait controverse entre les anciens jurisconsultes. Nerva le fils s'était prononcé pour l'affirmative; il était parti de cette idée que l'*animus possidendi* n'est pas requis chez le maître, lorsque l'esclave acquiert la possession *peculiari nomine*. Cette condition est suppléée par la permission que le maître a donnée d'avance à l'esclave d'administrer le pécule et de faire pour lui toutes les acquisitions possibles. Cette opinion de Nerva avait eu des contradicteurs. Ceux-ci pensaient que les personnes morales ne pouvaient même par l'intermédiaire de leurs esclaves et *peculiari nomine*, acquérir la possession, parce que, disaient-ils, les personnes morales n'ont pas la possession de leurs esclaves, *quoniam ipsos servos non possideant* (L. 1, § 22. D. *de adq. vel am. possess.*, 41, 2). C'est ainsi que du temps de Gaius et suivant le témoignage de ce jurisconsulte, on discutait la question de savoir si l'on pouvait acquérir la possession par l'intermédiaire des personnes que l'on avait *in manu* ou *in mancipio*, controverse fondée sur cette considération *quia ipsas non possidemus* (Gaius, II, §§ 89 et 90).

Toutes ces difficultés avaient été tranchées du temps d'Ulpien. Dans le dernier état du Droit, on admit que les personnes morales pouvaient posséder ou usucaper, et cela non-seulement par l'intermédiaire d'un esclave, mais encore par l'intermédiaire d'une personne libre) L. 2. D. *de adq. vel amitt. possess.*, 41, 2). Cette dérogation, introduite peu à peu et *utilitatis causa*, est analogue à celle relative au pupille *infans*, ou au fou, qui lui aussi était incapable d'avoir l'*animus possidendi*, et qui pouvait cependant acquérir la possession par l'intermédiaire de son tuteur ou de son curateur.

M. de Savigny pense que la controverse signalée plus haut en ce qui touche l'acquisition de la possession par les personnes morales était restée dans le domaine de la pure théorie, et qu'en pratique les personnes morales ont toujours été admises à posséder. Il se fonde sur ce que d'après les principes rigoureux de l'ancien Droit les personnes juridiques ne pouvaient acquérir la propriété que par l'intermédiaire d'un esclave. Or, dit-il, comment arriver à la propriété du premier esclave? on ne trouve d'autre moyen que l'usucapion; mais si l'usucapion est indispensable, il faut que la pratique ait reconnu de tout temps aux personnes morales la faculté de posséder, car sans possession il n'y a pas d'usucapion (Savigny, Traité de Droit romain, t. II, p. 292).

C'est là, ce nous semble, se créer une difficulté chimérique. Nous ne dirons pas que les personnes morales pouvaient acquérir leur premier esclave par un *legatum per vindicationem*; c'eût été là une éventualité par trop incertaine. D'ailleurs les municipes ne furent pas capables d'être institués légataires avant le règne de Nerva, et les autres *corpora* avant celui de Marc-Aurèle (*voy.* p. 61 et 62). Mais ne peut-on pas supposer que l'acte de l'autorité publique qui constituait le *corpus*, lui reconnût la propriété d'un ou de plusieurs esclaves destinés à faire les acquisitions pour la personne morale. Nous croyons devoir présenter cette hypothèse, parce qu'il est difficile d'admettre que les jurisconsultes romains, d'un esprit essentiellement pratique, se soient amusés à discuter la question dont nous avons parlé à un point de vue purement théorique.

L'acquisition de la possession par des associés ordinaires ne pouvait soulever les mêmes difficultés, car c'était en leur personne que devait s'examiner l'*animus possidendi*.

IV. *Des obligations.* — 1° Occupons-nous tout d'abord de l'obligation au point de vue actif. Nous distinguerons les droits personnels résultant des contrats et ceux résultant des délits.

A) Les créances résultant des contrats passés par l'esclave d'une *societas*, qui constitue un *corpus*, sont acquises à la *societas* elle-même *ipso jure*) L. 11, § 1. D. *de usuris*, 22, 1).

Celles résultant d'un contrat passé par une *extranea persona*, au nom de la *societas*, lui sont acquises *utilitatis causa*, et elle devra les faire valoir par une *actio utilis* (L. 5, § 7 et 9. *D. constit. pec.*, 13, 5).

B) Les créances résultant des délits commis au préjudice des *societates*, leur sont acquises directement; il n'y a aucune raison qui s'y oppose.

Dans la société ordinaire, les créances dérivant des contrats passés par un esclave appartenant aux associés, leur sont acquises *ipso jure*. Celles dérivant des contrats passés par un intermédiaire libre ne leur sont acquises, du moins en thèse générale, ni directement, ni *utilitatis causa*. Ils n'ont contre le mandataire ou le *negotiorum gestor*, qu'une *actio directa mandati*, ou *negotiorem gestorum*, pour le contraindre à leur céder, chacun pour sa part, la créance dont il s'agit. Les créances résultant des délits commis par les tiers, au préjudice des associés ordinaires, leur sont acquises directement.

Dans ces diverses hypothèses, la créance, de même que la propriété, appartient à chacun des associés considérés *ut singuli*, tandis qu'elle appartient à l'être juridique considéré comme unité dans l'hypothèse d'une *societas*. La L. 7, § 1, *quod cujusc. univ.*, 3, 4, s'en exprime formellement: « Si quid universitati debetur, sin-« gulis non debetur; » et de là une conséquence très-remarquable au point de vue de la compensation. Si, dans le cas d'une société ordinaire, l'un des associés est poursuivi par son créancier personnel, qui se trouve en même temps débiteur de la société, il peut pour sa part lui opposer la compensation, tandis que dans le cas d'une *societas* personne morale, la compensation ne peut avoir lieu même pour fraction. Cette différence n'est nulle part expressément indiquée dans les textes, mais elle résulte évidemment de la nature même des choses, et à ce sujet l'on ne conçoit guère comment les défenseurs de la personnalité de toutes les sociétés en Droit romain ont pu, pour établir leur système, se fonder sur la L. 9, C. *de compensat.*, 4, 31. Cette loi se contente de dire que le débiteur peut opposer en compensation ce que le créancier lui doit à lui-même, mais non ce qu'il doit à un autre. C'est là une vérité de bon sens; mais le créancier qui poursuit un associé ordinaire doit-il être considéré, lorsqu'il doit lui-même quelque chose aux associés, comme devant même pour la part du défendeur à un tiers qui serait la personne juridique ? voilà la question qu'il faut résoudre, et en invoquant la L. 9, C. *de compens.*, l'on tourne évidemment dans un cercle vicieux.

Cette constitution reçoit très-bien son application au cas où il s'agirait d'une *societas vectigalium*, ou de toute autre de la même nature; mais elle doit être écartée en matière de société ordinaire.

2° *Envisageons en second lieu l'obligation au point de vue passif.* — Nous distinguerons également les obligations décrivant des contrats et celles qui proviennent des délits.

A) Les dettes qui découlent d'un contrat passé par un esclave qui appartient à la *societas,* être juridique, sont garanties contre la *societas* elle-même par les actions *quod jussu, exercitoria, institoria, de peculio.*

Celles qui proviennent des contrats passés par un intermédiaire libre existent contre la *societas* et sont exécutées au moyen d'une *actio utilis,* si cet intermédiaire est un mandataire (L. 5, § 9, D. *de pec. constit.,* 13, 5). La L. 27, D. *de reb. cred.,* 12, 1, en ce qui touche les cités, nous dit que le *mutuum* n'oblige la cité que si les espèces prêtées ont été employées à ses affaires, mais nous pensons que c'est là un de ces priviléges qui étaient concédés par des règles positives à certaines corporations, et qui ne doivent pas être étendus, à raison de leur caractère même, aux autres *universitates.*

Nous verrons que, lorsque des associés ordinaires traitent avec les tiers par l'intermédiaire d'un de leurs esclaves ou par l'intermédiaire de l'un d'entre eux ou enfin par celui de toute autre personne libre, les principes sont les mêmes; seulement, dans l'hypothèse d'une *societas* qui constitue un *corpus,* c'est l'être juridique qui est obligé suivant la L. 7, § 1; *D. quod cuj. un.,* 3, 4. « Nec « quod debet universitas, singuli debent; » tandis que, dans l'hyothèse d'une société ordinaire, la dette existe à la charge de chacun des associés. Et de là une conséquence qui, pour ne pas se trouver textuellement écrite dans les Pandectes, n'en est pas moins exacte : les créanciers d'une *societas* auront pour gage exclusif le patrimoine social, tandis que les créanciers d'associés ordinaires seront obligés de subir sur les biens de la société le concours des créanciers personnels de chacun des associés.

En ce qui concerne les obligations *quasi ex contractu*, comme celles qui donnent lieu aux actions *familiæ erciscundæ, finium regundorum, aquæ pluviæ*, elles peuvent exister à la charge d'une *societas* personne morale. La L. 9, *quod cujusc. un.*, D. 3, 4, le dit pour les municipes, et rien ne s'oppose à ce que cette décision ne soit étendue aux autres êtres juridiques.

Il n'en est pas tout à fait de même dans les sociétés ordinaires. Lorsque l'un des associés est personnellement propriétaire d'un fonds voisin d'un fonds indivis, il ne peut exercer ni l'action *finium regundorum* directe, ni l'action *finium regundorum* utile, par la raison qu'en pareille matière mon coassocié et moi nous sommes *unius loco*, et que partant nous ne pouvons être adversaires l'un de l'autre (L. 4, § 7; D. *fin. regund.*, 10, 1). Ce motif ne peut être donné quand le membre d'un *corpus* possède un fonds voisin d'un autre fonds appartenant au patrimoine social.

B) *Obligations résultant des délits.* La question de savoir si elles incombent aux personnes morales et par suite aux *societates*, n'est nulle part résolue *ex professo* dans les textes du Droit Romain. Elle est néanmoins posée à propos des municipes, en ce qui touche le dol et la violence, et la solution que donnent à cet égard les jurisconsultes peut être généralisée par voie d'induction, en même temps qu'étendue par voie d'analogie à tous les êtres juridiques.

Faisons connaître d'abord les décisions particulières. Un dol a été commis par les décurions d'un municipe. Nul doute que les auteurs du dol ne soient personnelle-

ment tenus de l'*actio de dolo*, et cela sans aucune espèce
de limites; mais le municipe lui-même en sera-t-il passible? Ulpien décide que le municipe sera soumis à l'action *de dolo* jusqu'à concurrence du profit qu'il a retiré
du méfait. L. 15, § 1. D. *de dolo*, 4, 3.

Si quelqu'un au nom d'un municipe m'expulse par violence de la possession d'un fonds, j'aurais contre les mu-
nicipaux « l'interdictum unde vi, si quid ad eos perve-
« nit. » L. 4, *de vi*. D. 43, 16.

De là nous tirons cette formule générale : les *corpora*
en tant qu'unités fictives sont incapables de commettre
des délits, en ce sens qu'une peine proprement dite ne
saurait leur être appliquée et que l'indemnité, ce que nous
nommerions aujourd'hui la réparation civile, ne leur sera
pas imposée sans limites ; mais les *corpora* sont capables
de commettre des délits en ce sens qu'ils seront obligés
de payer l'indemnité jusqu'à concurrence de ce dont ils
se seront enrichis. Il y a là une analogie qui nous frappe.
Nous voyons l'action pénale donnée contre les *corpora*,
dans les mêmes cas et dans les mêmes limites que contre
les héritiers du délinquant, de telle sorte que si nous
voulions exprimer notre pensée par une autre formule
générale, nous dirions : les *corpora* sont responsables
des délits commis par leurs membres de la même manière que les héritiers du délinquant.

L'impossibilité de poursuivre les *corpora* à l'effet de
leur faire infliger une peine proprement dite, se trouve
exprimée dans une constitution de l'empereur Majorien,
dont Hugo dans son *Jus civile Antejustinianeum*, p.
1386, § 11, nous a donné le texte : « Nunquam curiæ a
« provinciarum rectoribus generali condemnatione mulc-
« tentur, cùm utique hoc æquitas suadeat et *regula juris*
« *antiqui*, ut noxa tantum caput sequatur, ne propter
« unius fortasse delictum alii dispendiis affligantur. » Le
mot *mulctentur* que nous trouvons dans ce texte exprime
bien l'idée d'une amende. 4

Au premier abord l'incapacité que nous reconnaissons aux *corpora* de commettre des délits au point de vue de la peine, paraît réfutée par Ulpien dans la L. 9, § 1. D. *quod metus causa*, 4, 2 : « Animadvertendum autem « quod prætor hoc edicto generaliter et in rem loquitur, « nec adjicit a quo gestum, et ideo sive singularis sit « persona quæ metum intulit, vel populus, vel curia, vel « *collegium*, vel *corpus* huic edicto locus est. »

Mais cette loi est tirée du Commentaire d'Ulpien *ad Edictum* comme les deux précédentes. On ne peut donc admettre une antinomie. La pensée du jurisconsulte dans la L. 9, § 1, D. *quod metus causa* s'explique par l'espèce qu'il pose dans le § 3 de cette même loi : « Les habitants de Capoue avaient usé de violence envers quelqu'un pour lui arracher une promesse écrite. Cet individu pouvait, suivant un rescrit rendu par Alexandre Sévère, demander au préteur la *in integrum restitutio*, il pouvait aussi attendre que la cité l'actionnât pour la repousser au moyen de l'*exceptio quod metus causa*, ou bien prenant les devants exercer lui-même l'*actio quod metus causa*. » L'*exceptio* et l'*actio quod metus causa*, à la différence de l'*exceptio* et de l'*actio doli* étaient conçues *in rem*, il n'y avait donc pas à s'enquérir du point de savoir si le demandeur ou le défendeur était l'auteur de la violence, pourvu qu'il en eût profité ; or dans l'espèce proposée la ville de Capoue considérée en tant que *corpus* n'avait pas sans doute commis elle-même la violence, mais elle en avait profité, puisqu'elle détenait le billet souscrit par la victime et qu'elle était devenue sa créancière. Loin donc de contredire les formules générales que nous avons posées, ce passage d'Ulpien vient leur donner une éclatante confirmation.

Jamais de semblables questions ne pouvaient s'élever à propos d'associés ordinaires. Si tous les associés s'étaient rendus coupables d'un délit, tous en étaient personnellement responsables suivant les règles que nous avons posées quand nous nous sommes occupés des sociétés illicites. Si l'un ou quelques-uns seulement d'entre eux avaient commis le délit, la responsabilité soit au point de vue de la peine, soit au point de vue de l'indemnité, ne pesait que sur ceux-là, du moins dans leurs rapports avec les tiers, et jamais l'idée ne serait venue à l'esprit d'un jurisconsulte de se demander si la victime d'un délit pouvait ou non, sous un point de vue quelconque, actionner les associés innocents.

V. *Capacité de figurer en justice.* — La capacité pour les *societates* et autres personnes juridiques d'être créancières ou débitrices eût été complétement illusoire, si elles n'avaient eu en même temps la capacité de figurer en justice. Elles y figuraient par l'intermédiaire d'un *actor* ou d'un *syndicus*. L'*actor* est le mandataire constitué pour telle ou telle affaire particulière, le *syndicus* est le mandataire constitué pour toutes les affaires en général, L. 1, § 1; L. 6, §§ 1 et 3; L. 3, D. *quod cujusc. un.* 3, 4.

Cet *actor* ou *syndicus* joue le rôle d'un *procurator* ordinaire. Néanmoins entre un *procurator* ordinaire et un *actor* ou *syndicus,* nous avons, au point de vue de la constitution de l'un ou de l'autre, une différence à signaler entre les *societates*, personnes juridiques, et les associés ordinaires. L'*actor* ou *syndicus* est valablement nommé par la majorité des membres de la société. Nous l'induisons des LL. 3 et 4, D. *quod cujusc.*, 4, 3. Les deux tiers des décurions peuvent à la majorité nommer l'*actor* ou le *syndicus* d'une cité, et nous ne voyons pas pourquoi il n'en serait pas de même des membres de tout autre *corpus*, en vertu du principe *refertur ad universos quod publice fit per majorem partem*, L. 160, § 1, D. *de reg. jur.*, sauf, bien entendu, notre complète ignorance sur le point de savoir s'il faut les deux tiers des membres pour délibérer. Lorsqu'il s'agit d'une société ordinaire, le *pro-*

curator doit être nommé par tous les associés. S'il ne l'est que par quelques-uns d'entre eux, il ne pourra être considéré que comme le *negotiorum gestor* des autres, et cela doit être soigneusement remarqué comme nous le verrons dans quelques instants.

Autre différence très-remarquable : On sait que lorsqu'une personne agit en justice *procuratorio nomine*, le nom du *dominus litis* figure dans l'*intentio* de la formule et celui du *procurator* dans la *condemnatio*. (Gaius, IV, 86.) Lorsque l'*actor* ou le *syndicus* d'une *societas* figurera dans un procès, l'*intentio* ne devra pas désigner les noms des membres qui l'auront nommé, mais celui de l'être juridique. Au contraire, le *procurator* d'associés ordinaires devra faire insérer dans l'*intentio* de la formule le nom de ceux qui l'ont constitué.

L'*actor* ou le *syndicus* peut avoir été nommé, soit *ad agendum*, soit *ad defendendum*.

1° *Actor vel syndicus ad agendum;*

L'*actor* ou le *syndicus* sera-t-il tenu de donner la *cautio de rato*, le défendeur absous pourra-t-il opposer l'exception *rei judicatæ* à la *societas*, à qui compétera l'action *judicati?* Il faut distinguer les époques.

a) Avant le règne d'Alexandre Sévère, l'*actor* est tenu de fournir la *cautio de rato*, sans aucune espèce de distinction (Gaius, IV, 98). La raison en est qu'à cette époque le *procurator*, quel qu'il soit, ne représente pas le *dominus litis*, et que dès lors, si celui-ci renouvelle l'instance, le défendeur absous ne peut le repousser par l'*exceptio rei judicatæ*. Si le défendeur est condamné, par la même raison, l'*actio judicati* doit compéter à l'*actor* ou *syndicus*. *Vaticana fragmenta*, §§ 317, 332.

b) A partir d'Alexandre Sévère on fait une distinction entre le *procurator præsentis*, ou constitué *apud acta* et le *procurator absentis*. Le premier représente le mandant. Dès lors le défendeur absous peut repousser le *dominus litis* par l'*exceptio rei judicatœ*. L. 11, § 7, D. *de except. rei jud.* 44, 2; L. 56, D. *de judic.* 5, 1; L. 17, § 3, D. *de jurejurando*, 12, 2; LL. 22, 23. D. *de adm. tut.*, 26, 7. La conséquence en est que le *procurator prœsentis* n'est plus obligé de donner la caution *de rato*. *Vaticana fragmenta*, § 333. Les anciennes règles ne subsistent que pour le *procurator absentis*.

C'est à cette distinction que fait allusion la L. 6, § 3, D. *quod cujusc. un.* 3, 4. « Actor universitalis si agat compellitur etiam defendere, non autem compellitur cavere de rato, sed interdum si de decreto dubitetur puto interponendam et de rato cautionem. » Ainsi, sous le rapport dont nous nous occupons, l'*actor* d'un *corpus* est traité à l'égal d'un *procurator* ordinaire, suivant que le mandat, dont il se trouve investi, est certain ou douteux.

Quand le défendeur est condamné, c'est par la même distinction que doit se résoudre la question de savoir à qui compète l'*actio judicati*. Le mandat du *procurator* est-il certain, ce n'est pas à lui, mais au *dominus litis* qu'est accordée l'*actio judicati*. Seulement il s'agit ici de l'*actio judicati utilis*, laquelle sera donnée *causa cognita*. *Vaticana fragmenta*, § 331.

Le mandat dont il s'agit est-il au contraire contesté, ce sera le *procurator* qui exercera l'*actio judicati*. C'est avec ces restrictions qu'il faut entendre la L. 6, § 3. D. *quod cujuscunque univ.* 3, 4, lorsqu'en parlant d'un *actor universitatis*, elle nous dit: « Actor itaque iste procu- « ratoris partibus fungitur et judicati actio ei ex edicto « non datur nisi in rem suam datus sit. »

En ce qui touche la *cautio de rato* et l'*actio judicati*, ainsi que l'*exceptio rei judicatœ*, il n'y a aucune différence entre l'*actor* d'une *universitas* et le *procurator* d'associés ordinaires. Nous supposons toutefois que le *procurator* a été constitué par tous les associés ordinaires sans exception. Nous avons déjà dit que dans le cas contraire, le *procurator* désigné par quelques-uns d'entre eux, n'était, quant aux autres, qu'un simple *negotiorum gestor*. Il semblerait, en conséquence, qu'il dût donner la *cautio de rato* pour ceux qui ne l'ont pas nommé, et que ce fût à lui, en ce qui regarde ces derniers, que dût compéter l'*actio judicati*, quand bien même il serait, quant aux autres, *procurator præsentium*.

Telle était, en effet, sa situation du temps de Gaius, du moins dans l'opinion de certains jurisconsultes, dont le sentiment à cet égard paraît pourtant avoir été contesté. En effet, suivant le témoignage de Gaius, il y en avait qui pensaient qu'un simple *negotiorum gestor* pouvait agir *procuratorio nomine*, Gaius, IV, 84. Mais cette doctrine avait fini par être répudiée ainsi qu'on peut le voir dans la L. 6, § 12. *D. de negot. gest.* 3, 5. Ce n'est que par exception que dans le dernier état du Droit, on peut plaider pour le compte d'autrui comme simple *negotiorum gestor*, et à raison de certains rapports existant entre vous et le *dominus litis*. L. 35, *pr.* L. 40, § 4, L. 41, D. *de procurat.*, 3, 3. L. 8, D. *de negotiis gestis*. Ainsi, d'après l'opinion qui a prévalu, si un *procurator* n'a été nommé que par quelques-uns des associés ordinaires, il ne peut pas plaider pour le compte des autres, même en offrant de donner la *cautio de rato*. Quant à Justinien, il n'a introduit en cette matière aucune innovation, ainsi qu'on peut s'en assurer par le § 3, *Inst. de satisdationibus*, 4, 11.

2° *Actor vel syndicus ad defendendum.*

Nous distinguerons encore les époques.

a) Du temps de Gaius, soit qu'il s'agisse de l'*actor* ou *syndicus* d'une *societas*, soit qu'il s'agisse du *procurator* d'associés ordinaires, ces mandataires divers sont obligés de donner la *cautio judicatum solvi*. C'est qu'ils ne représentent pas le *dominus litis*, c'est-à-dire, soit la personne morale, soit les associés qui les ont constitués ; c'est contre eux seulement que compète l'*actio judicati*. (*Vaticana fragmenta*, §§ 317, 332.)

b) Depuis le règne d'Alexandre Sévère, on fait une distinction entre le cas où soit l'*actor* ou le *syndicus*, soit le *procurator* a été constitué *apud acta*, et le cas contraire. Cette distinction n'exerce, il est vrai, aucune influence sur l'obligation de donner la caution *judicatum solvi*. La raison en est que la représentation judiciaire du défendeur a été plus difficilement admise que celle du demandeur. Les textes nous disent, en effet, que l'*actio judicati* directe se donne toujours contre le *procurator* (*Vaticana fragmenta*, § 317).

L'intérêt que présente cette distinction, c'est que dans le cas où la constitution a eu lieu *apud acta*, on accorde, *causa cognita*, une *actio judicati utilis* contre le *dominus litis* (*Vaticana fragm.*, § 331). Cette *actio judicati utilis* pourra se donner contre la personne morale, pourvu que l'*actor* ou *syndicus* ait été nommé par la majorité des membres, tandis que si le *procurator* n'a été désigné que par la majorité des membres d'une société ordinaire, l'*actio judicati utilis* pourra bien, à la suite d'une *causæ cognitio*, compéter contre les associés formant la majorité, mais elle ne se donnera pas contre les autres, dont le *procurator* n'aura été que le *negotiorum gestor*.

c) Sous Justinien, l'*actio judicati* est en règle générale donnée contre le *dominus litis*. Cette règle générale s'est établie par suite de la désuétude dans laquelle sont tombés les *cognitores* et de l'assimilation progressive des *procuratores* à cette dernière classe de représentants judiciaires ; elle ne reçoit exception que dans deux cas : 1° lorsque le *procurator se liti obtulit*; 2° lorsqu'il a été constitué *in rem suam*. L. 4, pr. D. *de re judicata*, 42, 1 ; L. 61, D. *de procurat.*, 3, 3.

Nous retrouvons encore dans ce système la distinction

que nous avons signalée entre le cas où l'*actor* ou le *syndicus* a été constitué par la majorité des membres d'une *societas* et celui où le *procurator* a été nommé par la majorité des associés ordinaires. Dans le premier cas, l'*actio judicati* est donnée contre le *corpus;* dans le second cas, elle ne peut être donnée que contre les associés qui ont nommé le *procurator.*

Quant à la *cautio judicatum solvi,* il y a une distinction à faire. Le *dominus litis* est-il présent, il peut venir lui-même *in judicium,* pour constituer son *procurator,* alors c'est lui qui donne la caution *judicatum solvi;* il peut aussi *extra judicium* donner la même caution. Dans l'un comme dans l'autre cas, il se porte lui-même *fidejussor* de son *procurator,* en contractant une obligation transmissible à ses héritiers et pour sûreté de laquelle il doit hypothéquer ses biens. De plus, il prend l'engagement de se présenter *in judicium* pour entendre prononcer la sentence, § 4, *Inst. de satisdat.* 4, 11. Le *dominus litis* est-il absent, c'est son *procurator* lui-même qui donne la caution *judicatum solvi.* Dans l'une comme dans l'autre de ces hypothèses, le *dominus litis* et le *procurator* s'obligent *pro omnibus judicatum solvi satisdationis clausulis* (§§ 4 et 5, *Inst. de satisd.* 4, 11).

Faisons à notre matière l'application de ces idées. S'agit-il d'une société ordinaire, les règles posées par Justinien devront être observées purement et simplement. Si tous les associés sont présents, tous devront, soit *in judicium,* soit *extra judicium* donner la caution *judicatum solvi,* en se portant *fidejussores* de leur *procurator,* en hypothéquant leurs biens et en contractant en outre l'obligation de se présenter *in judicium* lors de la prononciation de la sentence. Si tous les associés sont absents, la caution *judicatum solvi* devra être fournie par le *procurator* lui-même; enfin, si quelques-uns des associés sont présents et les autres absents, les obligations dont nous venons de parler incomberont aux associés présents, et le *procurator* devra se soumettre personnellement à la caution *judicatum solvi,* pour les associés absents. S'agit-il d'une *societas* formant un *corpus,* ce sera dans tous les cas l'*actor* ou le *syndicus* qui devra fournir la *cautio judicatum solvi.* Seulement, si la majorité des membres est présente, la caution *judicatum solvi* sera donnée au nom de la société, et l'*actio ex stipulatu* compètera *utiliter* contre la société elle-même, tandis que si la majorité des membres est absente, la *cautio judicatum solvi* devra être contractée par l'*actor* ou *syndicus,* en son nom personnel. Tout cela n'est pas appuyé sur des textes, mais nous paraît résulter de la combinaison des principes.

Tout ce que nous venons de dire à propos des procès qui concernent les sociétés, s'applique aux stipulations *quæ instar actionis sunt,* telles que la caution qui intervient à la suite de la *novi operis nuntiatio,* la *cautio legatorum* et la *cautio damni infecti.* L. 10, D. *quod cuj. un.* 3, 4.

VI. *Du droit de succession.* — Nous nous occuperons 1° de l'*hereditas;* 2° de la *bonorum possessio;* 3° des legs et des fidéicommis à titre particulier; 4° de l'hérédité fidéicommissaire.

1° *Hereditas.* — Nous parlerons d'abord de l'hérédité *ab intestat,* et ensuite de l'hérédité testamentaire.

a) Hérédité *ab intestat.* — Les personnes morales et, par suite, les *societates* n'avaient à attendre d'hérédité légitime que du droit de patronage sur leurs affranchis, et comme ce droit ne leur a été successivement reconnu qu'à partir du règne de Trajan, jusques et y compris le règne de Marc-Aurèle, ainsi que nous l'avons vu, ce n'est qu'à partir de cette époque qu'elles ont pu succéder à leurs affranchis. Mais les associés ordinaires, copropriétaires de leurs esclaves, ont eu à toutes les époques le droit de patronage, et, par suite, ont toujours eu celui de succession *ab intestat* sur les biens de leurs affranchis. L. 2. *D. de manum. quæ serv. ad un. pert.*, 40, 3.

b) Hérédité testamentaire. — Du temps d'Ulpien, les personnes morales ne peuvent être instituées héritières. Cette incapacité est exprimée par un jurisconsulte à propos des municipes. «Nec municipia nec municipes here-«des institui possunt, quoniam incertum corpus est, ut «neque cernere universi, neque pro herede gerere pos-«sint, ut heredes fiant.» (Ulp., *Reg.*, t. XXII, § 5.)

Ici le jurisconsulte ne veut pas établir de contraste entre le municipe considéré comme unité, *municipium*, et les citoyens du municipe, *municipes*. Il veut dire que la règle par lui formulée s'applique, peu importe que le testateur voulant instituer le *corpus* ait employé le mot *municipium* ou le mot *municipes*. La preuve, c'est le motif qu'il en donne, *quoniam incertum corpus est;* mais ces mots peuvent prêter à équivoque.

Au premier abord, l'incapacité pour un *corpus* d'être institué héritier paraît se déduire de cette idée qu'un *corpus* est une *incerta persona.* Toutefois cette interprétation doit être repoussée. On appelle *incerta persona*, une personne dont le testateur n'a qu'une idée vague et sans détermination précise: par exemple, j'institue pour héritier celui qui le premier viendra à mes funérailles. Telle n'est pas la condition d'un *corpus*. Celui qui institue pour héritier une personne morale quelconque, a de cette personne morale une idée tout aussi nette que d'une personne ordinaire. Du reste, la signification des mots *incertum corpus* dans le fragment d'Ulpien est précisée par la phrase qui suit, *ut neque cernere universi*, etc. Cette phrase ne signifie pas qu'il est impossible de réunir pour l'adition d'hérédité l'unanimité des membres qui composent le *corpus*. Car il est tel *corpus*, une *societas vecti-galium*, par exemple, qui peut se composer d'un très-

petit nombre de membres. Ulpien veut dire que le municipe, et ajoutons la *societas*, ne peut pas, en tant qu'u-
nité juridique, en tant qu'être de raison, faire par elle-
même adition d'hérédité, et comme, d'un autre côté,
l'adition d'hérédité ne peut pas se faire par l'intermédiaire
d'un tiers, ici d'un *actor* ou d'un *syndicus*, il en résulte
que l'incapacité pour un *corpus* d'être institué héritier
dérive tout simplement de sa nature idéale et de l'impossibilité de se faire représenter par un *actor* ou un *syndicus*.

Cependant un sénatus-consulte vint donner aux municipes la capacité d'être institués héritiers par leurs affranchis (*Ulpiani Reg.*, tit. 22, § 5; L. 1, § 1; D. *de
libertis univers.*, 38, 3). L'incapacité subsiste donc même
pour les municipes en ce qui touche les hérédités venant
des tiers. Quant aux autres *corpora*, le droit de recueillir
des successions testamentaires ne résulte pour ces derniers que de priviléges spécialement concédés. (L. 8, C,
de hered. instit., 6, 24.)

Ainsi, quand nous trouvons dans les textes des Pandectes un municipe ou tout autre *corpus* institué héritier
à la charge de transmettre un legs ou un fidéicommis, il
faut, pour les comprendre, se placer soit dans l'hypothèse d'un municipe institué par un affranchi ou par
toute autre personne en vertu d'un privilége individuel,
soit dans l'hypothèse d'un *corpus* institué en vertu d'un
privilége semblable. (L. 66, § 7, D. *de legat.*, 2°, 31, 1;
L. 6, § 4; L. 1, § 15 *ad S. C. Trebellianum*, 36, 1.)

Ce n'est qu'en l'année 469 que les municipes obtien-
nent de l'empereur d'Orient, Léon Ier, la faculté d'être institués par qui ce soit (L. 12, C. *de hered. inst.*, 6, 24).
Mais l'incapacité subsiste pour tous les autres *corpora*,
et partant pour les *societates*.

2° *Bonorum possessio.*

Il semble résulter d'un texte du Digeste que tous les

corpora sans exception avaient le droit de demander, par l'intermédiaire de leur *actor*, la *bonorum possessio*, de telle sorte, qu'incapables de faire adition d'hérédité, ils auraient pu faire *agnitio bonorum*. Nous avons déjà cité ce texte : c'est la L. 3, § 4; *D. de bon. possess.* 37, 1. Dans ce sens on pourrait dire que l'*agnitio bonorum* ne présente pas la même difficulté que l'*aditio hereditatis*. Il est de règle en effet qu'on peut faire *agnitio bonorum* par l'intermédiaire d'un tiers.

Mais cette opinion ne saurait être admise en présence de deux textes qui sont tirés d'Ulpien, de même que la L. 3, § 4, *de bon. possess.*, et qui viennent restreindre la généralité apparente de cette loi.

Ulpien, dans ses *Regulæ*, tit. XXII, § 5, dit d'une manière absolue que les municipes ne peuvent être institués héritiers, et il ajoute qu'il a fallu deux sénatus-consultes pour établir deux dérogations à cette incapacité : l'une touchant les hérédités testamentaires laissées par les affranchis, l'autre touchant les hérédités fidéicommissaires. Si la *bonorum possessio* avait été un moyen d'échapper à la prohibition, il serait étonnant qu'Ulpien n'en eût pas parlé en même temps que de l'hérédité fidéicommissaire.

Nous invoquons ensuite la *L. unica,* § 1, *D. de libertis universit.,* 38, 3, qui est tirée du Commentaire d'Ulpien sur l'Édit. Le jurisconsulte soulève la question de savoir si les municipes peuvent demander la *bonorum possessio*. La raison de douter est toujours la même; c'est que, considérés comme unité, ils ne peuvent pas exprimer de consentement. Cependant, le jurisconsulte se prononce pour l'affirmative, par la raison qu'on peut faire *agnitio bonorum* par l'intermédiaire d'autrui. Mais il faut bien remarquer dans ce texte qu'Ulpien n'accorde la *bonorum possessio* que dans les cas où les municipes ont capacité pour être institués héritiers : « De même, dit-il, qu'un sénatus-consulte est venu leur permettre de recueillir une hérédité fidéicommissaire en vertu du Trebellien, de même qu'un autre sénatus-consulte est venu leur donner la capacité d'être institués héritiers par leurs affranchis, de même il faut décider qu'ils peuvent demander la *bonorum possessio.* » Il est évident que cette phrase *ita bonorum quoque possessionem petere dicendum est* doit être entendue *secundum subjectam materiam*, et elle se trouve placée au Digeste sous la rubrique *de libertis universitatum.*

Au surplus, si les municipes avaient pu être dans tous les cas *bonorum possessores*, la constitution par laquelle l'empereur Léon leur a reconnu en 469 la capacité d'être institués héritiers par qui que ce soit, n'aurait pas eu une grande portée pratique.

De ce qui précède il faut tirer la conclusion que les *corpora* n'ont vocation à la succession prétorienne que dans les cas où ils ont vocation à l'hérédité civile; et lorsque la L. 3, § 4. D. *de bon. possess.* 37, 1, met la *societas* sur la même ligne que le municipe ou tout autre *corpus* au point de vue de la *bonorum possessio*, il faut dire qu'il s'agit d'une succession *ab intestat* laissée par un affranchi de la société, les *societates* n'ayant jamais reçu d'une loi, d'un sénatus-consulte ou d'une constitution impériale la capacité d'être instituées héritières par leurs affranchis.

3° *Legs et fidéicommis à titre particulier.*

L'incapacité de recevoir des legs ou des fidéicommis à titre particulier frappe à l'origine toutes les personnes morales sans distinction. Nerva commence par établir une exception en faveur des *civitates*, et cette exception se trouve confirmée par un sénatus-consulte rendu sous Adrien. (*Ulp. Reg.*, tit. XXIV, § 28.)

C'est même à propos d'un legs *per vindicationem* fait à une cité, qu'Antonin le Pieux tranche la question, agitée

entre les Proculiens et les Sabiniens, de savoir si l'objet
légué doit appartenir au légataire, à partir de l'adition
d'héritier même à son insu, ou bien seulement à partir
de son acceptation. « Deliberent, inquit, decuriones an
« ad se velint pertinere, proinde ac si uni legatus esset. »
(*Gaius Inst.* II, § 195.)

Un sénatus-consulte rendu sous le règne de Marc-Aurèle, valide les legs faits aux *collegia*, et le jurisconsulte
Paul, dans la L. 20, *D. de rebus dubiis*, 34, 6, décide
que ce sénatus-consulte doit s'appliquer à toute espèce
de *corpora* régulièrement constitués. A partir de cette
époque, les *societates* ont eu la capacité d'être légataires.

4° Hérédité fidéicommissaire.

Un sénatus-consulte a donné aux cités la capacité de
recevoir des hérédités fidéicommissaires (*Ulp. Reg.*,
tit. XXII, § 5). Cette capacité n'existe au profit des autres
corpora qu'en vertu de priviléges individuels.

De l'étude qui précède il résulte : 1° Que les *societates*
constituées en *corpora* ont été de tout temps incapables
de recueillir des hérédités testamentaires, soit directement, soit par voie de fidéicommis; 2° que la capacité de
recueillir des legs ou des fidéicommis à titre particulier
ne leur a été concédée qu'à partir de Marc-Aurèle. Ce
résumé suffit pour faire apercevoir nettement la différence
qui existe sous ce rapport entre ces *societates* et les *societates privatœ*. On a toujours pu instituer héritier les
associés ordinaires à condition que l'hérédité ferait partie
du patrimoine social. On a toujours pu, en instituant un
seul des associés ordinaires, ou même un tiers, lui imposer à titre de fidéicommis l'obligation de restituer tout
ou partie de l'hérédité aux associés à condition que le
fidéicommis entrerait dans le fonds social, et ce que nous
disons de l'hérédité soit directe, soit fidéicommissaire, il
faut le dire aussi du legs et du fidéicommis à titre sin-
gulier.

CHAPITRE III.

Rapports des associés entre eux.

Les rapports des associés entre eux doivent être examinés à deux époques : tant que la société dure et après sa dissolution.

SECTION 1re. — *Rapports des associés pendant la durée de la société.*

L'examen de ces rapports soulève deux questions :
1° Que doivent faire les associés ? 2° de quoi doivent-ils s'abstenir ?

Art. I. *Que doivent faire les associés ?*

Cela revient à se demander quelles sont les obligations et quels sont les droits de chacun des associés vis à vis de ses coassociés.

N° I. *Obligations de chacun des associés.*

I. *Chacun des associés est obligé de réaliser son apport.*

L'étendue de cette obligation varie suivant que l'associé est ou non *in mora*.

Avant la *mora*, l'engagement dont il s'agit ne reçoit aucune espèce d'augmentation ; il peut même s'éteindre au détriment de la société, lorsque les choses promises viennent à périr par cas fortuit. Pour apprécier l'influence du cas fortuit, il faut faire des distinctions tirées soit de la nature de l'apport, soit des modalités sous lesquelles la société a été contractée.

Supposons tout d'abord qu'il s'agisse de sommes d'argent ou de quantités. L'associé débiteur de sa mise n'est pas libéré par le cas fortuit qui fait.périr entre ses mains la somme ou la quantité due, peu importe qu'il ait ou non destiné telle ou telle somme ou bien telle ou telle quantité à réaliser son apport. La seule circonstance décisive qui pourrait mettre la perte sur le compte de la société, serait l'apport réalisé. L. 58, § 1. D. *h. t.*

Supposons en second lieu qu'il s'agisse de corps certains et déterminés. Il peut se faire que l'associé débiteur en ait promis la propriété ou simplement l'usage. Lorsqu'il a promis l'usage, c'est-à-dire quand il a contracté l'obligation de procurer à ses coassociés la jouissance effective et quotidienne de la chose, en d'autres termes lorsqu'il a pris à sa charge une obligation analogue à celle du bailleur vis-à-vis du fermier, le cas fortuit lui procure sans doute sa libération, mais d'un autre côté la société n'est tenue à rien vis-à-vis de lui (arg. L. 33, D. *locati cond.* 19, 2).

S'il a promis la propriété ou bien un démembrement de la propriété, non seulement il est libéré par le cas fortuit qui fait périr la chose, mais encore ses coassociés restent tenus vis-à-vis de lui.

Cette différence entre le cas actuel et le cas précédent s'explique à merveille par les principes généraux du Droit. L'obligation que contracte l'un des associés de procurer à la société la jouissance de la chose n'est pas une obligation unique, elle se compose d'une série d'obligations successives qui prennent naissance chaque jour, et qui servent de cause aux engagements des autres associés, de telle sorte que si un jour arrive où elles ne peuvent pas naître faute d'objet, les obligations des autres cessent faute de cause. Il n'en est pas de même quand la mise consiste dans la transmission de la propriété ou dans la constitution d'un droit réel. L'obligation de l'effectuer est une, elle naît une fois pour toutes, lors du contrat même, pour servir de cause aux obligations contractées par les autres associés. Peu importe donc que cette cause ait disparu depuis, cette circonstance est sans effet sur les autres engagements.

Mais cette solution n'est vraie que si l'on se place dans l'hypothèse d'une société pure et simple. Si l'on suppose une société conditionnelle, les règles élémentaires du Droit conduisent encore à dire que si le corps certain et déterminé vient à périr avant la réalisation de la condition, l'obligation de l'associé débiteur ne pourra, quand l'événement arrivera, prendre naissance faute d'objet, et que par suite l'obligation des autres associés ne pourra naître faute de cause. C'est par là que s'explique la décision donnée par Ulpien dans la L. 58, *pr.* D. *h. t.* : Vous avez trois chevaux et moi un, nous formons une société aux termes de laquelle nous devons réunir nos chevaux, en faire un quadrige pour le vendre et mettre en commun le prix auquel nous devons participer, vous pour les trois quarts et moi pour un quart. Mon cheval vient à mourir avant la vente. Suivant Celsus, dont l'opinion est adoptée par Ulpien, il n'y a plus de société, et si vous avez vendu vos trois chevaux, vous ne serez pas obligé d'en partager le prix avec moi. En effet la société a pour objet la mise en commun, non du quadrige, mais du prix qui proviendrait de la vente ; pour que la société puisse produire son effet, il faut donc qu'il y ait eu vente. Il y a là une condition qui suspend l'existence des droits et des obligations des parties, et la réalisation n'en étant plus désormais possible, le jurisconsulte a raison de dire qu'il n'y a plus de rapports entre les contractants. Il faut observer qu'il en serait autrement si la société avait eu pour objet la mise en commun du quadrige lui-même. Alors il y aurait eu une société pure et simple et la perte aurait été supportée par les associés.

Quant aux conséquences de la *mora*, nous nous en occuperons quand nous parlerons de ce dont les associés doivent s'abstenir.

II. *Chacun des associés doit compte à ses coassociés du lucrum qu'il a fait ex societate,* L. 60, *pr.* D. *h. t.*

Il faut considérer comme *lucrum ex societate* celui dont la société a été la cause directe, mais non pas le *lucrum* dont elle n'a été que l'occasion. Supposons par exemple qu'en faisant les affaires de la société, l'un des associés se soit lié d'amitié avec une personne riche qu'il n'aurait pas connue sans cela et que celle-ci l'ait institué héritier ou lui ait fait une donation. Ce sera là un bénéfice purement personnel dont communication ne sera pas due parce qu'il est advenu à l'associé non *ex societate*, mais *propter societatem* L. 60, § 1, *in fine*. D. *h. t.*

Autre espèce : « L'un des associés lègue quelque chose à un esclave commun. Le jurisconsulte suppose que ce legs est fait *sine libertate*. S'il l'avait été *cum libertate*, la question posée dans la L. 63, § 9, D. *h. t.*, ne se serait pas présentée, l'esclave qui auparavant était commun fût devenu la propriété exclusive de l'autre maître *jure accrescendi*; mais cette circonstance ne s'étant pas produite, l'esclave légataire est resté commun. Il est bien certain dans cette espèce que le legs ne peut pas valoir du chef du testateur et seulement du chef de l'autre associé; mais cela n'empêchera pas l'objet légué d'être acquis en entier à ce dernier. Il est de principe en effet que lorsqu'un esclave appartient à deux maîtres et que les acquisitions par lui faites ne peuvent appartenir pour partie à l'un d'entre eux, elles passent en entier sur la tête de l'autre. L. 12, D. *de auctor. et consensu tut.* 26, 8; L. 1, § 4. *in fine* et L. 18, *pr.* D. *de stipulat. serv.* 45, 3. Mais la question se présente de savoir si l'héritier du testateur ne pourra pas exercer l'*actio pro socio* contre l'associé survivant pour le forcer à la communication de ce *lucrum*. Suivant Sabinus, Pomponius et Julien, dont l'avis est reproduit par Ulpien, il n'y a pas lieu à la communication du legs: *non enim propter communionem hoc adquisitum est sed ob suam partem.* »

En ce qui touche les bénéfices consistant dans les intérêts des sommes d'argent qui appartiennent à la société et qui ont été prêtées par l'un des associés, le principe qui oblige cet asssocié à les communiquer est susceptible d'une distinction. S'il a fait le *mutuum nomine societatis*, c'est-à-dire comme mandataire de ses coassociés, comme ceux-ci supportent les risques de l'insolvabilité de l'emprunteur, il est juste que les intérêts stipulés soient versés dans la caisse sociale. S'il a fait l'opération sans mandat et pour son propre compte, il gardera les intérêts stipulés en compensation des risques d'insolvabilité qui sont à sa charge, L. 67, § 1, D. *h. t.*

Pour concevoir comment il peut y avoir *mutuum* dans la seconde hypothèse, il faut supposer que l'emprunteur a consommé les espèces de bonne foi, autrement il n'y aurait *mutuum* que pour la part du prêteur, celui-ci n'ayant pu aliéner que cette part. Quant à la part des autres, elle pourrait être revendiquée si les espèces existaient encore en nature, ou bien si l'emprunteur les avait consommées de mauvaise foi, il pourrait être poursuivi par l'*actio ad exhibendum*.

Mais si l'associé qui a prêté l'argent *suo nomine* ne doit pas compte à ses coassociés des intérêts qu'il a stipulés, n'est-il pas tenu du moins vis-à-vis de ses coassociés de l'*id quanti interest*, c'est-à-dire de l'intérêt qu'ils avaient à ce que l'argent ne fût pas retiré de la caisse sociale. C'est une question que nous examinerons quand il s'agira des faits dont l'abstention est imposée aux associés.

Du reste la distinction entre le cas où le *mutuum* a été fait par l'un des associés *suo nomine* et celui où il a été fait *societatis nomine* ne se présenterait pas dans une société *omnium bonorum,* puisque dans une pareille société chacun des associés doit la communication non-seulement de ses biens présents, mais encore de ses biens futurs.

III. *Chacun des associés doit porter aux affaires de la*

société le même soin qu'à ses propres affaires, L. 72. D. *h. t.*

Nous verrons que cette règle exerce une grande influence sur la manière d'apprécier le degré de la faute, mais voici des conséquences remarquables dont il doit être traité ici.

1° Si un tiers est débiteur de deux sommes, l'une vis-à-vis de la société, l'autre vis-à-vis de l'un de ses associés, celui-ci doit imputer ce qu'il reçoit, et cela proportionnellement, sur ce qui lui est dû à lui-même et sur ce qui est dû à la société. Cette imputation proportionnelle, pour n'être pas formellement exprimée dans les textes, ne nous paraît pas moins exacte et découle naturellement du principe que nous avons formulé.

2° En principe, lorsque l'un des associés n'a touché que sa part dans une créance qui appartient à tous, il n'en doit aucun compte à ses coassociés. Ce principe reçoit son application dans la L. 62, D. *h. t.* « Titius, mon associé, est venu à mourir; croyant qu'il a laissé Seïus pour héritier, j'ai vendu conjointement avec lui une chose du patrimoine social, l'acheteur m'a payé ma part dans le prix et à Seïus le reste; le véritable héritier de Titius intente contre moi l'*actio pro socio*. Il n'obtiendra rien de moi qui n'ai reçu que la portion me revenant. La circonstance que la vente a été faite en commun est ici sans influence, autrement il faudrait dire, ce qui est absurde, que dans le cas où j'aurais vendu avec le véritable propriétaire, celui-ci aurait le droit de me forcer à lui communiquer ma part; il ne restera donc au véritable héritier d'autre ressource que d'exercer la *hereditatis petitio* contre Seïus pour en obtenir la restitution de ce que celui-ci a touché en même temps que des autres choses héréditaires. »

Nous avons jusqu'à présent raisonné dans l'hypothèse où Seïus est solvable. S'il ne l'est pas, l'héritier de mon coassocié pourra se retourner contre moi par l'*actio pro socio* pour me faire supporter ma part dans la perte. (*Arg.* L. 63, § 5, D. *h. t.*)

N° II. *Droits de chacun des associés.*

I. *L'associé peut user de la chose commune,* pourvu qu'il ne mette pas obstacle à l'usage des autres. (L. 52, § 13, D. *h. t.*)

II. *Il a le droit de se faire rembourser les dépenses qu'il a faites pour la société.* (L. 52, §12 et 15, D. *h. t.*)

III. *Il peut forcer ses coassociés à contribuer avec lui au paiement des obligations qu'il a contractées pour les affaires sociales.* (L. 27, D. *h. t.*)

Lorsque ces obligations étant à terme ou sous condition, le terme n'est pas encore échu ou la condition réalisée, il peut se faire donner caution à l'effet d'exercer son recours. Ce n'est pas là une particularité relative seulement au contrat de société; il est de règle en effet que dans toutes les actions *bonæ fidei,* le créancier qui a un légitime sujet de craindre que son droit ne soit compromis dans l'avenir, peut à l'avance exiger caution de son débiteur (L. 38, D. *h. t.*; L. 41, *de judiciis,* D. 5, 1 ; L. 18, § 1, D. *de peric. et comm. rei vend.* 18, 6 ; L. 26, D. *de ædilitio edicto,* 21, 1).

La L. 67, *pr.* D, *h. t.,* contient une application de ce principe : « L'un des associés vend avec l'assentiment des autres une chose commune, il n'est tenu de leur communiquer le prix que s'ils lui donnent caution pour le cas où l'acheteur évincé viendrait à exercer contre lui un recours en garantie. S'il a fait cette communication sans exiger de caution et qu'ensuite il soit obligé de rembourser à l'acheteur évincé *id quanti interest,* il pourra exercer contre ses coassociés l'action *pro socio* pour se faire indemniser, et si parmi eux il y en a d'insolvables, ces insolvabilités se répartiront sur les autres. » Notons en passant que cette répartition des insolvabilités est de règle en matière de société et qu'elle a lieu dans tous les recours des associés les uns contre les autres.

IV. *L'associé a le droit de se faire tenir compte par ses coassociés des pertes personnelles qu'il a subies propter societatem.*

Labéon avait tenté de faire prévaloir une autre doctrine. Il avait voulu établir une corrélation entre les bénéfices faits *propter societatem* et le dommage dont la société n'est aussi que l'occasion. De même, disait-il, que les bénéfices de cette nature ne doivent pas être communiqués, de même les pertes analogues doivent être exclusivement supportées par celui auquel elles sont survenues. Cette théorie professée par le chef de la secte des Proculiens, avait était combattue par les Sabiniens et entre autres par Julien. Le témoignage de cette controverse se trouve dans les LL. 60, § 1; 61; 52 § 4, D. *h. t.* Il est bien entendu que les pertes dont il s'agit tomberaient sur celui-là seul qui les aurait amenées par sa faute suivant cette règle de droit : *quod quis ex culpa suâ damnum sentit, non intelligitur sentire.* (L. 203, D. *de regulis juris,* 50, 17.)

Art. II. *De quoi les associés doivent-ils s'abstenir.*

I. *Chacun des associés doit s'abstenir d'apporter des innovations à la chose commune, malgré les autres.*

L'opposition d'un seul d'entre eux est suffisante pour empêcher l'innovation : *in re enim pari potiorem causam esse prohibentis constat.,* L. 28, D. *communi divid.* 10, 3. Ainsi quand l'un des associés veut bâtir sur le fonds commun, l'autre a le droit de l'en empêcher, bien que le premier ait obtenu du voisin la permission de bâtir, L. 27, § 1, D. *de servit. præd. urb.* 8, 2. Le veto de l'opposant se produira sous la forme d'une action confessoire dans l'*intentio* de laquelle le demandeur dira *jus*

sibi prohibendi esse, ou sous la forme d'une action néga-
toire dans l'*intentio* de laquelle le demandeur dira *illi jus
œdificandi non esse.* (L. 11, D. *si servitus vindicetur* 8, 5.)

Par suite des mêmes idées, un seul des associés ne
peut, contre le gré de l'autre, soumettre à la torture un
esclave commun si ce n'est pour une affaire commune,
(L. 27, D. *comm. div.* 10, 3.)

La question de savoir si l'innovation se trouvant réalisée, les autres associés ont le droit de demander la des-
truction de ce qui a été fait est susceptible d'une distinction. L'affirmative doit être admise si l'innovation n'a pu
être empêchée, par exemple si l'un des associés était absent. Si l'opposition était possible et que celui de qui elle
devait émaner ait gardé le silence, il n'aura pas le droit
de faire remettre les choses dans leur état primitif, mais
seulement de demander la réparation du dommage causé
à la chose commune. Enfin si l'innovation a reçu l'adhésion formelle des autres, ceux-ci ne pourront réclamer
ni la suppression de ce qui aura été fait, ni la réparation
dont nous venons de parler (L. 28, D. *comm. div.* 10,
3.) C'est au même ordre d'idées que se réfère la prohibition d'enterrer un mort dans un terrain commun. Si en
fait l'inhumation a eu lieu, le terrain ne devient pas reli-
gieux pour cela. Pour qu'il pût le devenir, il faudrait le
consentement de tous les copropriétaires ou leur ratification postérieure (§ 9, Inst. *de div. rer.* 2, 1) et ceux-ci,
lorsqu'ils n'auront pas donné leur adhésion, pourront faire
enlever le cadavre. Trébatius et Labéon leur donnaient à
cet égard une *actio in factum.* (L. 6, § 6, D. *comm. divid.,* 10, 3.) Mais les Sabiniens avaient fait prévaloir l'*actio pro socio.* (L. 39, D. *h. t.*)

II. *L'associé ne doit pas aliéner sa part de la chose
sociale, de manière à porter préjudice à ses coassociés.*

En nous occupant de la question de savoir si les sociétés ordinaires constituaient ou non des personnes mora-

les, nous avons vu *qu'aucun des associés ne peut aliéner plus que sa part, mais il peut aliéner cette part.* Cette règle est exprimée dans plusieurs textes. (L. 68, pr. D. *h. t.;* L. 3 et 4, C. *de comm. rer. alienat. 4, 52.*) Valentinien et Théodore, par une constitution qui forme la L. 14, C. *de contrah. empt.*, 4, 38, sont venus abroger le droit de préemption qui avait été introduit antérieurement au profit des autres associés.

Mais cette aliénation partielle faite par l'un des associés ne peut apporter aucun changement dans ses rapports avec ses coassociés, si ce n'est que ceux-ci ont désormais pour copropriétaire le tiers au profit duquel l'aliénation a été faite. Celui-ci sans nul doute pourra exercer l'action *communo dividundo* et par le partage du fonds social amener la dissolution de la société. Mais il ne pourra le faire que dans les termes où l'associé aliénateur l'aurait pu lui-même. Supposons, par exemple, qu'il s'agisse d'une société à terme fixe : nous verrons qu'aucun des associés n'a le droit d'y renoncer avant l'expiration du terme, à moins d'avoir un juste motif. Si, avant cette époque, l'un d'entre eux vend sa part dans le fonds social, la vente est valable. Mais si l'acheteur demande le partage avant le délai prescrit, il sera repoussé par la même exception qu'on aurait pu faire valoir contre son vendeur. (L. 16, § 1, D. *h. t.*; L. 14, § 3; D. *comm. divid.* 10, 3.)

Quant à celui-ci, par cela seul qu'il a consenti l'aliénation, il a contrevenu à la clause du contrat de société, et en conséquence il est tenu de l'action *pro socio.* (L. 17, D. *h. t.*)

III. — *Chacun des associés doit s'abstenir vis-à-vis de ses coassociés du dol et de la faute.*

Nous prenons le mot faute dans un sens large et comme comprenant la *mora.* Nous aurions pu exposer les conséquences de la demeure, en traitant de chacune des obligations qui dérivent du contrat de société ; mais, outre que cette marche nous aurait exposé à des redites inutiles, elle aurait eu pour inconvénient de scinder les explications que nous avons à donner sur les résultats des faits ou des abstentions illicites de chacun des associés vis-à-vis des autres ; ensuite, bien que les conséquences de la *mora* puissent être poursuivies au moyen de l'*actio pro socio*, c'est-à-dire en vertu de l'action même résultant du contrat, au fond cependant les obligations dérivant de la demeure découlent bien moins du contrat que de la demeure elle-même et de l'office du juge. (Arg. L. 54, *pr.* D. *locati conducti*, 19, 2.)

Nous allons donc nous occuper : 1° de la *mora*, 2° du *dolus*, 3° de la *culpa*.

1° *Mora.*

La *mora* de l'un des associés a deux effets très-importants. Elle met à sa charge les cas fortuits qui font périr entre ses mains les corps certains et déterminés dont il pourrait se trouver débiteur envers la société ; ensuite, lorsqu'il s'agit de sommes d'argent, elle augmente son obligation en ce sens qu'elle y ajoute celle de payer les *usuræ* au taux de la place où le contrat de société a été formé, pourvu que ces *usuræ* n'excèdent pas le taux légal. (L. 1, *pr.* D. *de usuris*, 22, 1.)

Nous n'insisterons que sur la seconde de ces conséquences. Pour la faire encourir, la *mora* est en règle générale nécessaire ; il y a deux cas exceptionnels dans lesquels elle n'est pas exigée ; ces deux cas sont : celui où l'un des associés *pecuniam communem invasit ;* et celui où il convertit l'argent commun à son usage personnel.

Dans l'une comme dans l'autre de ces deux hypothèses il doit, *etiam mora non interveniente*, les *usuræ* au taux de la place. (L. 1, § 1, D. *de usuris*, 22, 1.)

En appliquant la première de ces deux exceptions, nous déciderons que l'associé qui a prêté *pecuniam communem suo nomine*, et qui, ainsi que nous l'avons vu plus haut, n'est pas tenu de rendre compte à la société des intérêts qu'il a stipulés, est tenu envers ses coassociés des *usuræ* calculées au taux que nous venons d'indiquer. On peut dire en effet de cet associé : *pecuniam communem invasit.* (Voet, *Comment. ad Pand., h. t.,* § 17.)

Tels sont les résultats qui se produiront quand les circonstances que nous venons d'indiquer se présenteront isolément, c'est-à-dire quand l'un des associés sera seulement *in mora*, ou bien lorsque, sans être *in mora*, il se sera emparé de l'argent commun ou l'aura converti à son usage.

Mais que faudra-t-il décider si toutes ces circonstances viennent à concourir. La L. 60, D. *h. t.*, qui, suivant nous, est relative à cette hypothèse, a donné lieu à des difficultés. Voici comment Pomponius énonce le cas dont il s'occupe : « Socium qui in eo quod ex societate lucri « faceret reddendo moram adhibuit, cum ea pecunia « ipse usus sit. » Le jurisconsulte nous donne ensuite la décision *usuras quoque eum præstare debere Labeo ait.* Cujas et Pothier, préoccupés de cette idée que dans toutes les actions *bonæ fidei*, les *usuræ* sont dues *ex mora*, ont lu le texte comme s'il y avait « socium qui in « eo quod ex societate lucri faceret reddendo moram ad- « hibuit aut ea pecunia usus sit. (Cujas, *Observ.*, L. XIII, *cap.* 15 ; Pothier *in Pand., h. t.*, n° 44.)

Dans ce système, pour que la décision contenue dans le texte reçût son application, il suffirait de l'une de ces deux circonstances : ou bien que l'associé fût *in mora*, ou bien qu'il eût converti à son usage le bénéfice dont il s'agit.

Cette leçon ne nous parait pas devoir être adoptée. Nous nous appuierons pour la repousser sur la construction grammaticale de la phrase, sur la suite du texte, sur le mode de calcul des *usuræ* adopté par le jurisconsulte, et enfin sur ce qu'il décide relativement aux héritiers.

Examinons d'abord la construction grammaticale de la phrase. Si la correction proposée par Cujas et Pothier était fondée, il n'y aurait pas dans le texte le subjonctif *usus sit*, ce verbe se trouverait placé sous la même dépendance que le verbe *adhibuit*, et serait à l'indicatif.

En second lieu, Pomponius nous dit que la solution par lui proposée serait à considérer comme non avenue, si l'associé *aut usus ea pecunia non sit, aut moram non fecerit;* ce qui signifie bien que si l'une des deux circonstances indiquées par Pomponius ne se présente pas, la décision du jurisconsulte ne doit pas recevoir d'application.

En troisième lieu, remarquons que les *usuræ* dont il s'agit ici ne sont pas calculées suivant le mode ordinaire, c'est-à-dire au taux de la place, *sed non quasi usuras*, faisait observer Labéon, *sed quod socii intersit moram eum non adhibuisse.* Ainsi, tandis qu'en thèse générale et par suite d'une espèce de forfait, le titulaire d'une action *bonæ fidei*, peut *ex mora* réclamer les intérêts au taux de la place et ces intérêts seulement, sans être admis à prouver que la demeure du débiteur lui a causé un préjudice supérieur à ce chiffre, et sans que le débiteur soit admis à prouver contre lui qu'il a éprouvé un préjudice inférieur; dans l'hypothèse prévue en notre L. 60, *h. t.*, l'associé demandeur peut établir le *quantum* du dommage qui lui a été causé et obtenir une indemnité complète, quand même elle dépasserait le taux usité dans le pays où le contrat a été formé. Si le système de Cujas et de Pothier était adopté, il y aurait entre la L. 60, D. *h. t.*, et la L. 1 *pr.* et § 1, D. *de usuris*, 22, 1, une contradiction flagrante.

Enfin la L. 60, D. *h. t.*, se termine par l'observation suivante : « Post mortem socii nullam talem æstimationem

« ex facto heredis faciendam, quia morte socii dirimatur
« societas. » Cujas et Pothier interprètent ce passage en
ce sens que la société se trouvant dissoute par la mort
de l'un des associés, son héritier n'est pas tenu de communiquer au survivant les bénéfices qu'il fait lui-même.
Mais ce n'est pas là ce que dit le texte. Le jurisconsulte
fait observer que le calcul dont il vient d'être question,
ayant sa base dans les rapports des associés, ne doit pas
s'appliquer aux conséquences du fait de l'héritier.

Nous pensons donc qu'il ne faut faire subir aucune modification au texte de la L. 60, D. *h. t.* Labéon, dont
Pomponius reproduit l'opinion dans la L. 60, D. *h. t.*,
suppose ces deux circonstances réunies : 1º que l'un des
associés a été consitué *in mora* par une interpellation ;
2º qu'il a converti à son usage personnel le bénéfice qu'il
a effectué. Alors, dit-il, il faut abandonner la règle qui
gouverne le calcul ordinaire des *usuræ* et permettre à
l'associé demandeur de prouver que le préjudice dont il
a été victime est supérieur au taux de la place ; mais si
l'une des deux circonstances indiquées se produit toute
seule, il faudra revenir au droit commun et se conformer
aux prescriptions de la L. 1, *pr.* et § 1, D. *de usuris ;* et
comme la sévérité du calcul dont il vient d'être question
est fondée sur les devoirs étroits qui lient les associés les
uns aux autres, il faut encore faire retour au calcul ordinaire, lors même que les deux circonstances de la *mora*
et de la conversion à un usage personnel se trouveraient
réunies en la personne de l'héritier de l'un des associés.

2º *Dolus.*

Il n'a jamais été douteux que la responsabilité du dol
ne fût imposée à l'associé et nous en disons autant de la
faute lourde, *culpa lata*, qui est voisine du dol. (L. 52,
§ 2, D. *h. t. ;* § 9, *Inst. h. t.*)

3º *Culpa.*

Distinguons tout d'abord la faute Aquilienne de la

culpa ordinaire. La première consiste dans un fait positif par lequel une personne cause sans en avoir le droit un *damnum* à la chose d'autrui. L'associé en est toujours tenu, sans aucune espèce de distinctions. (L. 47, § 1, D. *h. t.*)

La *culpa* ordinaire de l'associé consiste dans un défaut de soins qui porte préjudice à ses coassociés.

Il paraît que la question de savoir si l'associé en est tenu, était controversée entre les anciens jurisconsultes : « Utrum ergo tantum dolum an etiam culpam præstare « socium oporteat quæritur ? » Mais l'affirmative prévalut de bonne heure. (L. 52, § 2, D. *h. t.*)

Il reste seulement à se demander quel est le degré de faute dont l'associé se trouve tenu ? Nous prenons pour point de départ la doctrine qui a triomphé et suivant laquelle il n'y a que deux espèces de fautes : la *culpa lata*, qui ne se distingue pas pour ainsi dire du dol, et la *culpa levis*, appréciée tantôt *in abstracto*, c'est-à-dire en prenant pour terme de comparaison le type abstrait d'un bon père de famille, ou bien appréciée *in concreto*, c'est-à-dire en prenant pour terme de comparaison le débiteur lui-même.

Gaius nous dit que l'associé n'est tenu d'apporter aux affaires de la société que les soins qu'il a l'habitude d'apporter lui-même à ses propres affaires. Cette décision est reproduite par Justinien. (L. 72, D. *h. t.; § 9, Inst., h. t.*)

Suivant le jurisconsulte et suivant l'empereur, le motif de cette appréciation serait que les autres associés ont à se reprocher d'avoir choisi pour associé un homme peu diligent. Ce point de vue manque d'exactitude : d'une part, en effet, il tendrait à faire établir une assimilation entre l'associé et le dépositaire et à n'imposer, au premier comme au dernier, que la responsabilité de la *culpa lata* (*v. l.* 1, § 5, D. *de* O. *et* A., 44, 7) ; d'autre part les co-héritiers et les colégataires ne se sont pas choisis, et cependant ils ne répondent que de la faute légère appréciée *in concreto* (L. 25, § 16; *Paul.*, D. *fam. ercisc.*, 10, 2). La raison qu'il faut substituer à celle donnée par Gaius et Justinien se tire de ce que les associés, comme les cohéritiers et les colégataires, en administrant les affaires communes, administrent en même temps leurs propres affaires, et dès lors on peut dire d'eux que *propter suam partem habuerunt causam gerendi.*

Glück (Comm. des Pand., t. XV, p. 435), a cru voir une sorte de contradiction entre Gaius et Ulpien. Il cite à cet égard deux textes tirés d'Ulpien : la L. 5, § 2, D. *commodati*, 13, 6, et la L. 23, D. *de regulis juris*, 50, 17.

De la première il extrait cette phrase : « Sed ubi utrius- « que utilitas versatur, ut in empto, ut in locato, ut in « dote, ut in pignore, ut in societate et dolus et culpa « præstatur; » et de la seconde le passage que voici : « So- « cietas et rerum communio et dolum et culpam recipit. » Il cherche à mettre les deux jurisconsultes d'accord au moyen d'une distinction. Toutes les fois, dit-il, qu'on ne peut reprocher à une personne d'avoir choisi trop légèrement son coassocié, elle est en droit d'attendre de lui tous les soins d'un bon père de famille en général. Dans le cas contraire, elle est en faute d'avoir accepté comme coassocié un homme peu soigneux de ses propres affaires, et la diligence que ce dernier apporte à la gestion de son propre patrimoine est la mesure de celle qu'il doit apporter à la gestion des affaires sociales.

Mais jamais, sur le point qui nous occupe, Ulpien n'a été en désaccord avec Gaius. Dans les lois citées par Glück, Ulpien ne se propose pas d'établir les divers degrés de la faute, mais seulement de dire dans quels cas le débiteur ne répond que de son dol, dans quel cas il répond de la *culpa levis*, et d'établir à cet égard un contraste entre le dépositaire et les autres débiteurs qu'il a en vue. Le premier n'encourt que la responsabilité du *dolus*, les derniers celle de la *culpa*. Maintenant, comment doit s'apprécier cette *culpa*, c'est là un point sur lequel le jurisconsulte garde le silence. La preuve qu'il n'entend pas imposer à l'associé la responsabilité de la *culpa levis* appréciée *in abstracto*, c'est qu'il le met sur la même ligne que le mari. Or, d'après le même Ulpien, le mari ne répond que de la *culpa levis in concreto*. (L. 24, § 5, D. *soluto matrimonio*, 24, 3.)

La responsabilité de l'associé, telle que nous venons de la déterminer, s'applique à celui dont l'apport consiste en industrie seulement. Dans la L. 52, § 2, D. *h. t.*, Ulpien, se plaçant dans l'hypothèse où une personne donne à une autre un troupeau pour le garder, le soigner et le faire paître, à la condition de partager les fruits, ou bien dans l'hypothèse où une personne donne à une autre un champ pour le cultiver, et sous la même condition, décide que l'associé qui n'a apporté que son industrie répond de sa faute. Il y avait ici une raison de douter, à laquelle répond dans le texte la phrase suivante : « Pretium enim « operæ artis est velamentum. »

Les interprètes ne sont pas d'accord sur le sens de cette phrase. Cujas, dans ses Notes sur le § 2, Inst., *h. t.*, Vinnius et Pothier lisent comme s'il y avait *levamentum*. D'après cette correction, le doute naîtrait de ce que l'associé dont l'apport consiste en industrie, ne pouvant élever aucune prétention sur le capital dont son coassocié est resté copropriétaire, il est dur de lui faire supporter les conséquences de sa faute, et la raison de décider serait que la valeur de son art ou de son industrie ayant libéré l'un des associés de l'obligation d'effectuer un apport en nature, les choses doivent se passer, au point de vue de la *culpa*, comme s'il en avait fait un.

Le mot *velamentum* se retrouve dans le manuscrit de Florence ; aussi Antonius Faber (*Rationale ad Pand.*, *ad hanc leg.*) maintient-il cette expression, mais il lit *partis,* au lieu de *artis.* La raison de douter serait toujours la même, et le motif de décision le même aussi, mais exprimé sous une forme différente. Le jurisconsulte voudrait dire que les choses doivent être traitées comme s'il y avait eu des deux côtés apport réel; car la valeur de l'industrie couvre, c'est-à-dire complète ce qui manque à l'apport de l'associé, qui ne doit que ses soins. Haloandre lit *operæ et artis.* Franciscus Hotomanus lit *operæ artisve est velamentum,* ce qu'il paraphrase ainsi : « Pre-« tium quod artifex operariusve accipit, velat atque abs-« condit ipsius artem id est facit ut nulla ejus ratio du-« catur: » «le prix que reçoit l'artisan ou l'ouvrier et consistant dans une portion des fruits, couvre et cache son art, c'est-à-dire est cause qu'il faut en faire complète abstraction.» Il faut donc traiter l'industrie comme tout autre apport, au point de vue de la responsabilité à imposer à l'associé industriel.

Nous n'avons pas besoin de dire combien toutes ces explications nous paraissent forcées. Le mieux est de laisser le texte tel qu'il est et de l'interpréter en ce sens, que le prix que l'un des associés reçoit de son travail le couvre de ses soins. Le jurisconsulte, dont la pensée d'ailleurs ne nous paraît pas douteuse, veut répondre à cette question : Comment se fait-il que l'associé qui n'apporte que son industrie et qui ne participe en rien au partage de l'apport de l'autre, soit traité aussi sévèrement que s'il y participait ? Il répond que, sans doute, le capital reste la propriété de celui qui l'a mis en société, mais que l'associé dont l'apport consiste en industrie, trouvant une compensation suffisante de son travail dans le partage des bénéfices, il n'y a pas lieu d'établir en sa faveur une dérogation au Droit commun. (Huber, cité par Glück, Comm. des Pand., t. XV, p. 396, note 80.)

La théorie de la faute telle qu'elle vient d'être exposée,

doit être écartée dans certains cas. Quelquefois la responsabilité de l'associé dont l'apport consiste en industrie, se trouve élevée, jusqu'à lui imposer l'obligation d'apporter à la chose qui lui est confiée, une vigilance attentive, ce que les textes appellent *custodia*. Cela se présente quand la chose dont il s'agit a été estimée. Remarquons tout d'abord que cette estimation ne vaut pas vente et n'a pas pour but de rendre l'associé propriétaire. Son objet est : 1° de déterminer la somme que l'associé devra payer si la chose périt, soit en totalité, soit en partie; 2° d'élever sa responsabilité, ainsi que nous venons de le dire, et de l'étendre même au vol ordinaire qui serait commis par un tiers, vol dont l'associé ne répond pas en thèse générale; le vol dont il n'aurait pas à subir les conséquences, dans l'espèce proposée, serait le *latrocinium*, c'est-à-dire, le vol à main armée.

Cet effet particulier de l'estimation se conçoit aisément. Le soin d'y procéder que prend l'associé qui remet sa chose à son coassocié indique qu'il compte sur la plus grande diligence possible.

Ce point de doctrine avait été jusqu'aujourd'hui fort peu remarqué. M. Pellat, dans son commentaire sur la L. 69, § 7. D. *de jure dot.*, 23, 3, l'a fait nettement ressortir, en rapprochant de cette loi la L. 53, § 3. D. *h. t.* (Voy. Pellat, Textes sur la dot.)

Il faut tirer de là cette conséquence générale, que la responsabilité de la *culpa levis in abstracto* peut être imposée aux associés par une convention formelle du contrat de société. Ils peuvent aussi et de la même manière prendre à leur charge les cas fortuits. A l'inverse, ils peuvent convenir qu'ils ne répondront pas même de la *culpa levis in concreto;* mais une convention formelle ne saurait aller jusqu'à les affranchir de la responsabilité du dol (L. 23, D. *de regulis jur.* 50, 17).

Toutes les fois que l'un des associés est responsable

envers la société d'une perte qu'il a causée par son dol ou sa faute, il ne saurait compenser cette perte avec les bénéfices qu'il a procurés d'ailleurs à la société (LL. 23, § 1, 25, 26. D. *h. t.*).

IV. *L'associé ne peut associer un tiers à la société, en se donnant lui-même un associé.*

Cette prohibition est fondée sur la confiance personnelle et réciproque qui a servi de base au contrat. Ainsi le tiers avec lequel l'une des parties a formé société est bien l'associé de cette dernière, mais non celui des autres : *socii mei socius meus socius non est* (LL. 19 et 20. D. *h. t.* L. 47, § 1, D. *de regul. jur.* 50, 17). Il y aura donc un contrat de société enté sur un autre contrat semblable. Nous allons examiner les nouveaux rapports qui vont en résulter.

Les bénéfices faits par le croupier devront être communiqués par lui à celui qu'il a choisi, et par ce dernier à ses autres coassociés (L. 21, D. *h. t.*). Les bénéfices faits par ceux-ci devront être communiqués à celui qui a choisi le croupier, et par celui-ci au croupier lui-même (L. 22, D. *h. t.*). Quant aux préjudices causés à la société par la faute du croupier, celui qui l'a choisi en obtiendra contre lui réparation au moyen de l'*actio pro socio*, et il fera lui-même participer à cette réparation ses coassociés, qui auront à cet égard contre lui l'*actio pro socio*. (L. 21. D. *h. t.*)

La question se présente seulement de savoir s'ils pourront agir contre lui, avant que lui-même n'ait agi contre le croupier, et s'il pourra agir contre le croupier, avant que ses coassociés n'aient agi contre lui. Les textes répondent affirmativement à cette question (L. 22, D. *h. t.*). Puis se plaçant dans l'hypothèse où les associés intentent l'action *pro socio* contre celui qui a choisi le croupier, avant qu'il n'exerce lui-même cette action contre le croupier, les jurisconsultes se demandent s'il sera quitte vis-à-vis d'eux en leur cédant son action. La question présente un grand intérêt pratique dans le cas où le croupier est insolvable. En effet, si la cession est possible, le croupier pourra opposer le bénéfice de compétence aux coassociés de son associé, comme il pourrait le lui opposer à lui-même. Mais il faut partir de cette idée, que, si le croupier a causé un dommage à la société, ce dommage est en définitive arrivé par la faute de son associé, à qui l'on peut reprocher de n'avoir pas mieux placé sa confiance (L. 23, *pr.* D. *h. t.*). Celui qui a choisi le croupier devra donc, dans tous les cas, tenir indemnes ses coassociés. Il ne pourra d'ailleurs compenser, avec le montant de la réparation, celui des bénéfices que le croupier aurait, d'un autre côté, procurés à la société. Cette question de compensation avait fait doute dans l'origine. Ainsi la compensation, dont il s'agit, était admise par Pomponius et rejetée par Marcellus, dont l'opinion avait prévalu (L. 23, § 1, D. *h. t.*).

A l'inverse de ce que nous venons de dire, si la société a éprouvé un préjudice par suite de la faute des associés de celui qui a choisi le croupier, le croupier aura contre son associé l'*actio pro socio*, pour le contraindre à lui communiquer la réparation (L. 22, D. *h. t.*).

SECTION II. — *Rapports des associés après la dissolution de la société.*

La fin de la société amène la liquidation de la masse sociale. Deux opérations préliminaires sont nécessaires à la composition de cette masse. Ces opérations sont : 1° le paiement par chacun des associés, à la société, de ce qu'il lui doit ; 2° le paiement par la société, à chacun des associés, de ce dont elle est débitrice vis-à-vis de lui.

Cette dernière opération donne lieu à des prélèvements, qui ont pour objet dans la société *universorum bonorum,* la dot de la femme de chacun des associés, dans les cas dont nous avons déjà parlé; et dans les autres sociétés, les dépenses faites pour le compte de la société et les pertes subies *propter societatem*. Quant aux dettes contractées par l'un des associés qui s'est obligé seul vis-à-vis d'un tiers pour le compte de la société, si la dette est à terme ou sous condition, et que la condition ne soit pas encore réalisée ou le terme échu au moment de la dissolution, l'associé ne peut élever la prétention de faire déduire à son profit du fonds commun, la somme nécessaire pour payer la dette; il suffit à sa sûreté que ses coassociés lui donnent caution de l'indemniser, lorsqu'il aura satisfait à l'obligation (LL. 27, 28, D. *h. t.*).

Il y a lieu de prélever également, lors du partage, les acquisitions faites par l'esclave commun, *ex re alterius dominorum*. Sans doute, les objets ainsi acquis appartiennent à tous. Mais le caractère de bonne foi dont l'*actio communi dividundo* se trouve revêtue, exige qu'ils soient prélevés au profit de celui dont la chose a servi d'instrument d'acquisition (L. 24, *pr.* D. *comm. divid.*, 10, 3).

La masse ainsi déterminée se compose : 1° du fonds social, tel qu'il a été primitivement constitué; 2° des bénéfices; le tout, déduction faite des pertes. Il nous reste donc à exposer de quelle manière se répartissent les mises, les bénéfices et les pertes.

N° I. *Répartition des mises.*

Voici le principe que nous formulons : «Quand il y a eu mise en commun quant à la jouissance seulement, ou pour parler le langage des interprètes, *quoad usum*, chacun des associés prélève son apport tel qu'il l'a fait. Quand il y a eu mise en commun quant à la propriété, *quoad sortem*, le fonds social se partage dans la proportion de la valeur des apports, abstraction faite de l'origine des biens.

La première de ces deux règles est évidente par elle-même. La seconde n'est pas formellement posée par les textes, mais elle s'induit aisément de certains d'entre eux.

Nous verrons que malgré l'inégalité des apports, les profits se partagent d'une manière absolument égale (L. 29, D. *h. t.*; Gaius, *Inst.* III, § 150; § 1; *Inst., h. t.*); n'est-ce pas comme si l'on disait : les gains doivent se répartir également, bien que l'inégalité règne dans la répartition des mises?

Il est donc très-important de savoir dans quels cas il y a *societas quoad usum,* dans quels cas *societas quoad sortem.* Nous ferons tout d'abord remarquer que cette question ne peut surgir ni à propos de la *societas universorum bonorum,* ni à propos de la *societas universorum quæ ex quæstu veniunt.* Dans la première, les associés deviennent copropriétaires de leurs apports soit présents soit futurs; dans la seconde, il n'y a que des bénéfices à répartir. Plaçons-nous donc dans le cas d'une société particulière et distinguons les hypothèses.

I. *Les apports de tous les associés consistent en corps certains et déterminés.*

En principe, il y a communication *quoad sortem.* Rien ne s'oppose à l'admission d'une semblable présomption, lorsque les parties n'ont pas exprimé une intention contraire. Certains interprètes ont voulu faire une exception pour les sociétés formées *ad vendendum,* en se fondant sur la L. 58, *pr.* D. *h. t.* Nous repoussons cette exception. Dans l'espèce prévue par la L. 58, les chevaux dont il s'agit ont été mis en société, sous la condition qu'ils seraient vendus, et cette condition venant à faire défaut, il en résulte qu'il n'y a jamais eu de société (voy. *supra p.* 65).

II. *Les apports de tous les associés consistent en sommes d'argent.*

Dans ce cas, la question de savoir si les apports ont été faits *quoad sortem* ou *quoad usum,* ne présente évidemment aucun intérêt pratique.

III. *Les apports de tous les associés consistent en choses fongibles d'espèces diverses.*

Il n'y a pas de raison pour que la présomption ne soit pas la même que celle que nous avons établie pour les corps certains.

IV. *L'apport de l'un des associés consiste dans un corps certain et celui de l'autre dans son industrie.*

Ici la présomption est que le corps certain est mis en société *quoad usum* seulement. Dans la L. 52, § 2, D. *h. t.*, Ulpien oppose le cas où l'associé qui n'a mis en société que son industrie, amène par sa faute la perte soit totale soit partielle d'un troupeau ou d'un champ qui lui a été confié, au cas où il nuit à une chose commune. Dans la L. 13, § 1, D. *præscript. verb.* 19, 5, le jurisconsulte suppose qu'une personne remet entre les mains de l'autre un jeune esclave, pour l'élever et le vendre, une fois son éducation terminée, et il dit que le maître reste toujours propriétaire. Dans aucun de ces cas, le corps certain n'entrera évidemment en partage.

V. *L'apport de l'un des associés consiste dans une somme d'argent, celui de l'autre dans son industrie.*

Dans cette hypothèse, quand on demande si la somme a été apportée *quoad sortem* ou *quoad usum*, on ne veut pas se demander si l'associé en est resté propriétaire, chose impossible, l'usage se confondant avec la propriété, mais s'il est resté créancier, de telle sorte qu'il puisse prélever une somme semblable à la dissolution de la société. La question est très-débattue. Trois systèmes ont été proposés sur ce point.

Premier Système. — La somme a été communiquée *quoad sortem*, en conséquence, à la dissolution de la société, elle se partagera par portions égales avec l'associé dont l'apport ne consiste qu'en industrie.

On a fait valoir, en faveur de cette opinion, des arguments de diverse nature. Et d'abord, des arguments de texte : «Quia sæpe opera alicujus pro pecunia valet,» disent les Institutes, § 2, *Inst., h. t.* «Pretium enim operæ artis est velamentum, » dit Ulpien, L. 52, § 2, D. *h. t.* Ainsi, dit-on, les textes mettent la valeur de l'industrie sur la même ligne que la valeur de l'argent; de sorte que, si Primus apporte 1000 et Secundus son industrie, Secundus doit être considéré comme ayant apporté 1000. En conséquence, conclut-on, les 1000 mis en société par Primus, doivent être partagés. On ajoute que si ce partage n'a pas lieu, l'associé industriel subira une injustice criante : en effet, s'il n'y a pas de bénéfices, il aura perdu son industrie, tandis que l'autre associé reprendra son capital. Tel est le système professé par Voët (*Comment. ad* § 2, *Inst. h. t.,* n° 2).

DEUXIÈME SYSTÈME. — La question de savoir si le capital a été mis en commun *quoad usum* ou *quoad sortem* est une question de fait. Il faut distinguer en fait, si l'industrie vaut ou non l'argent. Dans le premier cas, il y aura société *quoad sortem;* dans le second, société *quoad usum.* C'est l'opinion professée par Vinnius, *Comment. ad* § 2, *Inst. h. t.* et par Grotius, *de jure belli et pacis,* L. II, cap. 12, § 24).

Nous n'adoptons ni l'un ni l'autre de ces deux systèmes. Reprenons-les successivement.

Le premier fait valoir des considérations de texte et une considération d'équité. Quant aux premières, les mots tirés de la L. 52, § 2, D. *h. t.,* « quia pretium operæ artis est velamentum » ont, nous l'avons vu, soulevé des difficultés d'interprétation, et dès lors ils ne sauraient servir d'argument. Le sens que présentent les expressions extraites des Institutes de Justinien est on ne peut plus clair; mais il faut les entendre *secundum subjectam materiam.* Or, elles peuvent bien expliquer comment, dans l'hypothèse qui nous occupe, le *lucrum* devient commun; mais les rédacteurs des Institutes gardent sur la communication du capital un silence, qui nous semble un argument très-fort contre le système de Voët. Venons à la raison d'équité. S'il est vrai que l'associé industriel perdra les profits qu'il aurait pu retirer de son travail, l'associé capitaliste, de son côté, perdra l'intérêt de son argent; si celui-ci reprend son capital, celui-là reprend son industrie pour l'avenir. Il est encore exact de dire que cette industrie peut n'avoir plus la même valeur, dans les cas surtout où la société aura duré très-longtemps; mais les jurisconsultes romains s'étaient-ils livrés à toutes ces appréciations. Il n'y en a pas de trace dans les textes.

Ajoutons que dans un système de législation, qui ne donne pas, comme le Code Napoléon, une évaluation à l'industrie, le système que nous combattons, fait naître des difficultés inextricables, quand il y a plus de deux associés et que les mises en nature sont inégales. En ce cas, l'industrie sera-t-elle sur la même ligne que la mise la plus faible, ou la plus forte? Comment sortir d'embarras, en présence du silence gardé sur ce point par les jurisconsultes?

Quant à la doctrine de Vinnius et de Grotius, nous la repoussons comme divinatoire, et comme ne pouvant invoquer de texte en sa faveur.

Troisième Système. — En dehors de toute convention, la présomption doit être que le capital n'a été mis en société que *quoad usum*, Donnellus, *Comm. ad leg. 1, C. h. t.*; Glück, Comm. des Pand. t. XV, p. 399.

Nous avons décidé plus haut, en nous appuyant sur la L. 13, § 1, D. *de præscript. verb.* 19, 5, et la L. 52, § 2, D. *h. t.*, que si l'un des associés a apporté un corps certain et l'autre son industrie, il y a présomption que le corps certain a été apporté *quoad usum.* Il y a même raison de décider, dans le cas où l'apport consiste en une somme d'argent. Justinien compare l'industrie à l'argent, pour dire que le *lucrum* devient commun, d'où il faut conclure que le capital ne le devient pas. Enfin *in dubio id quod minimum est præsumitur* (L. 34, D. *de regul. jur.* 50, 17).

Nous n'ajoutons pas, comme l'ont fait certains commentateurs, que si l'associé capitaliste ne pouvait reprendre son apport, il se trouverait, sans compensation, exposé aux chances de perte, tandis que l'associé industriel aurait la chance de partager le capital et les bénéfices, sans courir le danger de perdre sa mise. Nous ne croyons pas devoir invoquer cette considération, car à la rigueur on pourrait nous répondre que, si l'associé capitaliste risque son capital, l'associé industriel est exposé à travailler sans rémunération. Nous établirons d'ailleurs, en traitant de la répartition des pertes, que l'associé industriel supporte sa part dans la perte du capital conféré *quoad usum*.

N° II. *Répartition des bénéfices.*

Disons en premier lieu ce qu'il faut entendre par bénéfices. Les bénéfices consistent dans tout ce qui, déduction faite des frais et des pertes, dépasse les apports. *Neque enim intelligitur lucrum, nisi omni damno deducto*, L. 30, D. *h. t.*

Cela posé, voyons comment vont se répartir les bénéfices. Nous avons à distinguer, avec les jurisconsultes, deux hypothèses : 1° celle où il n'est intervenu entre les parties aucune convention à ce sujet; 2° celle où une clause du contrat a réglé la répartition.

I. *Les parties n'ont rien dit sur le partage des bénéfices.*

En ce cas, voici comment s'expriment les textes : « Si « non fuerint partes societati adjectæ, æquas eas esse constat » (*Ulpian.* L. 29, D. *h. t.*) « Et illud certum est, si « de partibus lucri et damni nihil inter eos convenerit, tamen æquis ex partibus commodum ut incommodum « inter eos commune esse » (Gaius, *Inst.* III, § 150). « Et « quidem si nihil de partibus lucri et damni nominatim « convenerit, æquales scilicet partes et in lucro et in « damno spectantur », § 1, *Inst.*, *h. t.*

Ainsi, en l'absence de toute convention formelle, les

bénéfices se partagent par portions égales, quand bien même les apports seraient inégaux. Cette règle est énoncée dans les textes précités, comme n'ayant jamais fait l'objet d'un doute. Il y a toutefois des interprètes, qui ont entendu cette égalité, non dans le sens d'une égalité absolue, mais dans le sens d'une égalité proportionnelle. Ils se sont fondés sur le caractère de bonne foi dont le contrat de société et l'action *pro socio* qui en dérive, se trouvent revêtus, et sur la contradiction que le système de l'égalité absolue présentait avec ce caractère. C'est dans cette idée générale que se résument tous leurs arguments.

Cette opinion ne nous semble pas soutenable en présence des décisions formelles que nous avons indiquées. Et tout d'abord traduire *œquas partes* par portions proportionnelles, c'est dénaturer le sens que ces expressions ont dans tous les textes : *œquæ partes* s'entend toujours de parts et portions viriles (L. 8, D. *de rei vindicat.*, 6, 1. L. 2, pr.; L. 9, § 12, D. *de hered. inst.* 28, 5; § 6, *Inst. de hered. inst.* 2, 14; L. 7, § 2, D. *de rebus dubiis* 34, 5; L. 23, *ad Senat. Trebell.* 36, 1; L. 5, § 2, D. *de solution.* 46, 3).

Il n'est du reste pas nécessaire de recourir à tous ces fragments. La signification du mot *œquas*, qui se trouve dans la L. 29, D. *h. t.*, est fixée par cette loi elle-même. En effet, après s'être occupé du cas où le contrat de société ne contient aucune clause formelle, Ulpien passe au cas inverse, et se demande si les parties peuvent établir, par un pacte formel, des parts inégales dans les bénéfices. Il se prononce pour l'affirmative, mais à la condition pourtant, que les apports seront inégaux. Or, comment aurait-il pu se poser une semblable question, si dans l'hypothèse de l'inégalité des mises, l'inégalité de répartition des bénéfices avait été de droit commun?

Les LL. 6 et 80 D. *h. t.* fournissent une induction semblable et aussi puissante. Ces deux fragments supposent que les parties ont confié à un arbitre le soin de régler le partage des profits. Après avoir posé en principe que l'arbitre doit conformer son règlement à l'*arbitrium boni viri*, Pomponius et Proculus concluent, en disant que les bénéfices ne doivent pas nécessairement se répartir par portions égales, *ex œquis partibus:* qu'il en est ainsi, dans le cas où l'un des associés a apporté dans la société, plus de travail, d'industrie, de crédit ou d'argent. Si de droit commun la répartition avait dû se faire proportionnellement aux mises, comment Pomponius et Proculus auraient-ils pu se demander si les parts peuvent être inégales.

Les partisans de la répartition proportionnelle n'en ont pas moins invoqué les LL. 6 et 80, *h. t.*, comme posant une règle d'équité, qui doit être suivie par le juge de l'action *pro socio*, aussi bien que par l'arbitre désigné par le contrat. Mais on ne peut conclure du cas où les associés ont désigné un arbitre, à celui où ils n'ont fait aucune convention relative aux bénéfices. Dans le premier cas, en effet, il est bien évident que les associés n'ont pas voulu que les parts fussent égales, et que la mission de l'arbitre ne peut être autre que de répartir les bénéfices proportionnellement aux mises. Tout au contraire, lorsque les associés ont gardé le silence, il n'y a rien d'exorbitant à supposer qu'ils ont entendu que le partage eût lieu par portions égales, quoique les mises fussent inégales ; car il est possible que tel associé, qui apporte moins que les autres, compense l'infériorité de sa mise par quelque avantage personnel, par son nom, son crédit, ses relations personnelles.

Nous terminons cette discussion par une citation tirée de la Nov. 103 de Léon le Philosophe, qui démontre clairement, que l'égalité dont parlent les textes, a toujours été entendue dans le sens d'une égalité absolue : « In so- « cietatibus usitatum est ut fere, qui plus contulit, idem

« plus lucri sentiat. Et recte sane negotium instituunt,
« *inter quos ita convenit.* Verum tamen de maritimis præ-
« diis societate inita, non ideo recte, cujus prædium la-
« tius est, eo cujus arctius est majus lucrum auferat.
« Exempli gratia hujus prædium centum passus latum est,
« illius vero longe angustius, si hæc conjungens commu-
« nio inde utilitatem suppeditet, ut *æqualiter* non secun-
« dum cujusque portionem proventus inter socios divida-
« tur, rationi consentaneum est. »

II. — *Les parties se sont formellement exprimées sur
la répartition des bénéfices.*

Il peut, à cet égard se présenter plusieurs combinaisons. Les associés peuvent être convenus qu'ils auraient
des parts inégales dans les bénéfices; que l'un d'eux serait
complétement exclu du partage des bénéfices; ou bien
enfin qu'ils s'en rapportaient à un tiers ou à l'un d'eux,
pour procéder au règlement des parts.

Occupons-nous successivement de ces différentes
clauses.

1° *Convention de parts inégales dans les bénéfices.*

Cette clause est valable, pourvu toutefois, dit Ulpien,
que l'inégalité dans la répartition corresponde à une
inégalité dans les apports : « Placet valere : si modo ali-
« quid plus contulit societati vel pecuniæ, vel operæ, vel
« cujuscunque alterius rei causa» (L. 29, D. *h. t.*). Cette
restriction ne se retrouve plus dans les Institutes. Justinien décide d'une manière absolue que si les parts ont
été exprimées, la convention fera la loi des parties :
« Quod si expressæ fuerint pactæ, hæ servari debent, »
et il ajoute : « Nec enim unquam dubium fuit quin valeat
« conventio, si duo inter se pacti sunt, ut ad unum quidem
duæ partes et lucri et damni pertineant, ad alium tertia»
(§ 1, Inst. *h. t.*). Cette comparaison entre le texte d'Ulpien et le texte des Institutes a fait surgir dans l'esprit de
certains interprètes des doutes sur l'authenticité com-

pléte de la L. 29, D. *h. t.* Ils ont proposé la leçon suivante : « Placet valere : valet et si modo........ » Le sens du fragment serait que la convention d'inégalité des parts est valable dans tous les cas, et que l'inégalité des parts doit aussi avoir lieu, abstraction faite de toute convention, dans le cas où les mises sont inégales.

Cette correction n'a pas fait fortune et avec juste raison : 1° Elle est contraire à la règle de l'égalité absolue, quand il n'y a pas de clause formelle; 2° même en l'admettant il serait impossible de donner à la phrase *valet et si modo* un autre sujet que le pacte formel supposé par le jurisconsulte; 3° elle ne rend pas compte de la restriction qu'exprime le mot *modo;* 4° enfin, elle est contraire au texte des Basiliques.

Il vaut mieux dire que Justinien s'est contenté de reproduire la solution d'Ulpien, en sous-entendant la condition qu'y met le jurisconsulte. Du reste, l'insertion du fragment d'Ulpien dans les Pandectes est la preuve la plus péremptoire que les compilateurs ont entendu l'ériger en règle législative.

Nous ferons observer que la restriction, mise par Ulpien à la solution qu'il donne, n'est vraie que dans le cas où les parties n'ont pas eu l'intention de faire une libéralité à celle d'entre elles qui a la part la plus considérable dans les bénéfices. Autrement rien ne s'opposerait à la validité d'une semblable donation. Il n'est pas même nécessaire, pour concevoir cela, de se placer à l'époque de Justinien. Si, dans l'ancien Droit, une donation ne pouvait se faire par le simple consentement des parties, cela n'était vrai que d'une libéralité totale, et non d'une libéralité partielle. (Arg. L. 38, D. *de contrahendo empt.*, 18, 1.)

2° *De la convention suivant laquelle l'un des associés se trouve exclu du partage des bénéfices.*

Cette convention est frappée de nullité et avec elle la société tout entière, comme société léonine. (L. 29, § 2,

D. *h. t.*). Du temps des jurisconsultes une pareille clause ne vaut pas même comme donation, car il s'agit ici d'une libéralité totale, et ces sortes de libéralités ne peuvent résulter d'un simple pacte. Mais sous Justinien, la société léonine doit être confirmée comme *pactum de donando*, à la condition, bien entendu, qu'il n'y ait aucun doute sur l'intention des parties. (Cf. *supra* p. 7.)

3° *De la convention suivant laquelle les parts doivent être réglées, soit par un tiers, soit par l'un des associés.*

Le règlement de l'arbitre pourra être attaqué, s'il n'est pas conforme à l'*arbitrium boni viri*, et, pour y être conforme, il doit proportionner les parts dans les bénéfices à la valeur des apports. Le droit des associés d'attaquer le règlement, comme contraire à l'équité, tient à la nature de l'action *pro socio*, qui est une action *bonæ fidei*. En ceci, l'arbitre dont nous parlons diffère de celui qui est nommé en vertu d'un compromis; car, dans cette hypothèse, la décision de l'arbitre doit toujours être respectée. (L. 6; LL. 75 - 79, D. *h. t.*)

N° III. — *Répartition des pertes.*

Il faut entendre par pertes tout ce qui vient en déduction des mises, soustraction faite des profits. « Neque « enim damnum intelligitur, nisi omni lucro deducto. (L. 30, D. *h. t.*)

I. *Des différentes espèces de pertes.*

Il y a deux sortes de pertes : celles qui doivent être supportées par l'un ou l'autre des associés exclusivement, et celles qui doivent être supportées par tous. Avant de procéder au calcul et à la répartition, il importe de distinguer les premières des secondes. Reprenons sucessivement les diverses hypothèses, dont nous nous sommes déjà occupés à propos de la répartition des mises.

1° *Tous les associés ont apporté des corps certains et déterminés.*

S'il y a *societas quoad sortem*, la perte doit être supportée par la société; s'il y a *societas quoad usum*, la perte doit être supportée par l'associé. Ceci n'a rien que de très-conforme aux principes élémentaires du Droit. Dans le premier cas, les apports ne doivent pas être restitués aux associés dans leur identité. Ils entrent dans le partage. Il n'en est pas de même dans le second: les apports sont alors à considérer comme des corps certains devant faire retour dans leur individualité à celui des associés qui les a mis en société.

2° et 3° *Tous les associés ont fait des apports en argent ou en choses fongibles, soit de même espèce, soit d'espèces diverses.*

En pareil cas, la perte est supportée par la société, sans qu'il y ait à distinguer s'il y a *societas quoad sortem* ou *societas quoad usum*. (L. 58, § 1, D. *h. t.*)

4° *L'un des associés a fait un apport consistant en un corps certain, et l'autre en industrie.*

Si le corps certain a été mis en société *quoad usum*, la perte sera pour le compte de l'associé, la société se trouvant libérée vis-à-vis de lui en vertu de la règle *debitor rei certæ ejus interitu liberatur*. S'il y a société *quoad sortem*, il faut évidemment adopter une solution toute opposée.

5° *L'un des associés a fait un apport consistant en argent ou en choses fongibles, et l'autre en industrie.*

Faut-il, pour résoudre la question du risque de l'apport en argent, établir une distinction entre le cas où la somme d'argent a été apportée *quoad sortem*, et celui où elle a été apportée *quoad usum*? La question est controversée. Glück, partant comme nous de l'idée qu'il y a société *quoad usum* toutes les fois que les parties n'ont pas établi une société *quoad sortem*, en conclut que la perte de l'argent doit être pour le compte de l'associé capitaliste, sans que l'associé industriel soit tenu d'y contribuer. Il invoque la L. 9 , C. *de pignerat. act.*, 4, 24, et l'adage dont on a fait si souvent une fausse application : *res perit domino.*

Nous repoussons cette solution. Et d'abord, les jurisconsultes romains n'ont jamais fait dépendre la question des risques de la question de propriété. On a prétendu, il est vrai, fonder cette doctrine sur la L. 9, C. *de pignerat. act.*, 4, 24 mais la circonstance que, dans cette constitution, le créancier est en même temps le propriétaire de la chose due est purement accidentelle; ce n'est pas le moins du monde la raison de la décision donnée par l'empereur. Cette décision est l'application de la règle *debitor rei certæ ejus interitu liberatur.*

Nous remarquerons ensuite que, dans l'hypothèse que nous avons posée, la somme d'argent dont il s'agit, bien qu'elle n'ait été apportée que *quoad usum*, est devenue la propriété de tous les associés, attendu qu'il est impossible de faire usage de l'argent sans le consommer. Ainsi, l'application même de la maxime *res perit domino* mettrait la perte de l'argent à la charge de la société : l'associé industriel serait donc tenu d'y contribuer.

Nous arrivons à la même solution, si nous écartons cette maxime pour appliquer les principes élémentaires du Droit. En effet, décider qu'il y a eu *societas quoad usum*, c'est décider que les associés sont devenus propriétaires du capital, à la charge de restituer une somme semblable lors de la dissolution de la société. Les associés sont donc débiteurs, non d'un corps certain, mais d'un genre; or *genera non pereunt.*

La perte de l'argent est donc à la charge de tous les associés, sans distinction entre le cas d'un apport *quoad usum*, et celui d'un apport *quoad sortem*. Et il faut en dire autant de la perte des autres choses fongibles.

II. *Répartition entre les associés des pertes qui sont à la charge de la société.*

Il faut distinguer, suivant que le contrat de société renferme, ou ne renferme pas, un pacte relatif aux pertes.

1° *Les parties n'ont rien dit.*

Lorsque les parties ont gardé le silence sur les bénéfices comme sur les pertes, la répartition se fait par portions égales, malgré l'inégalité des apports. Lorsqu'elles ont fait une convention relative aux bénéfices seulement, les pertes doivent se répartir dans la même proportion que les bénéfices. (L. 29, *pr.* D. *h. t.*; Gaius, III, § 150; § 2. *Inst. h. t.*)

2° *Les parties ont inséré dans le contrat un pacte relatif aux pertes.*

La seule question qui prête à difficulté est celle de savoir si la proportion suivant laquelle les pertes doivent être réparties, peut être différente de celle suivant laquelle doit s'opérer la répartition des bénéfices. Sur ce point il y a eu divergence entre les jurisconsultes. Quintius Mucius Scævola s'était prononcé pour la négative; Servius Sulpicius pour l'affirmative, et l'opinion de ce dernier avait prévalu. Cette controverse nous est rapportée par Gaius (*Comm.*, III, § 149) et par le § 2, *Inst. h. t.*

Le témoignage de cette controverse ne ressort pas aussi clairement de la L. 30, D. *h. t.* : « Mucius, dans son livre 14, écrit qu'on ne peut former une société de telle manière que l'un des associés ait des parts différentes dans la perte et dans le gain; Servius, dans ses notes sur Mucius, dit : *nec posse societatem ita contrahi.* » Servius semble donc dire qu'il est d'accord avec Mucius. Les commentateurs se sont donné beaucoup de tourments inutiles pour corriger ce fragment et le mettre d'accord avec ce que nous disent Gaius et Justinien. Toutes ces corrections, outre qu'elles sont repoussées par l'autorité du manuscrit de Florence et par celle des Basiliques, ne sont pas nécessaires pour concevoir, même d'après la L. 30, D. *h. t.*, le dissentiment qui avait regné entre les deux jurisconsultes.

Mucius avait adopté la négative d'une manière absolue, et sa proposition dans sa généralité pouvait signifier deux choses: 1° que dans une société, il ne pouvait être convenu que l'un des associés aurait une part dans chaque bénéfice particulier, et en supporterait une autre dans chaque perte particulière; 2° que dans une société il ne pouvait être convenu que l'un des associés aurait une part dans la masse des bénéfices après déduction des pertes, et supporterait une autre part dans la masse des pertes, déduction faite des bénéfices. Servius Sulpicius était d'accord avec Mucius en ce qui touche la première proposition, attendu, disait-il, qu'il n'y a pas de «lucrum nisi omni damno deducto,» ni de «damnum nisi omni lucro deducto.» Mais il repoussait la seconde, et c'est sur ce dernier point que Gaius et Justinien, ainsi que la Loi 30, D. *h. t.* nous parlent de controverse.

On peut convenir que les bénéfices seront communs, mais que l'un des associés ne participera pas aux pertes. Toutefois cette convention n'est valable que si la décharge des pertes se trouve compensée par l'industrie de l'associé (L. 29, § 1, D. *h. t.*, Gaius, III, § 149; § 2, *Inst.*, *h. t.*). Nous faisons encore remarquer que cette restriction n'a d'application qu'au cas où les parties n'ont pas eu l'intention de faire une libéralité à cet associé. Dans le cas contraire, cette intention devrait être respectée, même avant Justinien, attendu qu'il n'y aurait là qu'une libéralité partielle (*Arg.*, L. 38, D. *de contrah. empt.*)

Conclusion.

Il nous reste maintenant à faire voir le jeu des règles que nous venons de poser, en combinant celles qui sont relatives à la répartition des mises, et celles relatives à la répartition, soit des bénéfices, soit des pertes. Pour plus de simplicité, nous supposerons des sommes d'argent, en

nous plaçant successivement dans trois hypothèses différentes.

PREMIÈRE HYPOTHÈSE. — *Les apports des associés sont
égaux.*

Primus et Secundus mettent en commun chacun 1000
pour acheter des marchandises; le capital social est donc
de 2000. Si l'argent apporté par Primus vient à périr par
cas fortuit, Primus n'en reste pas moins associé avec
Secundus pour les 1000 restant, de telle sorte que si,
avec ces 1000, on fait un gain de 1000, les 2000 qui
se retrouveront dans la caisse sociale à la dissolution de
la société, se partageront par portions égales; les pertes,
s'il y en avait, devraient aussi se répartir également.

DEUXIÈME HYPOTHÈSE. — *Les associés ont fait en argent des apports inégaux.*

Primus apporte 1000, Secundus 2000; le capital social
est donc de 3000.

Les 2000 apportés par Secundus viennent à périr par
cas fortuit et les 1000 restant rapportent 3000 de bénéfices, de telle sorte que, à l'époque de la dissolution, il
y a 4000 en caisse. Les bénéfices s'élèvent donc en définitive à 1000. En dehors de toute convention particulière, ces 1000 doivent être répartis d'une manière égale,
malgré l'inégalité des apports. Chacun des associés prendra donc 500 dans les gains. Quant aux 3000 qui forment
le fonds social tel qu'il avait été primitivement constitué,
ils doivent se répartir dans la proportion de 2 à 3. Primus recueillera donc en tout 1500 et Secundus 2500.

Si les 1000 restant n'avaient rapporté que 2000, la
société n'aurait ni perdu ni gagné, et les 3000 restant en
caisse se répartiraient dans la proportion que nous venons
d'indiquer.

Si les 1000 dont il s'agit n'avaient rapporté que 1000,
la société serait en perte de 1000. Cette perte devant être
supportée également par les deux associés. Primus

prendrait donc 500 dans les 2000 restant, et Secundus 1500.

Enfin, si les 1000 dont nous parlons n'avaient rien rapporté, la société serait en perte de 2000, dont 1000 à supporter par Primus, et 1000 par Secundus. Secundus prendrait à lui seul les 1000 restant.

TROISIÈME HYPOTHÈSE. — *L'un des associés apporte un capital en argent et l'autre en industrie.*

Ainsi Primus, qui fait tous les fonds apporte 10,000, et Secundus son industrie. Supposons que sur les 10,000, 4000 viennent à périr, et qu'avec les 6000 restant on fasse 6000 de bénéfices. La perte de 4000 incombant à la charge de la société, on doit traiter les choses comme s'il y avait non pas 6000 de bénéfices, mais seulement 2000. Primus prélèvera donc 10,000; les 2000 restant se partageront entre lui et Secundus. Si les 6000 restant n'avaient rapporté que 4000, il n'y aurait pas de bénéfices; Primus prendrait la totalité du fonds social. Enfin, s'ils n'avaient rapporté que 2000, la société aurait fait une perte de 2000 à répartir également entre les associés. Primus prendrait les 8000 qui se trouveraient en caisse, et Secundus serait constitué son débiteur de 1000.

CHAPITRE IV.

Des actions qui naissent du contrat de société. — Du bénéfice de compétence dans l'action *pro socio*. — Du concours de l'action *pro socio* avec d'autres actions.

La sanction des rapports des associés entre eux consiste dans deux actions : l'action *pro socio* et l'action *communi dividundo*.

L'action *pro socio* a pour objet toutes les prestations personnelles, qui dérivent du contrat de société, y comprises les cessions de créance que l'un des associés doit faire à ses coassociés, lorsqu'il a traité seul avec les tiers.

L'action *communi dividundo* a pour objet le partage du fonds commun, et les prestations personnelles, qui ont trait à la chose indivise. Sous ce dernier rapport, l'action *communi dividundo* poursuit le même but que l'action *pro socio*, mais de même que cette dernière ne peut s'appliquer au partage du patrimoine social, partage qui est dans le domaine exclusif de l'action *communi dividundo*, de même l'action *communi dividundo* ne peut s'appliquer aux créances. Il rentre toutefois dans l'*officium judicis*, lorsque l'*actio communi dividundo* est exercée, de contraindre les parties à se donner caution de se constituer, en ce qui touche les créances, *procuratores in rem suam*, ou de se défendre réciproquement contre les attaques des tiers (L. 25, § 10. D. *fam. ercisc.* 10, 2).

L'action *pro socio* est une action *bonæ fidei*, § 28, *Inst. de act.*, 4, 6. Elle est *ab utraque parte directa*, § 2, *Inst. de pœna tem. lit.*, 4, 16. Il n'y a donc pas d'*actio pro socio contraria*, par la raison toute simple que les obligations de tous les associés sont identiques.

L'*actio pro socio* peut être exercée, soit pendant le cours de la société, soit à l'époque de sa dissolution, suivant la distinction suivante : En tant qu'action générale, ayant pour objet la reddition des comptes par le gérant, elle ne peut être exercée qu'au moment où la société prend fin; et cette fin est amenée, comme nous le verrons, par l'exercice même de l'action. C'est en ce sens qu'il est dit dans les textes que *societas ex actione distrahitur* (L. 65, *pr.* D. *h. t.*). En tant qu'action spéciale, ayant pour objet les obligations dont l'exécution est nécessaire au maintien de la société, telles, par exemple, que celles qui ont pour objet le versement des apports, la communication d'un *lucrum*, la prestation des services promis, elle peut être exercée pendant la durée de la société (L. 65, § 15. D. *h. t.*).

Mais que l'*actio pro socio* soit intentée pendant la société ou après sa dissolution, il est nécessaire que les prestations personnelles aient leur source dans le contrat même. Si elles ont une origine postérieure à la dissolution de la société, si elles sont nées de l'indivision qui a succédé, elles ne peuvent être poursuivies que par l'action *communi dividundo* (L. 65, § 13, D. *h. t.*).

L'action *pro socio* présente deux caractères spéciaux. Elle est infamante en cas de dol, § 2, *Inst., de pœna tem. litigant.* 4, 16. LL. 1 et 6, § 6 et 7 D. *de his qui not. infam.* 3, 2. Cf. § 6, *Inst. de susp. tut.* 1, 26. D'un autre côté le défendeur jouit, dans certains cas, du bénéfice de compétence qui consiste à n'être condamné que *quatenus facere potest.* Ce sont là deux conséquences tirées, l'une dans le sens de la sévérité, l'autre dans le sens de l'indulgence, des rapports de fraternité qui unissent les associés.

Nous allons traiter dans la première section de ce chapitre du bénéfice de compétence dans l'action *pro socio.* Nous nous occuperons dans la seconde section du concours de l'action *pro socio* avec d'autres actions.

SECTION Ire. — *Du bénéfice de compétence dans l'action*
PRO SOCIO.

En règle générale, le débiteur poursuivi par son créancier est condamné à la totalité de la dette. Il est toutefois des circonstances particulières, dans lesquelles le juge doit estimer les facultés pécuniaires du défendeur, et ne prononcer de condamnation contre lui, que jusqu'à concurrence de ce qu'il peut faire, *quatenus facere potest, quatenus facultates patiuntur.* Ce bénéfice réservé à certains débiteurs a été appelé par les jurisconsultes modernes, *beneficium competentiæ*, dénomination complète-ment étrangère aux jurisconsultes romains. Le bénéfice de compétence, dans les cas où il reçoit son application, se fonde sur des rapports de diverse nature qui existent entre le créancier et le débiteur. C'est un père qui est poursuivi par son fils émancipé (L. 16, D. *de re judic.* 42, 1); un patron, par son affranchi (L. 17, *eod. tit.*); un donataire, par le donateur (L. 30, *eod. tit.*); un époux, par son conjoint (L. 20, *eod. tit.*); le père de la femme, par le mari, dans certaines circonstances spéciales (LL. 21 et 22, *eod. tit.*); l'insolvable qui a fait cession de biens (L. 4, *pr.* D. *de cess. bon,* 42, 3); enfin l'associé contre lequel l'*actio pro socio* est exercée.

Lorsqu'il s'agit des rapports des associés entre eux, le bénéfice de compétence repose sur une idée de frater-nité. Nous avons à voir : 1° dans quel cas les associés peuvent l'invoquer, 2° quel en est le caractère, 3° quelles sont les règles à suivre pour calculer les facultés pé-cuniaires du défendeur.

I. *Des différents cas où l'associé peut invoquer le bé-néfice de compétence.*

Le bénéfice de compétence suppose l'exercice de l'*actio pro socio.* C'est là une condition essentielle ; mais ne faut-il pas établir de distinction entre les diverses espèces des ociétés ? La négative résulte formellement de la L. 63, *pr.* D. *h. t.* Ulpien, exposant une opinion de Sabinus, à laquelle il donne son adhésion, dit que la société *unius rei* doit être placée sur la même ligne que la société *omnium bonorum.* Si ce texte était seul, il trancherait toute difficulté. Mais la L. 16, D. *de re judicata,* 42, 1, tirée, elle aussi, du Commentaire d'Ulpien sur l'Édit du Préteur, semble un démenti, que le jurisconsulte se donne à lui-même. Ce fragment est ainsi conçu : « Sunt « qui in id quod facere possunt conveniuntur, id est non «deducto ære alieno. Et quidem sunt hi fere qui pro so-

« cio conveniuntur, *socium autem omnium bonorum*
« *accipiendum est.* » Ulpien paraît bien restreindre le
bénéfice de compétence à la société universelle de biens.

Parmi les interprètes qui ont tenté de mettre Ulpien
d'accord avec lui-même, les uns font subir à la L. 16, *de
re judicata* certaines corrections, les autres maintiennent
le texte tel qu'il est.

Voici tout d'abord les leçons qui ont été proposées :
Antoine Favre (*Rationale in Pand. ad legem* 63, *pr. h. t.*)
retranche *socium autem omnium bonorum accipiendum
est.* Il prétend que cette phrase incidente a été ajoutée
par les glossateurs, qui, d'après lui, se sont trahis par
un solécisme : le jurisconsulte eût dit *socius accipiendus
est.* D'autres lisent comme s'il y avait *socium etiam non
omnium bonorum accipiendum est*, ou bien *socium autem maxime omnium bonorum accipiendum est*, ou bien
enfin *socium autem omnem bonorum accipiendum est.*

Nous pensons qu'il faut laisser le texte tel qu'il est. Il
est confirmé par le manuscrit de Florence et par l'autorité des Basiliques : ὡς ὁ πάντων τῶν πραγμάτων κοινωνός
ἐν τῇ κοινωνίᾳ.

Mais comment concilier les deux textes d'Ulpien ? D'a-
près Schulting, dans la L. 16, D. *de re judicata*, Ulpien
dirait que l'associé *omnium bonorum* peut opposer à ses
coassociés le bénéfice de compétence non-seulement lorsqu'ils le poursuivent par l'*actio pro socio*, mais encore
lorsqu'ils intentent contre lui d'autres actions, et dans la
L. 63, D. *h. t.*, il déciderait que l'associé *unius rei* peut
invoquer le bénéfice de compétence dans le cas seulement où il est poursuivi par l'*actio pro socio*. Ce système
tombe devant la L. 16, D. *de re judicata*, qui, se plaçant
précisément dans l'hypothèse d'une société *omnium bonorum*, suppose que l'associé défendeur est actionné *pro
socio*. Du reste Justinien dit formellement, dans ses Institutes, qu'il y a lieu à l'application du bénéfice de com-

pétence *si socius cum socio judicio societatis agat* (§ 38, *Inst. de act.* 4, 6).

Pothier n'est pas éloigné d'admettre qu'Ulpien avait d'abord embrassé l'opinion de Sabinus et qu'ensuite il avait changé d'avis, la société *omnium bonorum* étant la seule dans laquelle le lien de fraternité, qui sert de base au bénéfice de compétence, soit complet.

Il nous paraît plus probable que l'édit dans lequel le préteur avait introduit le bénéfice de compétence avait été, dans les premiers temps de sa promulgation, interprété d'une manière restrictive et appliqué seulement aux associés *omnium bonorum*. Sabinus le premier proposa une interprétation plus large et son opinion devait avoir prévalu du temps d'Ulpien, ainsi que cela résulte de la L. 63, D. *h. t.* Dans la L. 16, D. *de re judicata*, Ulpien doit mentionner, à titre de renseignements historiques, le sens primitif qui avait été donné à l'édit, sans répéter ce qu'il avait déjà dit dans un livre antérieur de son commentaire, à savoir que ce sens rigoureux avait été abandonné par la jurisprudence.

II. *Du caractère du bénéfice de compétence.*

Le bénéfice de compétence est un moyen de défense tout personnel à la personne en faveur de laquelle il a été introduit. Ce caractère produit une double conséquence. D'abord le bénéfice de compétence n'est pas transmissible aux héritiers de l'associé ; ensuite il ne peut être invoqué par les *accessiones*, c'est-à-dire par les débiteurs accessoires, tels par exemple que le père ou le maître poursuivi du chef du *filiusfamilias* ou du *servus* par l'*actio pro socio quod jussu*, ou les fidéjusseurs poursuivis par l'*actio ex stipulatu*. Cela n'est vrai toutefois que lorsque ces divers débiteurs accessoires sont actionnés en leur seule qualité d'*accessiones*. Mais si l'on suppose que l'associé, du chef duquel ils sont tenus, les constitue *procuratores*, pour défendre à l'*actio pro socio* dirigée contre lui, ils pourront, comme tout autre *procurator*, invoquer le bénéfice de compétence (L. 63, §§ 1 et 2, D. *h t.*). Le bénéfice de compétence est invoqué par le défendeur sous la forme de la restriction *quatenus facere potuit* insérée dans la *condemnatio*. De là il résulte qu'il doit être invoqué au moment même de la *litis contestatio*, c'est-à-dire au moment où le magistrat délivre la formule d'action. Son insertion dans la *condemnatio* n'a lieu qu'à la suite d'une *causæ cognitio* portant sur la question de savoir si le défendeur n'a pas nié sa qualité d'associé et s'il n'est pas obligé en vertu de la *clausula doli* (L. 22, § 1. D. *de re judicata*, 42, 1).

III. *Des règles à suivre dans le calcul du bénéfice de compétence.*

Ces règles sont relatives aux diminutions de facultés survenues soit par le dol, soit par la faute de l'un des associés; à la déduction des dettes dont il est tenu vis-à-vis des tiers; enfin à la déduction d'une certaine quantité *ne egeat*. Étudions ces règles avant et sous Justinien.

1° *Avant Justinien.* — En ce qui concerne les diminutions de facultés, les jurisconsultes distinguent entre celles qui proviennent d'un dol et celles qui sont le résultat d'une simple faute. Le juge de l'*actio pro socio* fait complétement abstraction des premières, mais il tient compte des secondes, la simple faute n'enlevant jamais aux associés le bénéfice de compétence (L. 63, § 7. D. *h. t.*).

En ce qui touche la déduction des dettes, dont le défendeur peut être tenu vis-à-vis des tiers, il faut distinguer celles qui sont nées *ex ipsa societate* et celles qui ont une cause différente. Celles qui sont nées *ex ipsa societate* doivent être déduites; il en est autrement de celles qui proviennent de toute autre source. (L. 63, § 3. D. *h. t.* L. 16. D., *de re judicata*, 42, 1). — Les unes sont déduites, parce que tous les associés doivent y contribuer; les autres sont soumises à l'empire du Droit commun. Or, suivant le Droit commun, la déduction des dettes n'a pas lieu dans le calcul du bénéfice de compétence; c'est un privilége réservé au donateur. (L. 19, § 1. D. *de re jud.*, 42, 1.)

La conséquence en est que si l'un des associés doit à plusieurs de ses coassociés, celui d'entre eux qui se présentera le premier, obtiendra seul une condamnation. « Inter eos quibus ex eadem causa debetur occupantis « melior conditio est, nec deducitur quod ejusdem condi- « tionis hominibus debetur. » (L. 19, *pr.* D. *de re judicata.*) Toutefois lorsqu'un autre associé, à son tour, intentera l'*actio pro socio* et ne pourra obtenir une condamnation intégrale, il se retournera contre le premier pour le contraindre à supporter sa part dans l'insolvabilité du défendeur. (L. 63, § 5. D. *h. t.*)

A l'égard de la déduction *ne egeat*, la faculté de la faire opérer n'appartient encore qu'au seul donateur. (L. 19, § 1 *in fine* et L. 30 D. *de re judicata.*) Notre proposition n'est nullement contredite par la fin de la L. 30 précitée : « Quod maxime inter liberos et parentes observandum est. » Pomponius ne nous dit pas que la déduction *ne egeant* s'effectue toujours entre ascendants et descendants, car il eût employé le mot *quoque* au lieu de *maxime*. Son observation ne s'applique donc qu'au cas où les enfants et ascendants sont condamnés en tant que donateurs. En tout cas, il n'y a rien dans la L. 30 qui permette d'étendre aux associés le bénéfice de la déduction *ne egeant*.

2° *Sous Justinien.* — Il n'est apporté aucune innovation aux règles qui régissent les diminutions de facultés par suite d'un dol ou d'une faute, ni à celles qui régissent la déduction *æris alieni*. Mais il n'en est pas de même de la déduction *ne egeat*. Le bénéfice de cette dernière déduction, exclusivement introduit à titre de privilége au profit du donateur par le rescrit d'Antonin le Pieux, est étendu aux associés, comme à tous ceux qui jouissent du

bénéfice de compétence. Cette extension résulte de la
L. 173, *pr.* D. *de regulis juris,* 50, 17, ainsi conçue : « In
« condemnatione personarum, quæ in id quod facere pos-
« sunt, damnantur, non totum quod habent extorquendum
« est, sed et ipsarum ratio habenda est *ne egeant.* » Il est
de toute évidence que les mots *ne egeant* ont été inter-
polés par les compilateurs des Pandectes; car cette loi est
tirée de Paul, *libro* 6 *ad Plautium,* de même que la L.
19, D. *de re judicata.* C'est un extrait corrigé de ce dernier texte.

L'innovation de Justinien est loin d'être heureuse. Au
lieu de profiter à l'associé défendeur, la *deductio ne egeat*
ne profitera qu'à ses créanciers. En effet, Justinien oublie
de généraliser la *deductio œris alieni,* en même temps
que la *deductio ne egeat,* de telle sorte que ce qui aura
été déduit au profit du défendeur, pour qu'il ne soit pas
laissé dans l'indigence, sera pris par ses autres créanciers,
vis-à-vis desquels il ne jouit pas du bénéfice de compétence.

SECTION 2. — *Concours de l'action PRO SOCIO avec
d'autres actions.*

L'*actio pro socio* peut se trouver en concours avec
d'autres actions. Quelle est alors l'influence de l'une sur
les autres. Lorsque l'une a été exercée, tout est-il consommé et n'y a-t-il plus lieu à l'exercice des autres ; se
cumulent-elles; ou bien se combinent-elles? Ces trois résultats sont possibles suivant que l'*actio pro socio* se
trouve en concours avec des actions *rei persecutoriæ,*
c'est-à-dire avec des actions dont le but est de maintenir
l'état des biens en empêchant le demandeur de s'appauvrir, ou qu'elle est en présence d'actions pénales, c'est-
à-dire d'actions dont le but est d'appauvrir le défendeur
en lui imposant une diminution de patrimoine. Plaçons-
nous successivement dans chacune de ces hypothèses.

N° 1. *Concours de l'ACTIO PRO SOCIO avec d'autres actions REI PERSECUTORIÆ.*

Les exemples de concours signalés par les textes sont les suivants :

I° Concours de l'*actio pro socio* avec l'action *communi dividundo.*

L'*actio pro socio* et l'*actio communi dividundo* ont à la fois des objets communs et des objets différents. C'est par cette distinction que doit se résoudre la question de l'exclusion de l'une par l'autre ou la question de leur cumul. En tant qu'elles poursuivent un but identique, elles s'excluent réciproquement. Le but une fois atteint par l'une d'entre elles, il est tout naturel que l'autre ne puisse plus être exercée. Or, elles ont cela de commun, que certaines prestations personnelles entre associés peuvent être demandées, soit par l'une, soit par l'autre. Ainsi, je puis choisir entre l'*actio pro socio* et l'*actio communi dividundo* pour réclamer ma part dans les fruits que vous avez perçus sur une chose commune ou pour vous faire supporter la vôtre dans les dépenses que j'ai faites sur une chose semblable (L. 38, § 1. D. *h. t.*).

En tant que le but est différent, l'*actio pro socio* et l'*actio communi dividundo* se cumulent. Or, d'une part les créances ne peuvent pas faire l'objet de l'action *communi dividundo*, et, d'autre part, l'action *pro socio* n'admet pas l'*adjudicatio*. A ces deux points de vue elles pourront être exercées l'une après l'autre (L. 43, D. *h. t.*).

II. Concours de l'*actio pro socio* avec l'*actio ex stipulatu.*

Les parties, après avoir formé un contrat de société, ont confirmé leurs conventions par une stipulation, en y ajoutant une clause pénale et sans avoir l'intention d'opérer une novation. L'exécution de ce qui a été convenu pourra leur être procurée soit au moyen de l'*actio pro socio*, soit au moyen de l'*actio ex stipulatu*. Mais l'exercice de l'une opérera l'extinction de l'autre. (L. 71, D. *h. t.*)

III. Concours de l'*actio pro socio* avec l'*actio venditi*.

Plusieurs personnes ont contracté société pour acheter des marchandises, et il a été convenu que l'une d'entre elles serait, si les autres le voulaient, obligée de prendre pour son compte toute l'affaire, à la charge de leur rembourser tous les frais qui pourraient être faits. Cette opération contient à la fois une société et une vente : une société, puisque les parties qui se sont réservé la faculté de se débarrasser de l'affaire sur l'une d'elles, peuvent ne pas user de cette faculté et traiter l'opération comme commune ; une vente, puisqu'elles ont vendu d'avance, sous condition potestative, leur part dans l'affaire, moyennant un prix qui sera plus tard facilement déterminé par les frais qui auront été faits.

Si celui des contractants qui a pris d'avance à son compte le résultat de la négociation, ne veut pas exécuter ce qui a été convenu, ni effectuer le remboursement des frais, on pourra l'y contraindre soit par l'*actio pro socio*, soit par l'*actio venditi*.

L'*actio pro socio* peut être exercée, parce que le pacte, en vertu duquel agiront les demandeurs, a été ajouté *in continenti* à un contrat de société, et que, suivant les règles élémentaires du Droit romain, il est garanti par l'action qui résulte du contrat même.

On peut aussi intenter l'*actio venditi*, parce que le pacte, dont il est question, contient tous les éléments d'une véritable vente. Mais comme ce sont là deux actions *rei persecutoriæ* tendant au même but, l'une exclura l'autre. (L. 69, D. *h. t.*)

Le texte que nous citons est une de ces lois dont Cujas lui-même a désespéré de donner l'explication (*Observ.* IV, *cap.* 17). Il est obscur, non-seulement au point de vue de la pensée du jurisconsulte, mais encore au point de vue du sens qu'il faut donner à certaines expressions; toutes choses qui ont donné lieu à de nombreuses controverses parmi les érudits. Aussi est-ce avec une grande hésitation que nous présentons l'interprétation que nous croyons devoir en donner.

IV. Concours de l'*actio pro socio* avec la *condictio furtiva*.

Lorsqu'un *furtum* a été commis par l'un des associés au préjudice des autres, il en naît une action pénale bilatérale appelée *actio furti*, qui se donne soit au double, soit au quadruple, suivant les cas, et dont nous n'avons pas à nous occuper en ce moment. Les victimes du vol ont, en outre, en leur qualité de propriétaires, la *rei vindicatio*, et, par dérogation aux principes ordinaires du Droit, une *condictio* dite *furtiva*.

Ces deux actions ont pour but d'empêcher que le défendeur ne s'enrichisse aux dépens du demandeur. Elles sont donc *rei persecutoriæ*, de même que l'*actio pro socio*.

Aussi Ulpien nous dit-il, dans la L. 47, *pr. D. h. t.*, que l'action *pro socio* ne peut plus être exercée après la *condictio furtiva*. Mais il ajoute *nisi pluris mea intersit*. Il peut arriver, en effet, que l'objet de l'*actio pro socio* dépasse celui de la *condictio furtiva*. Cette dernière action ne fait obtenir aux associés que la valeur actuelle de la chose, tandis que par l'*actio pro socio* ils obtiennent l'intérêt qu'ils avaient à ne pas être volés. Or, cet intérêt peut être supérieur à la valeur actuelle de la chose. L'exercice antérieur de la *condictio furtiva* ne mettra donc pas obstacle à celui de l'*actio pro socio*, du moins en ce que celle-ci contient de plus que la précédente; de telle sorte que, dans la condamnation qu'il prononcera, l'*arbitre* déduira de la *litis æstimatio*, ce que le demandeur a déjà obtenu en vertu de la première condamnation.

V. Concours de l'*actio pro socio* avec la *condictio ex lege.*

Aux termes d'une constitution de Marc-Aurèle, lorsque l'un des associés a fait réparer de ses deniers une maison commune et que ses coassociés ne lui remboursent pas leur part dans les sommes qu'il a dépensées, il peut, au bout de quatre mois, à partir de la confection des travaux, exercer contre eux la *condictio ex lege*, pour se faire payer ses déboursés, avec les *centesimæ usuræ* courus pendant ce délai, ou, s'il préfère, devenir propriétaire en vertu de la loi de l'édifice commun tout entier. Ce bénéfice, introduit en sa faveur par la constitution, ne saurait être retorqué contre lui ; il pourra donc y renoncer et, s'il le veut, exercer l'*actio pro socio* pour obtenir *id quod intererat*. Mais dès qu'il aura atteint son but par l'une ou l'autre de ces deux actions, il ne pourra plus exercer l'autre. (L. 52, § 10, D. *h. t.*)

Nº II. *Concours de l'ACTIO PRO SOCIO avec les actions pénales.*

Nous allons exposer les règles qui régissent le concours de l'action *pro socio* avec les actions pénales bilatérales et unilatérales ; nous examinerons ensuite les modifications dont ces règles sont susceptibles.

I. *Concours de l'ACTIO PRO SOCIO avec les actions pénales bilatérales.*

Les actions pénales bilatérales se présentent en Droit romain avec un double caractère. Elles peuvent avoir pour but unique d'enrichir le demandeur au détriment du défendeur, laissant ainsi en dehors de leur influence les actions *rei persecutoriæ* qui résultent du même délit. Elles peuvent aussi permettre au demandeur de poursuivre deux buts à la fois, l'un consistant à s'enrichir, l'autre à ne pas s'appauvrir : en d'autres termes, elles peuvent se présenter avec un caractère mixte.

1º Lorsque l'*actio pro socio* concourt avec une action pénale bilatérale de la première espèce, elle se cumule avec elle.

Ainsi, dans l'hypothèse du *furtum* dont nous parlions plus haut, les associés victimes du vol pourront exercer l'*actio furti*, après avoir agi *pro socio;* et réciproquement : « Nec altera actio alteram tollit, » dit Ulpien dans la L. 45. D. *h. t.* La raison est simple, il n'y a pas identité entre l'objet de l'*actio pro socio* et celui de l'*actio furti.* Le double ou le quadruple qu'obtient le demandeur par l'*actio furti,* est une peine, une amende qui, au lieu d'être versée dans les caisses du trésor public, le sera entre les mains de la victime du délit et l'enrichira aux dépens du voleur. Le *id quanti interest* qui, dans l'*actio pro socio,* formera l'objet de la condamnation, n'a pas le même caractère de pénalité : c'est la réparation du préjudice causé par la violation des obligations sociales.

2° Quand l'*actio pro socio* est en présence d'une action pénale mixte, elles se paralysent l'une l'autre jusqu'à concurrence de ce qu'elles ont de commun, et l'exercice de l'une laisse subsister l'autre pour le surplus.

Supposons que l'un des associés commette au préjudice des autres un *damnum injuria datum.* Si l'on se trouve dans le cas du premier chef de la loi *Aquilia,* et que l'esclave ou l'animal tué ait eu une plus haute valeur dans le courant de l'année, l'*actio legis Aquiliæ* fera condamner l'auteur du dommage à la somme représentative de cette plus haute valeur. De même, si l'on se trouve dans le cas du troisième chef, et que dans les trente derniers jours l'objet endommagé ait eu également une plus haute valeur, le défendeur sera condamné à cette plus haute valeur. Enfin, abstraction faite de toutes ces circonstances, si l'associé qui a commis le délit, oppose une dénégation à la prétention de son adversaire, il subira une condamnation au double de la valeur.

Dans toutes les hypothèses que nous venons d'indiquer, l'*actio legis Aquiliæ* empêchera le demandeur de s'appauvrir en même temps qu'elle l'enrichira de tout ce dont le montant de la condamnation excèdera la valeur actuelle de la chose. Sous le premier aspect, l'*actio legis Aquiliæ* et l'*actio pro socio* poursuivent le même but, et dans cette limite le demandeur, qui exercera l'une des deux, épuisera son droit quant à l'autre. Mais malgré l'exercice de l'*actio pro socio*, l'*actio legis Aquiliæ* pourra être intentée pour ce qu'elle a de pénal.

Ces déductions *a priori* paraissent au premier abord être formellement contredites par les LL. 47, § 1, et 49. D. *h. t.*, combinées avec la L. 50 *eod. tit.* Dans les deux premiers textes, Ulpien pose en principe qu'un *damnum injuria datum* peut donner lieu à l'*actio damni injuriæ* et à l'*actio pro socio.* La L. 50, qui est tirée de Paul, ajoute : « Sed actione pro socio consequitur, ut altera ac-« tione contentus esse debeat : quia utraque actio ad rei « persecutionem respicit; non, ut furti, ad pœnam dun-« taxat. »

On pourrait appuyer le texte de Paul de plusieurs autres fragments, insérés au Digeste, qui paraissent décider d'une manière absolue, que l'action résultant des contrats et l'action *damni injuriæ* ne se cumulent pas. Mais d'autres lois viennent démontrer que ce n'est là qu'une fausse apparence, et que les jurisconsultes dont le système semble prohiber absolument le cumul, se placent dans le cas particulier, dont nous aurons à nous occuper plus loin, où l'action de la loi *Aquilia* n'est pénale que *ex parte rei.*

Voici d'abord un fragment qui établit le principe général que nous avons posé : « Si ex eodem facto duæ com-« petant actiones, postea judicis potius partes esse, *ut quo* «*plus sit in reliqua actione, id actor ferat :* si tantumdem, « aut minus, id consequatur » (L. 41, § 1, *Paul.* D. *de oblig. et act.,* 44, 7). La première partie de cette loi est on ne peut plus claire : « Lorsque deux actions résultent d'un même fait et que le demandeur a intenté l'une d'elles, il ne peut ensuite par la seconde obtenir que l'excédant de celle-ci sur la première.» Nous n'avons pas, pour le moment, à nous occuper de la fin du texte.

Le principe posé par Paul est appliqué par le même jurisconsulte au cas spécial, dans lequel l'*actio commodati* est en concours avec l'*actio legis Aquiliæ;* mais il est de toute évidence que, par identité de raison, sa décision doit être étendue au concours de l'action *legis Aquiliæ* avec l'*actio pro socio.* Dans la L. 34, § 2. D. *de oblig. et act.*, 44, 7, il dit que dans tous les cas l'*actio commodati* (et nous disons l'action *pro socio*) est éteinte, après que l'action *legis Aquiliæ* a été exercée; puis il se demande si, après l'exercice de l'action *commodati*, l'action *legis Aquiliæ* peut être intentée en vertu du troisième chef de la loi, pour obtenir l'excédant de la plus haute valeur qu'a eue la chose dans les trente derniers jours; il pose la question comme douteuse, mais il ajoute : « Sed « verius est remanere, quia simplo accedit, et simplo sub- « ducto locum *non* habet. »

Les derniers mots du texte semblent mettre le jurisconsulte en contradiction avec lui-même. Aussi Cujas (*Observ.* III, *cap.* 25) propose-t-il de supprimer le *non*. Le texte ainsi modifié signifie que l'*actio legis Aquiliæ* subsiste parce que, en opérant la soustraction de la valeur actuelle déjà obtenue par la condamnation précédente, l'*actio damni injuriæ* est encore possible pour le surplus. M. de Savigny, se fondant sur la leçon du manuscrit de Florence, cherche, avec une certaine hésitation pourtant, à expliquer le passage de Paul, en maintenant la négation. Le texte voudrait dire : «L'action *legis Aquiliæ* subsiste, non pas seulement pour le surplus, ainsi que la question est posée, mais pour le tout (*remanere* signifiant *integram remanere*); il en est ainsi, parce que le surplus n'est qu'un accessoire du *simplum*, de sorte que si l'on déduit le *simplum* (*simplo subducto*), le surplus ne peut être l'objet d'une action (*locum non habet*).» Le jurisconsulte aurait en vue la rédaction de la formule de l'*actio legis Aquiliæ*: « *Si paret damnum decidi oportere ;* » or, le *damnum* comprend à la fois le préjudice éprouvé (*simplum*) et le surplus (*amplius*), d'où il suit qu'on ne peut faire du surplus l'objet unique de l'action ; il voudrait donc que le préteur donnât l'action pour le tout. Il est probable que, dans la pensée de Paul, le préteur devait insérer dans la formule l'*exceptio doli*, afin qu'il n'y eût pas une nouvelle condamnation pour le *simplum*, qui a déjà fait l'objet de l'*actio commodati* (Savigny, *System des heut. römischen Rechts*, V, p. 230). Au fond, l'interprétation de M. de Savigny et celle de Cujas conduisent au même résultat. Elles confirment toutes deux notre thèse.

Au surplus, la doctrine des jurisconsultes sur le point qui nous occupe, est clairement exposée dans un texte auquel il n'est pas nécessaire de faire subir des corrections : c'est la L. 7, § 1. D. *commodati vel contra*; 13, 6. Ulpien suppose qu'une chose a été donnée en commodat à deux personnes ; l'une d'elles la fait périr, ce qui constitue un *damnum injuria datum*; le commodant exerce l'*actio commodati directa* contre le commodataire non coupable. Le jurisconsulte se demande si le commodataire poursuivi aura le droit de se faire céder par le demandeur l'*actio legis Aquiliæ* contre l'autre commodataire, et il n'hésite pas à se prononcer dans le sens de l'affirmative. La raison qu'il en donne, c'est que si le commodant avait contre le défendeur non-seulement l'action *commodati*, mais encore l'action *legis Aquiliæ*, il ne pouvait le faire condamner en vertu de la première qu'en lui faisant remise de la seconde. Puis Ulpien ajoute cette restriction : «Nisi forte quis dixerit, agendo eum e lege «Aquilia, hoc minus consecuturum, quam ex causa com- «modati consecutus est : quod videtur habere rationem.» Ainsi le demandeur qui agit par l'*actio commodati di-*

recta, conserve l'*actio legis Aquiliæ* pour ce qu'elle a de pénal.

II. *Concours de l'actio* **PRO SOCIO** *avec les actions pénales unilatérales.*

Dans les actions pénales unilatérales, la diminution de patrimoine imposée au défendeur n'a pas pour but d'enrichir le demandeur, mais simplement de l'empêcher de s'appauvrir : on peut donc dire que ces actions sont *rei persecutoriæ*, si on les considère au point de vue du demandeur. Ainsi dans le cas où l'action pénale unilatérale naît de la violation d'une obligation contractuelle, elle poursuit le même but que l'action née du contrat même : d'où il suit que les deux actions ne peuvent se cumuler.

Supposons que l'un des associés se rende coupable d'un *damnum injuria datum*. Si la chose détruite ou endommagée n'a pas eu de plus haute valeur, soit dans le courant de l'année, soit dans les 30 derniers jours, et que le défendeur n'ait pas recours à une dénégation, l'*actio legis Aquiliæ* fera bien subir au délinquant une diminution de patrimoine égale à la valeur actuelle de la chose, mais le patrimoine de ses coassociés n'en sera pas accru, l'état de leurs biens sera maintenu tel quel. Ils pourront obtenir le même résultat par l'*actio pro socio* ; mais les deux actions s'excluront réciproquement. C'est dans l'hypothèse où l'*actio legis Aquiliæ* revêt ainsi le caractère d'une action pénale unilatérale, qu'il faut se placer pour expliquer les textes qui disent d'une manière absolue que le cumul entre cette action et celle résultant du contrat n'est pas possible.

La L. 44, §1, D. *de oblig. et act.*, 44, 7, dont nous avons déjà parlé et qui a été empruntée à Paul, semble jeter de l'obscurité sur ce point. Après avoir dit que de deux actions naissant d'un même fait, telles par exemple que l'*actio pro socio* et l'*actio legis Aquiliæ*, la consommation de la première laisse subsister la seconde pour le surplus, elle ajoute « si tantundem aut minus, *id* consequatur », de telle sorte que les actions devraient se cumuler lors même que l'une ne contiendrait rien de plus ou contiendrait moins que l'autre. Aussi tous les interprètes sont-ils d'accord pour corriger le texte. Cujas (*Observ.* III, *cap.* 25) propose de lire « *nihil* (ou *nil*) consequa-« tur ». M. de Savigny préfère la correction proposée par Pagenstecher « *id non consequatur;* » mais il fait observer que ces corrections conduisent au même résultat (Savigny, *Syst. des heut. Rœm. R.*, V, p. 224).

III. Les règles relatives au concours de l'action *pro socio* avec les actions pénales peuvent subir certaines modifications, par suite de circonstances particulières.

1° Les actions pénales bilatérales qui ne sont pas revêtues d'un caractère mixte, telles par exemple que l'*actio furti*, s'éteignent par la mort du délinquant. Lors donc que l'associé qui a commis un *furtum* au préjudice des autres, vient à mourir, l'*actio furti* est éteinte, tandis que l'*actio pro socio* passe contre ses héritiers, et cela sans subir aucune limitation au profit qu'ils auront pu retirer du méfait de leur auteur.

2° En ce qui touche les actions pénales unilatérales, il sera toujours plus utile d'exercer contre l'héritier de l'associé délinquant l'*actio pro socio* que l'action résultant du délit. L'action pénale unilatérale, à la différence de l'action pénale bilatérale, est bien transmissible contre les héritiers (par la raison que le demandeur cherche, non pas à s'enrichir, mais à ne pas s'appauvrir); mais elle n'est donnée contre eux que jusqu'à concurrence de ce dont le délit les a enrichis; tandis que, par l'*actio pro socio*, ils seront condamnés à réparer le dommage, abstraction faite de cette limitation. Dans ce cas l'*actio pro socio* survivra, malgré l'exercice de l'action pénale unilatérale, pour ce qu'elle renferme de plus. Il faut remarquer en outre que si l'associé coupable est un esclave (voy. *infra*

p. 145), et si l'*actio pro socio* est intentée contre le maître, *quod jussu, de peculio*, ou *de in rem verso*, il ne pourra pas se libérer par l'abandon noxal, tandis qu'il pourra se soustraire par cet abandon, à la condamnation de l'action pénale unilatérale résultant du délit.

3° Quant aux actions pénales mixtes, il faut appliquer à ce qu'il y a de pénal dans l'action, les observations que nous venons de faire sur les actions pénales bilatérales simples; et, à ce qu'il y a de réparateur pour le dommage causé, les observations qui précèdent sur les actions unilatérales.

CHAPITRE V.

Rapports des associés avec les tiers.

Les rapports des associés avec les tiers doivent être examinés au point de vue des dettes et au point de vue des créances.

SECTION 1ʳᵉ. — *Des dettes des associés envers les tiers.*

Nous allons examiner : 1° les différentes manières dont les associés peuvent s'engager envers les tiers; 2° les effets de la solidarité dans les différents cas où les associés sont tenus solidairement.

Nº I. *Des différentes manières dont les associés peuvent s'engager envers les tiers.*

Il faut distinguer deux hypothèses : les associés peuvent traiter avec les tiers, soit directement, soit par un intermédiaire.

I. *Les associés ont traité directement.*

La règle générale est que l'action naissant du contrat se donne contre chacun d'eux pour sa part et portion, en vertu du principe que la solidarité ne se présume pas.

Nous trouvons dans deux textes l'application de ce principe aux obligations des associés. Dans la L. *4, pr. D. de exercit. act.*, 14, 1, Ulpien, examinant le cas où plusieurs persónnes exploitent un navire en commun et par elles-mêmes, dit formellement « si tamen plures per se navem « exerceant, pro proportionibus exercitionis convenien- « tur. » De même dans la L. 44, § 1, D. *de œdilitio edicto*, 21, 1, Paul dit que *l'actio ex empto* se donne contre chacun des associés pour sa part et portion.

Les textes que nous venons de citer ne font aucune distinction, suivant que les associés sont poursuivis avant ou après la dissolution de la société. Certains in- terprètes n'en ont pas moins soutenu que les associés pouvaient être poursuivis *in solidum*, tant que la société subsiste. Ils ont pensé qu'ils pouvaient invoquer la L. 27, D. *h. t.* : « Omne æs alienum, quod manente societate « contractum est, de communi solvendum est. » Mais ce texte s'occupe des rapports des associés entre eux et nul- lement des rapports des associés avec les tiers. Du reste cette loi dit que les obligations contractées pendant la société doivent être payées *de communi* non-seulement tant que la société dure, mais encore après qu'elle est dissoute. Si donc l'argument qu'on a cherché à en tirer était fondé, il faudrait aller jusqu'à dire que, même après la dissolution de la société, les associés peuvent être poursuivis pour le tout, et l'on n'est jamais allé jusque là.

Chacun des associés peut-il être poursuivi pour une part et portion virile, ou bien pour une part proportion- nelle à sa part sociale ? Les textes nous paraissent bien formels dans ce dernier sens. Dans la L. 4, *pr.*, D. *de exercit. act.* 14, 1, Ulpien donne l'action contre chacun des *exercitores, pro portionibus exercitionis* ; et dans la L. 44, § 1, D. *de œdilit. ed.*, 21, 1, Paul dit que l'action *ex empto* se donne contre chacun des associés vendeurs, *pro portione qua socii fuerunt.*

Par exception, les associés sont tenus d'une obligation *corréale :*

1° Lorsqu'ils sont des *correi promittendi* (L. 2, D. *de duob. reis*, 45, 2).

2° Lorsque ce sont des *argentarii* (L. 25, *pr.* L. 27, *pr.* D. *de pactis*, 2, 14).

Et ils sont tenus d'une obligation *simplement solidaire,*

1° S'ils ont fait un contrat de bonne foi, et s'il apparaît que l'intention des parties a été de permettre au créancier de demander à l'un quelconque des associés le montant intégral de sa créance (L. 9, *pr.* D. *de duob. reis*, 45, 2, combinée avec L. 1, § 43, D. *depositi*, 16, 3).

2° Lorsqu'une vente d'esclaves a été consentie par des *venalicii*. Dans ce cas, l'Édit des Édiles permet à l'acheteur d'intenter les actions édilitiennes *in solidum* contre celui d'entre eux qui a dans l'affaire l'intérêt le plus considérable ou dont la part est au moins égale à celle de chacun des autres. Les Édiles ont établi ce cas de solidarité dans un esprit de défaveur contre une classe d'hommes peu scrupuleux sur le choix des moyens qu'ils emploient pour s'enrichir (L. 44, § 1, D. *de œdilit. ed.*, 21, 1).

II. *Les associés ont traité avec les tiers par un intermédiaire.*

Cet intermédiaire peut être soit un esclave commun, soit un tiers, soit l'un des associés.

1° *L'intermédiaire est un esclave commun.* — Les actions qui naissent au profit du tiers contractant sont, suivant les cas : 1° l'*actio quod jussu*, 2° l'*actio exercitoria*, 3° l'*actio institoria*, 4° l'*actio de in rem verso et de peculio.*

A) *Actio quod jussu.* Si l'esclave a fait une opération par l'ordre d'un seul des associés, l'*actio quod jussu* résultant du contrat se donnera pour le tout contre celui-là seulement; si l'ordre émane de chacun des maîtres, l'action se donnera contre chacun pour le tout (L. 5, § 1, D. *quod jussu*, 15, 4).

B) *Actio exercitoria.* — Lorsque les associés ont mis un esclave commun à la tête d'un navire, chacun d'entre eux est tenu *in solidum* par l'*actio exercitoria* (L. 1, § 25; L. 4, § 2, D. *de exercit act.*, 14, 1).

C) *Actio institoria.* — Si deux ou plusieurs associés exploitent un commerce et en confient la gérance à un esclave commun, Ulpien se demande si l'*actio institoria* se donnera contre chacun des maîtres pour sa part de propriété dans l'esclave, ou pour portions égales, ou pour sa part et portion dans le négoce, ou enfin pour le tout. A l'exemple de Julien, il se prononce dans ce dernier sens (L. 13, § 2, D. *de instit. act.*, 14, 3).

D) *Actio de peculio et de in rem verso.* On sait que l'*actio de peculio* et l'*actio de in rem verso* constituent une seule et même action, avec deux *condemnationes*, l'une ordonnant au juge de limiter la condamnation au pécule de l'esclave, l'autre à ce dont le maître a profité: d'où il suit que le maître ne peut être condamné *de peculio*, si l'esclave n'a pas de pécule, ou si l'*actio de peculio* est éteinte par le laps de temps, et qu'il ne peut être condamné *de in rem verso*, s'il n'a pas profité de l'affaire.

Lorsqu'un esclave appartenant à deux associés a fait une opération, sans l'ordre d'aucun d'entre eux et sans être préposé soit à un commerce, soit à un navire, la question se présente de savoir contre lequel de ses maîtres pourra être prononcée la condamnation *de peculio*, et contre lequel celle *de in rem verso*.

Si l'esclave a un pécule chez l'un des associés seulement, la condamnation *de peculio* sera prononcée contre celui-là seul. S'il a un pécule chez chacun de ses maîtres, chacun d'eux sera susceptible d'être condamné *de peculio*. Mais dans cette dernière hypothèse, le juge devra-t-il faire entrer dans l'estimation et le pécule qui se trouve chez le maître défendeur et celui qui se trouve chez l'autre maître? Les textes décident que l'estimation portera sur les deux pécules (L. 27, § 8, D. *de peculio*, 15, 1).

La condamnation *de in rem verso* ne pourra être encourue que par celui des deux associés au profit duquel l'affaire aura tourné (L. 13, D. *de in rem verso*, 15, 3). Toutefois Julien nous dit, dans la L. 14, *eod. tit.*, qu'il est un cas où l'*actio de in rem verso* pourra être donnée même contre l'associé qui n'a pas profité. Voici l'hypothèse dans laquelle il faut se placer. Supposons qu'un esclave, appartenant à Primus et à Secundus, contracte une obligation qui tourne au profit de Primus. Si l'esclave a un pécule chez Secundus, cet associé peut être poursuivi *de peculio;* et dans ce cas, le juge doit, ainsi que nous l'avons dit plus haut, estimer même le pécule que l'esclave a chez Primus. Or l'affaire ayant profité à celui-ci, l'esclave est devenu son créancier en vertu d'une *naturalis obligatio*, qui doit, suivant les principes généraux, être comprise dans l'estimation de ce second pécule. Secundus sera donc condamné jusqu'à concurrence et du pécule qui se trouve chez lui, et du pécule dont Primus est propriétaire, y compris la créance naturelle de l'esclave, et par suite il sera tenu même *de in rem verso*.

Tel est le sens de la L. 14, D. *de in rem verso*, 15, 3, si l'on adopte la correction qui a été proposée par Cujas (*Tractatus ad Africanum, ad leg.* 17, *de peculio*), et qui consiste à lire « quid enim dicemus, si peculium servo « ab altero ademptum *non* fuerit ». Cette correction est indispensable; car si l'on n'intercalait pas la négation *non*, le texte signifierait que le maître qui n'a pas profité (Secundus) sera tenu *de in rem verso, s'il a enlevé* le pécule à l'esclave : ce qui serait absurde. En effet le maître qui n'a pas tiré profit de l'affaire (Secundus), ne peut être obligé *de in rem verso*, que par voie de conséquence, et parce que le juge de l'*actio de peculio* doit faire entrer le pécule de l'autre maître (Primus) dans l'estimation de la condamnation. Or il ne peut être soumis à *l'actio de peculio*, si l'esclave n'a pas de pécule chez lui. D'où il suit nécessairement qu'il ne pourra être tenu *de in rem verso* que *s'il n'a pas enlevé* le pécule à l'esclave. Aussi la L. 14, *cit.*, se termine-t-elle par une observation de Paul, portant que le principe, posé par Ulpien dans la L. 13, D. *de peculio*, à savoir que *l'actio de in rem verso* se donne seulement contre l'associé qui a profité de l'opération, n'a d'application que dans le cas où l'autre associé ne peut pas être poursuivi par *l'actio de peculio* (Pothier, *Pand.* L. XV, t. III, n° 18, *not.* 1 et 2).

2° *L'intermédiaire est un tiers.*

Nous examinerons les conséquences des dettes contractées par ce tiers, au point de vue des actions dont nous nous sommes occupés à propos de l'esclave, sauf *l'actio quod jussu* et *l'actio de peculio*, dont l'application ne peut se présenter.

A) *Actio exercitoria.* — Lorsque les associés exploitent un navire en commun et mettent à la tête de l'exploitation une personne qui n'est pas sous leur puissance dominicale, suivant les principes rigoureux du droit civil, les tiers qui ont traité avec le *magister* n'ont d'action que contre lui. Mais le droit prétorien a étendu à ce cas *l'actio exercitoria.* Dans notre hypothèse, cette action se donne *in solidum* contre chacun des associés (L. 1, § 4 et § 25, D. *de act. exercitoria*, 14, 2).

B) *Actio institoria.* — L'*institor* proprement dit était la personne préposée à des opérations de commerce. Lors donc qu'une société avait pour but de semblables opérations, le préposé choisi par les associés les obligeait *in solidum* en vertu d'une *actio institoria.* Le Droit Prétorien avait en effet donné à l'action institoire la même extension qu'à l'action exercitoire. Lorsqu'il s'agissait de toutes autres opérations que celles de commerce, le préposé n'était que mandataire ordinaire, et en conséquence dans l'origine il s'obligeait seul vis-à-vis des tiers. Mais l'utilité pratique fit de bonne heure introduire en faveur de ces derniers contre le maître de l'affaire *ad exemplum institoriæ actionis* une action utile, qui se donnait *in solidum* contre chacun des associés (L. 19 *de inst. act.* D, 14, 3; L. 13, § 25, *de act. empt.*, D. 19, 1; L. 10, § 5, D. *mandati*, 17, 1).

Jusqu'à présent nous nous sommes occupés du cas où le tiers agit en vertu d'un mandat qui lui a été donné par les associés. Si nous supposons maintenant qu'il agisse sans mandat, et comme *negotiorum gestor*, nous disons qu'il sera seul obligé vis-à-vis des tiers avec lesquels il aura contracté, alors même que l'opération aura tourné au profit de la société. En effet, d'une part l'*actio de in rem verso* n'a pas d'application en dehors des rapports qui existent entre le maître et l'esclave, le père et le fils; et d'autre part les textes n'étendent pas la représentation du mandant par le mandataire, même au moyen d'actions utiles, au *dominus* dont l'affaire a été gérée sans mandat.

3° *L'intermédiaire est l'un des associés.*

S'il s'agit de l'exploitation d'un navire, l'*actio exercitoria* se donnera pour le tout contre chacun des autres associés. S'il s'agit d'opérations commerciales, auxquelles l'un des associés ait été préposé par les autres, ce sera l'*actio institoria.* Enfin s'il a reçu mandat pour faire une opération non commerciale, ce sera une action utile *ad exemplum institoriæ actionis.*

Le seul cas qui puisse faire difficulté, est celui où l'un des associés a fait, pour le compte des autres, et sans en avoir reçu mandat, une affaire qui a tourné à leur profit. Des interprètes soutiennent qu'en pareille hypothèse les tiers auront directement contre les autres associés une action utile jusqu'à concurrence de ce dont ils auront profité. Ils se fondent pour établir leur doctrine, sur un texte de Papinien, la L. 82, D. *h. t.* : « Jure societatis per socium

« ære alieno socius non obligatur, nisi in communem
« aream pecuniæ versæ sunt. »

Mais ce texte n'a pas la signification qu'on lui donne.
Il ne peut avoir pour objet de régler les rapports des associés avec les tiers ; car il serait contraire aux règles élémentaires du Droit romain sur la représentation, et l'on ne voit
pas pourquoi les associés restés étrangers à l'affaire, seraient obligés par les contrats de l'un d'entre eux, plutôt
que par les contrats d'un étranger. La preuve que Papinien s'occupe, non pas des rapports des associés avec les
tiers, mais de leurs rapports entre eux, résulte des mots
jure societatis, qui ne se comprendraient pas dans le système que nous réfutons. En effet si les associés étaient
obligés vis-à-vis des tiers, par suite de la circonstance
que le contrat de l'un d'entre eux a tourné à leur profit,
ils ne seraient pas tenus *jure societatis*, mais bien en
vertu d'une action utile dérivant du contrat même, *ad
exemplum institoriæ actionis*. Ces expressions au contraire se conçoivent à merveille dans notre opinion. L'associé qui contracte des dettes vis-à-vis des tiers ne peut
jure societatis, c'est-à-dire en vertu de l'*actio pro socio*,
forcer les autres à contribuer *de communi* à l'acquitte-
ment de ses obligations, s'ils n'en ont pas profité.

Si nous voulons trouver la confirmation de notre doctrine, il suffit de rapprocher de la L. 82 *cit.*, la L. 13,
§ 25, D. *de act. empt.* 19, 1. Dans ce dernier texte, Ulpien suppose une vente faite par un *procurator*, et il se
demande si l'*actio ex empto* peut être donnée contre le
dominus. Dans le sens de l'affirmative, il cite l'avis de Papinien, qui donnait une action utile *ex empto*, *ad exemplum institoriæ actionis*. Mais Papinien ajoutait cette restriction *si modo rem vendendam mandavit:* d'où l'on
doit conclure qu'il aurait refusé l'action utile contre le
dominus, s'il n'y avait pas eu de mandat. Le rapprochement de ces deux textes est d'autant plus significatif, que

le passage de Papinien, invoqué par Ulpien, est tiré du livre III de ses *Responsa*, de même que la L. 82, D. *h. t.*

N° II. *Des effets de la solidarité dans les différents cas où les associés sont tenus solidairement.*

Il n'entre pas dans notre sujet d'exposer la théorie de la solidarité en Droit romain. Nous ne traiterons que les questions qui se rattachent à la dette solidaire entre associés.

I. *Les actions INSTITORIA, EXERCITORIA et DE PECULIO peuvent-elles être exercées IN SOLIDUM contre chacun des associés, alors même que les autres seraient insolvables ?*

Il y a des auteurs qui ont soutenu la négative. Ils se fondent sur certains textes qui rattachent la faculté accordée au créancier d'exercer une action *in solidum*, à la possibilité pour l'associé poursuivi, d'exercer son recours contre les autres, au moyen de l'*actio pro socio* ou de l'*actio communi dividundo*. Ils concluent de là que la solidarité cesse toutes les fois que le recours dont il s'agit est illusoire par suite de l'insolvabilité des autres associés.

Le premier texte invoqué est la L. 14, *Paul.*, D. *de inst. act.* 14, 3 : « Certe ubicunque actio societatis vel « communi dividundo *cessat,* quemque *pro parte sua* « condemnari oportere constat. » Ils invoquent de plus la L. 13, § 2, D. *de inst. act.* 14, 3, combinée avec la L. 27, § 8, D. *de peculio* 15, 1. La première met l'*actio institoria* sur la même ligne que l'*actio exercitoria* et l'*actio de peculio*. La seconde décide que l'*actio de peculio* peut se donner contre chacun des deux associés et que le juge doit comprendre dans l'estimation, non-seulement le pécule que l'esclave possède chez le défendeur, mais encore celui qu'il possède chez l'autre. La raison qu'en donne le jurisconsalte c'est que l'associé poursuivi pourra au moyen de l'action *pro socio* ou *communi dividundo* opérer le recouvrement de ce qu'il a payé au delà de sa part ; et de là on conclut que si ce recouvrement est impossible par suite de l'insolvabilité de l'autre associé, la solidarité ne peut plus recevoir d'application.

Reprenons successivement chacun de ces arguments. Le passage de Paul tiré de la L. 14, D. *de Inst. act.* doit être entendu *secundum subjectam materiam* et alors il signifie que l'action du créancier doit être divisée, non dans le cas où, en fait, le recours exercé par l'action *pro socio* ou *communi dividundo* n'a pas de résultat utile par suite des insolvabilités, mais seulement dans le cas où ce recours n'est pas possible en droit. Le jurisconsulte, avant de formuler la conclusion qui a trompé par une fausse apparence de généralité les interprètes que nous combattons, s'était placé dans l'espèce suivante. Un homme avait prêté une somme d'argent à un esclave *institor ;* le maître avait affranchi l'esclave, puis il était mort, en laissant deux héritiers. En pareille hypothèse, il était évident que la *condictio certi*, résultant du *mutuum*, devait se diviser entre les deux héritiers. Elle n'aurait pu se donner contre chacun d'eux pour le tout, que si l'esclave emprunteur avait été leur propriété commune. Or il avait été affranchi par le testateur. Dès lors il n'y avait plus de raison pour que chacun des héritiers pût être poursuivi solidairement, l'action *communi dividundo* étant impossible entre eux non en fait, mais en droit.

Quant au rapprochement qu'on a établi entre la L. 13, § 2 *de Inst. act.* 14, 3 et la L. 27, § 8, *de pecul.* 15, 1, il ne prouve absolument rien dans la question qui nous occupe. Dans ce dernier texte, Gaius se contente de dire que le juge de l'action *de peculio* estimera dans la condamnation non-seulement le pécule qui se trouve chez le maître défendeur, mais encore celui qui se trouve chez l'autre maître, dans le cas où chez ce dernier il restera quelque chose du pécule de l'esclave ; que dans le cas où il n'en restera plus rien, la condamnation devra être calquée sur le pécule qui se trouve chez le défendeur. Dans la première hypothèse, en effet, le maître poursuivi, ayant libéré l'autre d'une dette contractée par un esclave commun, aura le droit de recourir contre l'autre par l'*actio pro socio* ou *communi dividundo*. Dans la seconde hypothèse, le maître qui n'a pas été poursuivi, ne pouvait pas l'être, l'esclave n'ayant plus de pécule chez lui, et dès lors l'associé défendeur a fait exclusivement sa propre affaire. Il s'agit donc encore ici, en ce qui touche l'exercice de l'*actio pro socio* ou *communi dividundo*, non d'une impossibilité de fait produite par une insolvabilité, mais d'une impossibilité juridique.

II. *Les associés jouissent-ils du bénéfice de division?*

Pour résoudre cette question, il faut se placer au point de vue des jurisconsultes, et ensuite au point de vue de Justinien.

1° *Avant Justinien.* — Il paraît que certains jurisconsultes étaient d'avis d'étendre le bénéfice de division à tous les débiteurs solidaires tenus d'une action de bonne foi. C'est ce qu'on peut conclure de la L. 47, D. *locati conducti*, 19, 2 : « Marcellus suppose qu'une personne a revendu ou reloué une chose à plusieurs autres, et que l'intention des parties a été que les co-acheteurs ou les colocataires fussent tenus solidairement. Le jurisconsulte commence par décider qu'il faut que tous les acheteurs ou tous les locataires soient solvables, pour que chacun d'eux ne puisse être poursuivi que pour sa part. Puis se ravisant, il ajoute qu'il serait peut-être plus juste, malgré la solvabilité de tous, de donner au vendeur ou au locateur une action pour le tout contre chacun d'eux, à la charge par lui de céder ses actions contre les autres. » Cette dernière solution, à laquelle s'arrête Marcellus, doit nous faire rejeter le bénéfice de division, dans l'hypothèse même où les associés seraient tenus d'une action de bonne foi.

2° *Depuis Justinien.* — On a soutenu, en se fondant sur la Novelle 99, que Justinien avait étendu le bénéfice de division à tous les débiteurs solidaires, mais cette opinion ne nous paraît pas fondée. La Novelle 99 règle le cas spécial où tous les débiteurs se sont portés fidéjusseurs les uns des autres et nous pensons qu'elle doit être restreinte à cette hypothèse particulière.

III. *De l'influence que l'existence d'une société entre les* **CORREI DEBENDI** *exerce sur leurs rapports avec le créancier.*

Lorsque deux *correi debendi* sont *socii*, et que l'un d'entre eux paie la dette, il peut au moyen de l'*actio pro socio* contraindre l'autre, à l'indemniser pour la part de ce dernier dans la société. La possibilité de ce recours exerce, dans certains cas, une influence très-remarquable sur les rapports des *correi debendi* avec le créancier. Nous allons examiner l'intérêt que présente la question de savoir si les *correi* sont *socii*, au point de vue : 1° de la confusion, 2° de la compensation, 3° du *pactum de non petendo*, 4° du legs de libération fait à l'un des *correi*, 5° du calcul de la quarte-Falcidie dans les successions des *correi*, 6° du copmromis entre les *reus credendi* et l'un des *correi debendi*.

1° De la confusion.

La confusion, c'est-à-dire la réunion sur la même tête des deux qualités incompatibles de créancier et de débiteur par suite d'une adition d'hérédité, produit des conséquences diverses qui peuvent être amenées à deux points de vue généraux. Tantôt elle est considérée comme un véritable paiement, tantôt elle ne fait que soustraire l'une des personnes obligées à l'engagement. Ce dernier résultat se présente lorsque de deux *correi debendi* l'un succède au créancier ou réciproquement. Il importe alors de distinguer si les *correi* sont ou non *socii*. Dans le cas où il n'y a pas de société, celui qui est devenu l'héritier du créancier, ou réciproquement le créancier qui est devenu l'héritier de l'un d'entre eux conserve, pour le tout, contre l'autre, l'action résultant de la créance. Dans le cas contraire, il ne peut le poursuivre que pour sa part et portion sociale (L. 71, *pr.* D. *de fidejuss.* 46, 1).

La raison de cette différence est très-simple. Dans la première hypothèse le débiteur poursuivi ne peut repousser le demandeur par aucune exception tirée de ce que celui-ci sera immédiatement obligé de lui restituer une partie de ce qu'il recevra; dans la seconde au contraire s'il était obligé de payer la totalité, il pourrait immédiatement exercer un recours au moyen de l'*actio pro socio*. En conséquence il y aurait dol de la part du demandeur à exiger la totalité d'une somme dont il serait tenu un moment après de rendre une partie, et sa prétention pourrait être repoussée au moyen de l'*exceptio doli mali.*

2° De la compensation.

Lorsque deux personnes sont respectivement créancières et débitrices l'une de l'autre, et qu'elles se trouvent d'ailleurs dans certaines conditions, si l'une d'elles est poursuivie par l'autre, elle peut lui opposer la compensation.

Supposons deux *correi debendi*, Primus et Secundus; ce dernier devient créancier du *reus credendi.* Il n'y a pas de doute que, si le créancier commun poursuit Secundus, la compensation ne puisse lui être opposée. Mais s'il poursuit Primus, celui-ci pourra-t-il lui opposer la compensation du chef de son *correus?*

On peut induire, par argument *à contrario*, d'un texte de Papinien, la distinction, faite précédemment, entre le cas où les *correi* sont *socii* et celui où ils ne le sont pas. Dans la L. 10, D. *de duob. reis*, 45, 2, Papinien nous dit : « si duo rei promittendi socii non sint, non « proderit alteri, quod stipulator alteri reo pecuniam de- « bet. » Donc s'ils sont *socii*, la compensation pourra être opposée. Cette distinction se conçoit très-facilement. Papinien est parti de l'idée que l'*actio ex stipulatu* ne devait ni directement ni indirectement produire d'effet contre le *reus promittendi*, dont le demandeur était lui-même débiteur. Or on n'a pas à craindre que cette action exercée contre Primus vienne réfléchir contre le créancier du *reus credendi*, lorsque, en l'absence de tout lien de société, le défendeur n'a pas de recours à exercer au moyen de l'*actio pro socio*. Il en serait tout autrement si les *correi* étaient *oscii*.

Dans cette dernière hypothèse, Primus peut-il opposer, du chef de Secundus, la compensation pour le tout, ou seulement pour la part dont Secundus est tenu vis-à-vis de lui dans la dette commune. Le fragment laconique que nous avons précédemment cité garde le silence sur ce point. D'un côté, et dans le sens d'une compensation partielle, on peut dire qu'après avoir payé la part qui lui incombe dans la dette vis-à-vis de son codébiteur, il ne pourra exercer contre lui aucune espèce de recours et que cela suffit au but proposé. Mais d'un autre côté, la compensation totale a l'avantage de tout régler définitivement dans les rapports des associés avec le créancier, tandis que la compensation partielle laisse une porte ouverte à une autre action de la part de Secundus, qui est lui-même créancier du créancier commun. En effet supposons une dette solidaire de 10,000 sesterces dont chacun des associés est tenu vis-à-vis de l'autre pour moitié. Le créancier doit de son côté à Secundus une semblable somme de 10,000 sesterces. Il dirige son action contre Primus. Si celui-ci peut lui opposer la compensation pour le tout, il n'y aura plus qu'à régler les rapports des associés entre eux. Mais s'il ne peut s'armer de la compensation que pour partie, il éteindra la dette commune, moitié avec les 5000 sesterces qu'il payera lui-même, et pour l'autre fraction avec la moitié de la créance de Secundus contre le créancier commun. Secundus restera donc créancier du *reus credendi* pour une somme de 5000 sesterces ; ce qui va donner lieu de sa part à une nouvelle poursuite dirigée contre le créancier commun. Au point de vue de l'utilité pratique, le système de la compensation totale nous paraît devoir l'emporter sur l'autre.

3° Du *Pactum de non petendo.*

L'*acceptilatio* faite par le créancier à l'un des *correi debendi* éteint la dette vis-à-vis de l'autre. La qualité d'associé n'exerce ici aucune espèce d'influence ; cela tient à ce que l'acceptilation tient lieu de paiement et que le paiement fait par l'un des débiteurs solidaires libère tous les autres sans distinction (L. 2, D *de duob. reis*, 45, 2 ; L. 16, *pr.* D. *de acceptilat.*, 46, 4). Il n'en est pas de même du *pactum de non petendo.* Pour en comprendre les effets, il faut savoir s'il a été conçu *in personam* ou *in rem.* S'il a été conçu *in personam*, celui-là seul des *correi debendi* pourra s'en prévaloir, avec lequel il sera intervenu. Que les autres *correi* soient *socii* ou ne le soient pas, ils ne pourront se retrancher derrière l'*exceptio pacti conventi.* Seulement lorsqu'ils seront *socii*, comme après avoir payé, ils pourront exercer l'*actio pro socio* contre celui avec lequel le pacte a été fait, la remise consentie à ce dernier par le créancier commun n'aura eu d'autre résultat que de le soustraire à l'obligation de faire l'avance (L. 25, § 1 ; D. *de pactis*, 2, 14).

Si le *pactum de non petendo* a été conçu *in rem*, la qualité d'associés, dont les *correi debendi* pourront se trouver investis, va considérablement influer sur leurs rapports avec le créancier. Tous en effet pourront alors lui opposer l'*exceptio pacti conventi.* Mais s'ils ne sont pas *socii*, malgré la forme générale qu'a revêtue le pacte, l'*exceptio pacti conventi* sera exclusivement réservée à celui des débiteurs auquel le créancier a fait remise de la dette. L'idée qui préside à cette distinction est toujours la même. On ne veut pas que l'action du créancier contre les autres débiteurs solidaires vienne réfléchir contre celui qu'il a libéré; or un semblable résultat ne saurait se produire en dehors d'une société existant entre les divers intéressés, aucun d'entre eux ne pouvant après avoir payé exercer l'*actio pro socio*, tandis que dans l'hypothèse d'une société, si les autres *socii* étaient obligés de donner satisfaction au créancier, celui qu'il a voulu libérer en souffrirait, exposé qu'il serait à l'*actio pro socio* (L. 21, § 5; L. 23; L. 25, *pr.* D. *de pactis*, 2, 14).

4° Du legs de libération fait à l'un des *correi*.

Le créancier peut léguer à son débiteur sa libération. L'effet de ce legs est de donner au légataire, l'*exceptio doli mali* contre la réclamation de l'héritier, ou, s'il veut prendre les devants, de lui conférer l'*actio ex testamento* pour forcer l'héritier à le libérer. Lorsqu'il est seul débiteur, le mode de libération qui doit être employé ne peut pas faire doute, c'est l'*acceptilatio*.

La question ne se présente pas avec la même simplicité lorsqu'il y a deux *correi debendi* et que le créancier commun a légué sa libération à l'un d'entre eux seulement. Il s'agit alors de savoir si le légataire peut, au moyen de l'*actio ex testamento*, contraindre l'héritier à lui faire acceptilation ou simplement à le libérer par le pacte de *non petendo*. Tout dépend du point de savoir si les *correi* sont *socii* ou s'ils ne le sont pas. Dans le premier cas le légataire pourra exiger de l'héritier l'acceptilation, il devra se contenter du *pactum de non petendo* dans le second.

Lors en effet qu'il y a société, si l'héritier en était quitte pour faire avec le débiteur libéré le pacte de *non petendo in personam*, il conserverait contre l'autre l'action résultant de la créance et celui-ci recourrait à son tour contre le premier au moyen de l'*actio pro socio*. Il en résulterait qu'en réalité le legs de libération serait illusoire. Le légataire, il est vrai, n'aurait pas de recours à craindre quand bien même il se contenterait d'un *pactum de non petendo in rem;* mais dans l'espèce proposée, l'héritier n'ayant aucun intérêt à refuser l'*acceptilatio*, doit la subir si le légataire y tient.

Dans le cas au contraire où il n'y a pas de société, l'acceptilation produirait un effet tout opposé à la volonté du testateur, celui de libérer les deux *correi*. Ici le légataire irait directement contre l'intention du défunt, s'il élevait la même prétention que précédemment. Il devra donc se contenter d'un pacte *de non petendo* qui conciliera tous les droits : celui de l'héritier en lui conservant son action contre le *correus* non libéré, celui du légataire en le mettant à l'abri de l'action de l'héritier, sans qu'il ait à redouter l'*actio pro socio* (L. 3, § 3, D. *de liberatione legata*, 34, 3).

5° Calcul de la quarte-Falcidie dans les successions des *correi.*

On sait les opérations qu'il faut faire pour savoir si le testateur a ou non légué plus des trois quarts de l'hérédité, et si en conséquence il y a lieu ou non à la réduction ordonnée par la loi Falcidie. On estime les biens tels qu'ils ont été laissés par le défunt en se reportant à l'époque du décès, puis on déduit les dettes, les frais funéraires et la valeur des esclaves affranchis.

La déduction des dettes présente quelque difficulté, lorsqu'il s'agit des hérédités de deux *correi debendi*. On se demande en effet quelle est celle de ces masses, dont il faudra déduire la dette solidaire.

Si les *correi* ne sont pas *socii*, le fardeau de l'obligation doit retomber en entier sur celle des successions qu'il plaira au créancier de choisir pour ses poursuites. Il y a là quelque chose d'incertain, une éventualité qui pèse sur les deux hérédités et l'on peut à bon droit considérer chacune d'elles comme débitrice sous condition. Il y a lieu par conséquent d'appliquer ici les règles relatives aux dettes conditionnelles. On choisira donc l'un des deux procédés que voici. Ou bien l'on déduira la dette de chacune des masses, en faisant donner caution à l'héritier de chacune de restituer aux légataires ce qu'il aura payé en moins par suite de cette déduction, dans le cas où le créancier s'adresserait à l'autre succession. Ou bien l'on n'opérera la déduction dans aucunes des masses, et dans ce cas, ce seront les légataires qui, dans chaque succession, devront donner caution à l'héritier de lui restituer ce qu'ils auront reçu de trop par suite de l'absence de déduction, à supposer que le créancier s'adresse à lui (L. 62, *pr.*, combinée avec L. 73, § 1, D. *ad legem Falcidiam*, 35, 2).

Toutes ces difficultés sont évitées dans le cas où les *correi debendi* étaient *socii*. Alors en effet il n'y a à déduire de chacune des masses que la part pour laquelle elle doit contribuer au paiement de la dette.

6° Du compromis entre le *reus credendi* et l'un des *correi debendi*.

Enfin la question de savoir si les *correi* sont ou non *socii* présente un grand intérêt pratique en matière de compromis. Un compromis est intervenu entre le créancier et l'un des débiteurs solidaires seulement. On y a joint une clause pénale pour le cas où il serait contrevenu à la sentence de l'arbitre par l'une ou l'autre des parties.

L'arbitre décide que le créancier n'a le droit de rien demander; puis le créancier poursuit un autre débiteur. Celui contre lequel il avait agi antérieurement pourra-t-il lui réclamer l'exécution de la clause pénale? La question se résout toujours par la même distinction. Les *correi debendi* ne sont-ils pas *socii*, la clause pénale n'est pas encourue; elle l'est dans l'hypothèse contraire. Dans le premier cas, l'action du créancier ne peut pas réfléchir contre celui vis-à-vis duquel il se trouve lié par le compromis et dès lors il ne contrevient ni directement ni indirectement à la sentence de l'arbitre.

Dans le second cas, le créancier devra payer le montant de la clause pénale, parce que la poursuite qu'il a dirigée contre les autres *correi*, produira indirectement son effet contre celui avec lequel il a fait le compromis (L. 34, D. *de receptis*, 4, 8).

SECTION II. — *Des créances des associés contre les tiers.*

I. *Tous les associés ont traité avec les tiers.*

L'action résultant du contrat leur est acquise, à chacun pour sa part et portion, et pour le tout dans le cas où la créance est soit indivisible, soit solidaire (L. 11, § 1, D. *de duob. reis*, 45, 2; L. 9, C, *si cert. petat.* 4, 2). Observons que la créance est solidaire, toutes les fois qu'il s'agit de *socii argentarii* (L. 9, *pr.* D. *de pact.*, 2, 14: L. 34, *pr.* D. *de receptis*, 4, 8).

II. *Les associés ont traité avec le tiers par l'intermédiaire d'un préposé.*

1° *Si le préposé est un esclave*, il n'y a pas de doute que l'action résultant du contrat ne soit acquise directement à tous les associés, en raison de leur part dans la propriété de l'esclave (§ 3, *Inst. per quas pers. nob. obl. adq.* 3, 28).

2° *Si le préposé est une personne libre*, en thèse générale, l'action résultant du contrat ne sera pas acquise aux associés, mais seulement au tiers qui a fait l'opération. Les associés n'auront d'autre ressource que d'exercer contre lui *l'actio locati* si c'est un *magister* salarié, ou *l'actio mandati* si c'est un mandataire gratuit, pour le contraindre à leur céder la créance dont il est devenu titulaire (L. 1, § 18, D. *de exercit. act.* 14, 1; L. 1, D. *de instit. act.* 14, 3).

Toutefois dans certains cas exceptionnels cette créance

leur sera directement acquise. Ces exceptions sont au nombre de deux. La première se présente quand le préposé a fait un *mutuum nomine sociorum*. Il est de règle en effet qu'en cas de *mutuum*, la *condictio certi* résultant du contrat est acquise à celui au nom duquel le contrat a eu lieu (L. 2, § 4; L. 9, § 8, D. *de rebus creditis* 12, 1; L. 126, § 2, D. *de verbor. oblig.* 45, 1). La seconde exception a lieu lorsque l'action des associés contre le préposé se trouve illusoire par suite de son insolvabilité. Alors ils peuvent agir contre les tiers par une action utile (L. 1 *in fine*, L. 2, D. *de instit. act.* 14, 3; L. 5, D. *de stipul. prætor.*, 46, 5).

3° *Si le préposé est l'un des associés*, il faut appliquer les mêmes règles que dans l'hypothèse précédente, avec cette modification que l'action à exercer par les autres associés pour se faire céder les actions résultant du contrat, est l'*actio pro socio* (L. 74, D. *h. t.*).

CHAPITRE VI.

Dissolution de la société.

Les modes de dissolution de la société sont indiqués par Modestin dans la L. 4, § 1, D. *h. t.*, et par Ulpien dans la L. 63, § 10, D. *h. t.* La L. 4, § 1 dit que la société se dissout par la renonciation, la mort, la *capitis deminutio* (à savoir la grande et la moyenne) et par l'insolvabilité. Suivant la L. 63, § 10, la société se dissout: 1° *ex personis*, 2° *ex rebus*, 3° *ex voluntate*, 4° *ex actione*. Nous adopterons l'énumération donnée par Ulpien, qui est à la fois plus générale et plus complète que celle de Modestin.

SECTION 1re. — *Dissolution de la société EX PERSONIS.*

La société se dissout *ex personis* : 1° par la mort de

l'un des associés, 2° par la *maxima* ou la *media capitis deminutio* de l'associé , 3° par la confiscation de ses biens , 4° quand l'un des associés tombe dans l'indigence, 5° quand l'esclave associé est aliéné par son maître.

N° I. *Dissolution de la société par la mort de l'un des associés.*

Il y a une distinction à faire entre la société ordinaire et la société *vectigalis.*

I. *Société ordinaire.* — Lorsqu'on dit que la société ordinaire se dissout par la mort de l'un des associés , cela veut dire qu'elle ne continue , ni entre les associés survivants, ni entre les survivants et les héritiers du prédécédé. La première partie de cette règle comporte exception, lorsqu'il il y a eu convention contraire (L. 65 , § 9, D. *h. t.* § 5, *Inst. h. t.*). Quant à la seconde partie de la règle, une convention expresse intervenue lors de la formation de la société ne saurait y déroger (L. 59 , D. *h. t.*)·

L'idée qui avait servi de point de départ aux jurisconsultes romains, pour établir une semblable prohibition , était que les héritiers étant des personnes incertaines, il était contraire à la nature même de la société, que les associés, destinés à survivre, pussent ainsi se lier d'avance, vis-à-vis de personnes, qu'ils ne pouvaient pas connaître. Cette idée est exprimée dans un texte qui semble assez obscur, la L. 52 , § 9, D. *h. t.* Après avoir posé le principe que la société est dissoute par la mort, Papinien ajoute : « et ideo nec libertatem de supremis judi-« ciis constringere quis poterit, vel cognatum ulteriorem « proximioribus præferre. »

L'obscurité du reste n'est que dans les termes ; quant au sens lui-même, il ne saurait être révoqué en doute. Dans la pensée du jurisconsulte, pour qu'il fût possible de valider la·convention, aux termes de laquelle la société doit continuer entre les associés survivants et les héritiers des associés prédécédés , il faudrait que chacune des parties fît connaître son successeur; or l'associé ne peut ni s'interdire de modifier son testament, ni désigner pour lui succéder dans la société un parent d'un degré plus éloigné que ceux qui seront appelés à sa succession *ab intestat.*

La règle de la dissolution des sociétés par la mort de l'un des associés est succeptible du même tempérament que le mandat. Ainsi dans le cas d'une société contractée pour une opération déterminée, si l'un des associés vient à mourir et que l'opération soit faite ensuite par les survivants dans l'ignorance du décès, il y aura eu société, et l'opération sera pour le compte de tous les associés (L. 65, § 10, D. *h. t.*).

Quoique la mort de l'un des associés amène la dissolution de la société, les obligations et les droits qui ont pris naissance auparavant, sont transmissibles aux héritiers et contre eux (L. 35, D. *h. t.*). C'est ainsi qu'ils sont obligés de continuer les opérations commencées par le défunt (L. 40, D. *h. t.*), qu'ils sont responsables de la faute et du dol commis par lui (L. 36, *h. t.*), et que réciproquement ils ont droit de prendre part aux bénéfices provenant de causes antérieures à la dissolution de la société (L. 65, § 2 et 9, D. *h. t.*), comme ils sont tenus de supporter leur part dans les pertes. La dissolution de la société laisse d'ailleurs subsister l'état d'indivision entre les associés survivants et les héritiers de ceux qui sont prédécédés: d'où il résulte que tout ce qui provient de la chose commune, même postérieurement à la dissolution de la société, doit être réparti entre les héritiers et les coassociés de leur auteur (L. 65, § 9 et 13, D. *h. t.*). Au surplus rien n'empêche les associés survivants de contracter une nouvelle société avec les héritiers de ceux qui sont morts (L. 37, D. *h. t.*).

II. *Societas vectigalis.* — L'anomalie relative à la *societas vectigalis* peut être exprimée de la manière suivante : Lors de la mort de l'un des associés, la société continue à subsister entre les survivants, même indépendamment de toute convention expresse à cet égard, elle continue à subsister entre les survivants et les héritiers du prédécédé, lorsque les parties en sont formellement convenues lors du contrat (L. 59, *pr.*, D. *h. t.*). Mais cette règle n'est pas absolue. En effet, d'une part Pomponius nous dit que la *societas vectigalis* sera dissoute par la mort de l'associé, si l'industrie du défunt était absolument nécessaire à l'administration sociale (L. 59, *pr. cit.*). D'autre part, Ulpien nous dit que l'héritier du prédécédé n'entre dans la société, qu'après avoir été agréé par les autres associés : « et circa societates vectigalium...... observamus ut hæres « socius non sit, nisi fuerit adscitus. » Dans le cas où l'héritier n'est pas agréé, la *societas vectigalis* présente cette particularité, que les pertes et les bénéfices faits par les autres associés leur sont communs avec lui, qu'ils proviennent d'une cause antérieure ou postérieure au décès de celui auquel il a succédé (L. 63, § 8, D. *h. t.*).

N° II. *Dissolution de la société par la* MAXIMA *et la* MEDIA CAPITIS DEMINUTIO.

L'influence de la *capitis deminutio* doit être examinée par rapport au contrat de société et par rapport aux obligations sociales. Pour résoudre cette double question il y a une distinction à établir entre la *media* et la *maxima capitis deminutio* d'une part et la *minima capitis deminutio* de l'autre.

I. *Maxima et media capitis deminutio.*

La société est dissoute par la *maxima* et la *media capitis deminutio* de l'un des associés (L. 62, § 10, D. *h. t.*). Quant aux obligations qui en dérivent, la personne même du *capite minutus* y est soustraite, mais elles sont directement transmises à ceux qui lui succèdent, c'est-à-dire au fisc dans la plupart des cas. C'est là un de ces cas dans lesquels le débiteur est libéré sans que la dette soit éteinte.

II. *Minima capitis deminutio.*

La *minima capitis deminutio* reste sans effet sur le contrat de société. L'événement qui transforme l'un des associés en une *nova persona*, n'est pas de nature à détruire la confiance toute personnelle que les coassociés ont les uns envers les autres. Ainsi le fils de famille émancipé reste associé. C'est toujours la même société qui continue, et non une nouvelle qui se forme, par suite de la persistance des parties dans la volonté de rester associées. Ainsi encore le *socius sui juris* qui se donne en adrogation, ne perd pas sa qualité d'associé, et la *minima capitis deminutio* qu'il subit ne détruit en aucune façon le contrat primitif. Quant à l'adrogeant, il ne peut pas plus entrer dans la société qu'un héritier ordinaire (L. 58, § 2, L. 65, § 11, D. *h. t.*).

En ce qui touche les obligations sociales, les textes nous disent que celles contractées antérieurement à l'émancipation par le fils de famille continuent de rester à sa charge (L. 58, § 2, D. *h. t.*). Mais ils gardent le silence sur le point de savoir si l'action *pro socio* se donnera contre lui, telle qu'elle existait auparavant, ou bien s'il faudra passer préalablement par la voie de la *in integrum restitutio*. Il faut se prononcer dans ce dernier sens. La L. 8, D. *de capite minutis*, 4, 5, nous dit que la *capitis deminutio* laisse subsister les obligations *quæ naturalem præstationem habere videntur*. Le sens de ces expressions, malgré le vague qu'elles présentent, nous paraît assez bien déterminé par l'application qu'en fait le jurisconsulte. Il prend pour exemple l'*actio rei uxoriæ* et il nous dit que cette action échappe aux effets de la *capitis deminutio, quia in bonum et æquum concepta est.* Il faut conclure de là qu'on doit ranger parmi les obligations *quæ naturalem præstationem habere videntur*, celles-là seulement dont l'exécution est procurée au créancier par une formule *in bonum et æquum concepta*. Or c'est là un caractère spécial à certaines actions *bonæ fidei*, mais pas à toutes. L'action *pro socio*, par exemple, dans l'*intentio* de sa formule, donne bien à l'*arbiter* le droit de statuer *ex fide bona*, mais elle n'est pas revêtue de la marque distinctive qui signale l'*actio rei uxoriæ* par exemple, et dès lors, elle ne doit pas être rangée parmi celles auxquelles Gaius fait allusion dans la L. 8, D. *de capite minutis*, 4, 5. La *in integrum restitutio* sera donc nésessaire pour rétablir contre l'émancipé l'*actio pro socio*. Nous n'avons rien à dire des obligations qu'il contractera vis-à-vis de ses coassociés après l'émancipation. Elles restent soumises au droit commun (L. 58, § 2, *h. t.*).

Quant au père, il est bien évident qu'il ne peut pas être atteint par les engagements de son fils postérieur à l'émancipation; mais ceux dérivant des opérations antérieures continueront à produire effet contre lui au moyen de l'action *pro socio* donnée *quod jussu*, *de peculio* ou *de in rem verso* (L. 58, § 2, *h. t.*), sans préjudice de l'*exceptio annalis* qu'il pourra opposer au demandeur agissant par l'action *de peculio*, si la demande est formée plus d'un an, après l'époque où le fils est sorti de sa puissance (L. 1, *pr.* et § 1, D. *quando de pecul. act. annalis est*, 15, 2).

Les créances sociales acquises par le *filiusfamilias* avant d'être émancipé, l'ont été au père, et continuent à résider sur la tête de ce dernier, sans que la dissolution de la puissance paternelle ait à cet égard le moindre effet. Il est clair aussi que les créances acquises par l'émancipé après qu'il est sorti de la famille lui appartiennent en propre (L. 58, § 2, *h. t.*).

Lorsque la *minima capitis deminutio* se produit sous la forme de l'adrogation, le jurisconsulte Paul, dans la L. 65, § 11, D. *h. t.*, se contente de dire qu'elle ne détruit pas le contrat de société. On ne retrouve pas dans ce fragment les détails dans lesquels était entré Ulpien

(L. 58, § 2, D. *h. t.*) relativement aux rapports que le contrat de société avait établis entre les divers associés. Il faut y suppléer à l'aide des règles qui gouvernent les effets de l'adrogation.

Si l'interprétation que nous avons donnée de la L. 8, D. *de capite minutis*, 4, 5, est exacte, l'adrogé en passant sous la puissance paternelle de l'adrogeant se trouve, conformément aux principes rigoureux du droit civil, libéré des dettes par lui contractées vis-à-vis de ses coassociés. Mais le préteur vient à leur secours : il les restitue *in integrum* contre les effets de la *capitis deminutio* et leur donne une action utile contre l'adrogé lui-même ; puis si l'adrogeant ne vient pas défendre l'adrogé, il les envoie en possession de tous les biens qui auraient constitué le patrimoine de ce dernier s'il fût resté *sui juris* (Gaius, III, § 84, et IV, § 38).

Les associés de l'adrogé ne pourront-ils pas poursuivre directement l'adrogeant par l'action *de peculio* ? C'était là une question débattue entre les deux écoles rivales de jurisconsultes. Les Proculiens s'étaient prononcés dans le sens de l'affirmative, les Sabiniens dans le sens de la négative. Ulpien, qui nous rapporte cette controverse, avait adopté l'opinion des Proculiens (L. 42, D. *de peculio,* 15, 1).

Les créances qui étaient nées au profit de l'adrogé antérieurement à l'adrogation étant transmises à l'adrogeant avec tous ses biens, il en résulte que ce sera ce dernier qui exercera contre les autres associés l'*actio pro socio* provenant *ex ante gesto.*

Quant aux dettes que l'adrogé pourra contracter envers ses coassociés postérieurement à sa *capitis deminutio*, il en sera tenu personnellement et civilement comme tout *filiusfamilias*, et elles auront effet contre l'adrogeant *de peculio* ou *de in rem verso.* Il est également évident que les créances acquises par l'adrogé postérieurement à l'adrogation, sont acquises à l'adrogeant.

N° III. *Dissolution de la société par la PUBLICATIO.*

Lorsque les biens de l'un des associés sont frappés de confiscation, la société est dissoute. La raison de ce mode de dissolution est la fiction qui consiste à supposer mort celui dont les biens ont été confisqués. Les textes font en effet remarquer que la continuation de la société est rendue impossible, parce que le fisc devient l'héritier de l'associé qui a subi la confiscation. C'est assez dire qu'il doit s'agir d'une confiscation totale, à moins que la confiscation partielle ne réduise l'associé à un état d'indigence tel qu'il devienne insolvable (L. 65, § 12, D. *h. t.*).

N° IV. *Dissolution de la société EGESTATE.*

Nous n'avons rien de particulier à dire sur ce point. Il nous suffit d'énoncer la règle que l'indigence dans laquelle tombe l'un des associés met fin à la société. Labéon cite, à titre d'exemple, le cas où les biens de l'un des associés sont vendus par ses créanciers (L. 65, § 1. D. *h. t.* § 8. *Inst. h. t.*).

N° V. *Dissolution de la société par l'aliénation d'un esclave associé.*

Quand le maître d'un esclave associé l'aliène, la société primitive est finie et il ne peut être question que d'une nouvelle société si des actes postérieurs viennent indiquer à cet égard la volonté des parties (L. 58, § 3, D. *h. t.*). La raison en est que l'esclave n'ayant pas de capacité qui lui soit propre, ne peut être *socius*, que *ex persona domini*. Lors donc qu'il change de maître, la société dans laquelle il était entré antérieurement, ne peut plus se soutenir; elle ne peut qu'être remplacée par une société nouvelle du chef du nouveau maître. C'est là ce qui explique la différence entre ce cas et celui où un *filiusfamilias* est donné en adoption. Le *filiusfamilias* est investi d'une capacité juridique propre et personnelle; il peut être *socius ex sua persona* et quand il passe sous la puissance du père adoptif, la société dans laquelle il était

10

entré n'a besoin, pour continuer à exister, de rien emprunter au nouveau père.

Voyons maintenant ce qui advient des rapports qu'avait engendrés la société dans laquelle l'esclave était partie avant son aliénation. Cette question doit être examinée au point de vue des dettes et au point de vue des créances. Ulpien nous dit que les dettes dérivant de la société dissoute doivent être poursuivies, *de peculio* bien entendu, et contre le premier maître et contre le second. Pour comprendre ceci, il faut savoir que l'*actio de peculio* pour obligations antérieures à l'aliénation se donne contre celui qui a le pécule entre les mains. De là plusieurs hypothèses. L'esclave a-t-il été vendu sans son pécule, c'est le vendeur qui continuera de pouvoir être poursuivi *ex ante gesto*. Si l'esclave a été vendu *cum peculio* et si le prix du pécule a été déterminé à part de celui de l'esclave, ce prix représente dans le patrimoine du vendeur le pécule qui en est sorti et la décision doit être la même que la précédente. Dans l'un et l'autre cas, l'action *de peculio* ne s'exercera contre l'ancien maître que pendant une année utile à partir de l'aliénation. Si l'on suppose que l'esclave a été vendu en bloc *cum peculio*, le prix unique qui a été fixé ne représente dans la fortune du vendeur que l'esclave qui en est sorti. Quant au pécule, il est considéré comme étant chez l'acheteur; celui-ci va donc être soumis à l'*actio de peculio* pendant un temps indéfini (LL. 33; 34; 32, § 2, D. *de peculio*, 15, 1).

Les dettes provenant de la nouvelle société qui s'est formée après l'aliénation, ne seront évidemment exécutées *de peculio* ou *de in rem verso* que contre le nouveau maître. Les créances résultant de la société primitive continueront à résider sur la tête du vendeur, et celles provenant de la seconde société appartiendront uniquement à l'acheteur (L. 58, § 3, D. *h. t.*).

SECTION II. *Dissolution de la société EX REBUS.*

La société se dissout *ex rebus :*

I. Lorsque l'opération pour laquelle elle avait été contractée se trouve terminée (L. 65, § 10, D. *h. t.*).

II. Lorsque le fonds social vient à périr ou à être mis hors du commerce (L. 63, § 10, D. *h. t.*).

SECTION III. *Dissolution de la société EX VOLUNTATE.*

La société se dissout *ex voluntate*, soit par le mutuel dissentiment, soit par la renonciation d'un seul des associés.

N° I. *Du mutuel dissentiment.*

Il dissout la société de même que tous les contrats consensuels (§ 4, *Inst., quib. mod. oblig. toll.*, 3, 29. L. 65, § 3, D. *h. t.*). Le mutuel dissentiment peut être tacitement exprimé. Ainsi lorsque les associés se mettent à agir séparément et à faire des affaires pour leur compte particulier, la société est dissoute (L. 64, D. *h. t.*).

N° II. *De la renonciation.*

Nous distinguerons les sociétés à durée indéterminée et les sociétés à terme fixe.

I. *Société à durée indéterminée.* — La société à durée indéterminée est dissoute par la renonciation d'un seul des associés. Mais pour que cet effet se produise d'une manière absolue, il faut que la renonciation ait un double caractère : il faut *qu'elle ait lieu de bonne foi*, et ensuite *qu'elle ne soit pas intempestive.*

Dans une société *omnium bonorum* l'un des associés renonce parce qu'une hérédité s'est ouverte à son profit et pour profiter exclusivement de l'adition qu'il va faire. Il y a là une renonciation dolosive (L. 65, § 3, D. *h. t.*). Nous avons formé une société pour faire un achat en commun. Vous renoncez à la société avant l'opération, non parce qu'elle ne vous agrée pas, mais pour la faire seul.

Votre renonciation est encore frauduleuse (L. 65, § 4, D. *h. t.*). Nous avons acheté des marchandises et vous me notifiez votre renonciation à une époque où l'intérêt commun s'oppose à la revente. Cette renonciation est intempestive, et elle resterait telle, alors même que votre intérêt particulier serait en opposition avec l'intérêt commun et demanderait la dissolution de la société (L. 65, § 5, D. *h. t.*).

Lorsque la renonciation est faite de mauvaise foi, les associés sont libérés vis-à-vis du renonçant ; mais il n'est pas libéré vis-à-vis d'eux : en ce sens que si l'hérédité dont il a été question est onéreuse, le renonçant supportera seul la perte et que si elle est avantageuse, les autres associés pourront l'obliger à leur en communiquer le bénéfice. Mais ils ne pourront l'obliger à communiquer tout autre bénéfice qu'il aurait réalisé en dehors de cette hérédité et qu'il n'avait pas en vue de s'approprier à leur préjudice, *quia nec dolus admissus est in eo* (Gaius, III, § 154. § 4, *Inst. h. t.* L. 65, § 3 et 4, D. *h. t.*). De leur côté ils ne seront pas tenus de lui communiquer les bénéfices qu'ils auraient réalisés.

Lorsque la renonciation est intempestive, on dit également *socium a se, non se a socio liberat*. Ce ttemaxime signifie ici que les gains postérieurs à la renonciation appartiennent exclusivement aux autres associés, tandis que le renonçant doit supporter sa part dans les pertes subies à la même époque (L. 65, §§ 5 et 6, D. *h. t.*).

La renonciation peut être faite par procureur, soit qu'il s'agisse d'un fondé de procuration générale, soit qu'il s'agisse d'un fondé de procuration spéciale (L. 65, § 7, D. *h. t.*). A l'inverse la renonciation peut être notifiée au procureur des autres associés. Mais elle n'est valable que dans les conditions où elle le serait si elle avait été notifiée aux autres associés eux-mêmes (L. 65, § 8, D. *h. t.*). Justinien, par une constitution qui forme la L.

ultimâ C. *h. t.*, permet de notifier la renonciation au curateur d'un fou. Enfin il y avait à prévoir le cas où l'un des deux associés est absent au moment où l'autre renonce. Tant que l'absent n'aura pas connaissance de la renonciation, les acquisitions faites par le renonçant seront communes; celles faites par l'absent lui appartiendront exclusivement; les pertes subies par le renonçant seront supportées par lui seul; celles subies par l'absent seront supportées en commun (L. 17, § 1, D. *h. t.*).

II. *Société à terme fixe.* — La convention aux termes de laquelle les associés doivent rester en société jusqu'à l'expiration d'un certain temps, n'est pas interprétée en en ce sens que les parties abdiquent d'avance la faculté de renoncer avant l'arrivée du terme (L. 14, D. *h. t.*). Une pareille clause n'est cependant pas inutile. En présence de cette convention, il ne suffira pas pour la validité de la renonciation, qu'elle soit exempte de fraude et qu'elle ne soit pas intempestive; il faudra que le renonçant ait de justes motifs à faire valoir (L. 16, § 1, D. *h. t.*). En d'autres termes, la renonciation non dolosive est considérée comme intempestive par cela seul qu'elle est anticipée et qu'elle ne se fonde pas sur des raisons sérieuses (L. 65, § 6).

Si à la convention de ne pas demander le partage avant un certain temps, vient s'ajouter celle de ne pas renoncer avant le temps, Ulpien se demande quelle sera la force de cette dernière clause. Il fait ressortir le raisonnement ingénieux à l'aide duquel Pomponius prouve que cette seconde clause est destituée de tout effet. Quand bien même elle ne serait pas intervenue, aucun des associés ne pourrait renoncer avant le temps, *nisi aliqua justa ratio intercedat.* Sous ce premier rapport elle n'ajoute rien à l'engagement pris par les parties de rester en société pendant un temps déterminé. Elle ne saurait non plus enlever à aucun des associés la faculté de renoncer avant le temps si cette renonciation se fonde sur de justes motifs (LL. 14, 15, 16, *pr.* D. *h. t.*).

Pour clore nos observations sur les sociétés à durée déterminée, nous devons faire remarquer que le temps n'est pas en lui-même considéré comme une cause de dissolution de la société. L'arrivée du terme n'a d'autre effet que d'enlever aux renonciations postérieures de l'un ou de l'autre des associés tout caractère frauduleux ou intempestif (L. 65, § 6).

Section IV. *Dissolution de la société EX ACTIONE.*

La société est dissoute *ex actione*, lorsque l'action dérivant du contrat est éteinte par une novation. On reconnaissait à Rome deux espèces de novations : la novation volontaire, qui résultait d'une *stipulatio*, et la novation forcée, qui résultait soit de la *litis contestatio*, soit de la condamnation (Gaius, *Comm.* III, §§ 176 et 180). Nous trouvons l'application de ces deux espèces de novations à la dissolution de la société *ex actione* dans la L. 65, *pr. h. t.* Paul nous dit : « Actione distrahitur cum *stipulatione* « aut *judicio* mutata sit causa societatis. »

Ainsi la société est dissoute *ex actione*, lorsque les obligations primitives des associés se trouvent transformées par suite d'une *stipulatio* ou d'un *judicium*.

I. *Stipulatio.* — En ce qui touche la *stipulatio*, la L. 71, D. *h. t.* fait l'application du principe posé dans le *pr.* de la L. 65 : « Deux personnes se sont associées pour enseigner la grammaire et partager les bénéfices qu'elles pourraient faire. Elles ont commencé par arrêter, dans le contrat même de société, les conditions auxquelles elles entendaient se soumettre. Puis elles ont confirmé leur convention par une stipulation, portant une clause pénale pour le cas où elle ne serait pas exécutée. » Le jurisconsulte se demande si, en cas d'inexécution, l'une des parties devra intenter contre l'autre l'action *pro socio* ou *l'actio ex stipulatu.* Il distingue entre le cas où la stipulation est conçue de la manière suivante : *hæc ita dari fieri spondes ; si ea data, facta non erunt, tum viginti millia dari spondes?* et le cas où les parties ont dit : *si ea ita data, facta non erunt, tum viginti millia dari spondes?* Dans la première hypothèse, il peut y avoir eu novation. En effet si l'intention des parties a été de déduire dans la stipulation ce qui avait fait l'objet du contrat de société, les obligations résultant de la société ont été novées et remplacées par d'autres obligations resultant du contrat *verbis.* Dès lors l'*actio pro socio* est éteinte et l'*actio ex stipulatu* est seule possible. Dans la seconde hypothèse, il ne peut être question de novation. Les dispositions arrêtées entre les parties dans le contrat de société n'ont pas été l'objet de la stipulation, mais l'objet de la condition sous laquelle la clause pénale a été stipulée. En conséquence les parties continueront à être obligées l'une vis-à-vis de l'autre par le contrat de société, et pourront exercer l'une contre l'autre l'*actio pro socio* (voy. *supra*, p. 109).

II. Quant à la dissolution de la société *judicio*, Paul, dans la L. 65, *pr.* D. *h. t.*, veut parler de l'*actio pro socio generalis* qui a pour objet de demander la dissolution de la société et la liquidition générale des affaires sociales. Ce mode de dissolution paraît tout d'abord faire double emploi avec la renonciation par l'un des associés. Cette apparence semble confirmée par le texte même précité. Le jurisconsulte rapporte en effet une observation de Proculus, suivant laquelle, par cela seul que l'une des parties a exercé l'*actio pro socio ut societas distrahatur*, elle a renoncé à la société. Ce n'est là qu'une fausse apparence. Sans doute la renonciation résulte de ce que l'un des associés a demandé la dissolution du contrat. Toutefois cette renonciation diffère de celle qui dérive d'un changement de volonté simplement notifié aux associés. La simple notification, à supposer qu'elle ne soit pas intempestive, substitue bien l'état d'indivision à l'état de société, mais les obligations antérieures ne sont pas éteintes. Au contraire la *litis contestatio* de l'action en dissolution éteint par la novation les obligations sociales pour y substituer celles qui dérivent de la *litis contestatio* elle-même. Les expressions dont se sert Proculus *hoc ipso quod judicium ideo dictatum est* signifient bien en effet la *litis contestatio*. La dissolution de la société *ex actione*, lorsqu'elle est le résultat du *judicium* dont il s'agit ici, ne doit donc pas être confondue avec la dissolution de la société *ex voluntate* (v. Cujas, *in lib. 32, Pauli ad Edict., ad L. 65, pr. h. t.*),

DROIT FRANÇAIS.

DE LA SOCIÉTÉ CIVILE.

(Code Napoléon, livre III, titre IX, art. 1832-1873) .

INTRODUCTION.

Le mot *société* pris dans son acception la plus large, s'applique à toute réunion de personnes qui poursuivent un but commun. Ce but peut être autre chose qu'un profit appréciable en argent. Ce peut être l'intérêt de la science, l'intérêt des classes pauvres. Il y a des sociétés scientifiques, des sociétés de bienfaisance. Le *contrat de société*, ou *société proprement dite* se distingue des autres sociétés, en ce qu'il a pour cause l'intérêt personnel des associés, qui mettent quelque chose en commun pour en retirer un bénéfice commun appréciable en argent. Nous n'avons à nous occuper que du contrat de société. Nous restreindrons même notre étude à la société civile qui se trouve régie par le titre IX du Livre III du Code Napoléon.

Avant d'aborder les dispositious du Code, demandons-nous à quelles sources les rédacteurs ont puisé, afin d'y recourir nous-même dans l'interprétation de leur œuvre.

Le contrat de société remonte à la plus haute antiquité.

Quoi de plus naturel en effet que la réunion de plusieurs personnes qui appliquent à une production commune les biens qu'elles ont acquis ou les facultés diverses que la nature leur a données. Leurs efforts réunis leur permettent d'atteindre des résultats inaccessibles à leurs forces isolées.

Nous avons exposé les règles du contrat de société en Droit romain. Au moyen âge nous voyons les sociétés taisibles établies par les coutumes entre personnes demeurant en commun. C'était un adoucissement apporté aux rigueurs du servage, qui permettait aux serfs de transmettre leurs biens à leurs parents. Le principe féodal était que *serfs ou mainmortables ne peuvent tester et ne succèdent les uns aux autres, sinon tant qu'ils sont demeurants en commun.*

Lorsque les serfs demeuraient en commun, on les considérait comme possédant solidairement leurs biens, de sorte que la portion de celui qui décédait appartenait au survivant par une espèce de droit d'accroissement (De Laurière sur Loysel, liv. I, n° LXXIV). Les communautés taisibles existaient également entre personnes libres qui avaient demeuré ensemble pendant un an et un jour. On considérait ces communautés comme très-favorables au développement de l'agriculture.

Indépendamment de ces sociétés taisibles, qui avaient pour objet l'universalité des meubles et des acquêts, il existait des sociétés particulières appliquées à l'agriculture ou à l'industrie. La prohibition du prêt à intérêt fut très-favorable au développement de la société. C'était le seul moyen de faire valoir ses capitaux, à moins de les aliéner par le contrat de constitution de rente.

Les coutumes rédigées ne nous présentent que peu de dispositions relatives aux sociétés particulières. Mais elles s'occupent des sociétés taisibles, soit pour les maintenir, soit en général pour les supprimer.

La suppression des sociétés taisibles dans la plupart des coutumes rédigées s'explique par l'abolition ou l'adoucissement du servage. Les coutumes qui maintinrent le servage conservèrent en général les sociétés taisibles (Bourbonnais, art. 267; Nivernais, ch. 22; Troyes, art. 101). Leurs dispositions présentent du reste la plus grande variété. La société taisible est souvent restreinte aux proches parents. Dans certaines coutumes, elle est étendue aux enfants, alors même qu'ils ont quitté le domicile commun (Nivernais, chap. 8, art. 14. De Laurière sur Loysel, liv. I, n° LXXVI). La plupart des coutumes les supprimèrent comme une chose incommode et surannée. Elles appliquèrent aux sociétés les dispositions de l'ordonnance de Moulins, qui proscrivaient la preuve testimoniale de toutes conventions au-dessus de cent livres (Note de Pothier sur l'art. 213 de la Coutume d'Orléans).

L'ordonnance de 1673, sur le commerce, consacre le titre IV tout entier au contrat de société. Mais les dispositions qu'elle renferme n'étaient applicables qu'aux sociétés de commerce qui ne rentrent pas dans notre sujet.

Le monument le plus important de l'Ancien Droit, celui qui doit être consulté nécessairement pour l'interprétation du Code Napoléon, c'est le *Traité du Contrat de société de Pothier*. Les rédacteurs du Code l'ont suivi pas à pas, adoptant en général les principes que Pothier a puisés lui-même dans le Droit Romain. La société du Droit Français ressemble donc en général à celle du Droit Romain. Mais cette ressemblance est loin d'être complète. Pothier a apporté aux principes du Droit Romain certaines modifications puisées dans le Droit Coutumier (l'apport des meubles dans les sociétés de gains) et dans les ordonnances (l'obligation de constater par écrit les sociétés dont l'objet excède 100 livres). D'autres modifications devaient résulter nécessairement de la nature de notre Droit Français, moins rigoureux dans ses formes que le Droit

Romain. Les rapport des associés avec les tiers sont beaucoup simplifiés.

Les rédacteurs du Code ont apporté eux-mêmes certains changements aux principes de Pothier. Ils ont prohibé la mise en société de l'universalité des biens à venir, modifié les règles relatives au partage des bénéfices et des pertes et celles qui régissent les risques des apports.

Nous indiquerons ces changements lorsque l'occasion s'en présentera dans le cours de notre exposition.

Nous ferons une dernière observation sur le Titre du Contrat de Société. Lorsque le projet fut présenté au Conseil d'État, M. Bérenger attaqua l'ensemble du Titre dont les dispositions, disait-il, ne s'appliquaient ni au commerce, ni au mariage, et dont l'effet ne devait par suite porter que sur très-peu de cas. Il proposait de laisser les parties déterminer à leur gré les résultats du contrat de société, en pourvoyant cependant à l'intérêt des tiers.

M. Berlier lui répondit que le Titre du contrat de société n'a pas seulement pour objet les sociétés universelles qui sont rares, mais les sociétés particulières qui le sont moins; que d'un autre côté il contient des principes généraux qui régiront même les sociétés de commerce lorsqu'ils ne seront pas en opposition avec les lois spéciales du commerce.

La pensée de M. Berlier fut entièrement adoptée par le Conseil d'État. Les art. 11, 31 et 35 du projet portant que les sociétés de commerce étaient régies par le Droit commercial furent supprimés et remplacés par la disposition qui est devenue l'art. 1873 du Code (Locré, *Législ.* t. XIV, p. 494, 497 et 501). Aux termes de cet article, les dispositions du Titre du Contrat de société s'appliquent aux sociétés de commerce dans les points qui n'ont rien de contraire aux lois et usages du commerce. Le même principe se trouve reproduit dans l'art. 18 du Code de Commerce.

Les principes que nous allons exposer régissent donc, non-seulement les sociétés civiles, qui sont beaucoup plus fréquentes que ne le croyait M. Bérenger, mais aussi les sociétés commerciales, sauf les dérogations apportées par les lois et les usages de commerce.

Nous diviserons notre matière en six chapitres qui traiteront : 1° de la définition du contrat de société, de la définition, de la forme et de la preuve du contrat de société civile (art. 1832-1834, et art. 1873); 2° de la question de savoir si la société civile constitue une personne morale; 3° des différentes espèces de sociétés (art. 1335-1842); 4° des rapports des associés entre eux (art. 1843-1861); 5° de leurs rapports avec les tiers (art. 1862-1864); 6° de la dissolution de la société (1865-1872).

CHAPITRE PREMIER.

Définition du contrat de société. — Définition, forme et preuve du contrat de société civile (*Cod. Nap. art.* 1832-1834 et 1873).

Avant de nous occuper de la société civile, il faut définir le contrat de société en général et le distinguer de la communauté incidente, ainsi que des contrats avec lesquels il peut être confondu. Ce sera le sujet de la section 1re de ce chapitre. Dans la section II nous définirons la société civile, que nous opposerons à la société commerciale. La section III sera consacrée à la forme et à la preuve du contrat de société civile.

SECTION 1re. *Définition du contrat de société. — Conditions essentielles de ce contrat.*

La société est un contrat par lequel deux ou plusieurs personnes conviennent de former un fonds commun, au moyen de mises à fournir par chacune d'elles, dans le but de faire des opérations licites et de partager les bénéfices qui pourront en résulter. (C. Nap. 1832, 1833.)

Il est de l'essence du contrat de société : 1° que les parties donnent leur consentement; 2° que chacune d'elles fournisse un apport dans le but de constituer un fonds commun; 3° qu'elles aient l'intention de consacrer ce fonds à des opérations dont elles se proposent de partager les bénéfices; 4° que la communication des apports et l'emploi qu'on veut en faire soient licites.

N° I. *Consentement des parties.*

Le consentement des parties doit porter sur tous les éléments constitutifs du contrat de société. Il ne suffit donc pas, pour qu'il y ait société, que deux ou plusieurs personnes aient une communauté d'intérêts. Il y a simple *communauté incidente*, toutes les fois que l'un des éléments constitutifs du contrat de société fait défaut.

La communauté incidente peut naître par suite d'un fait étranger à la volonté des communistes, dans le cas, par exemple, où une succession ou un legs sont déférés à plusieurs personnes. Elle peut naître d'un fait volontaire, si les parties ont été déterminées à acquérir une chose en commun par un motif autre que celui de lui faire produire un bénéfice commun: C'est ce qui a lieu quand une chose est donnée à deux personnes par un seul et même acte, ou bien lorsque deux personnes s'entendent pour acheter en commun un immeuble, parce que le propriétaire ne veut pas le vendre par fractions.

A la différence de la société qui naît toujours d'un titre unique, le contrat de société, la communauté incidente peut naître de deux titres différents : ainsi lorsqu'un testateur a fait un legs à titre universel, la communauté des biens de sa succession qui se forme après sa mort entre les héritiers et le légataire est formée par deux titres différents : la part des héritiers leur est déférée par la loi, la part du légataire universel par le testament.

La communauté incidente engendre entre les communistes des obligations analogues à celles qui naissent du contrat de société. Le communiste est tenu comme l'associé de rapporter à la masse commune ce qu'il en a détourné, de réparer les dommages qu'il a causés à la chose commune par son dol ou par sa faute, de rembourser au co-communiste les dépenses qu'il a faites pour la chose commune. Mais il existe des différences sur certains points importants.

1° Le communiste n'est pas tenu de se préoccuper des intérêts des autres communistes, pourvu qu'il ne porte pas atteinte à leurs droits. Il n'est donc pas tenu de gérer l'affaire de la communauté dans l'intérêt commun. Il peut se faire rembourser une créance particulière par le débiteur commun, ou bien toucher sa part dans la créance commune, sans se préoccuper de l'insolvabilité future de ce débiteur. Il peut céder sa part dans la chose commune, alors même que la présence du cessionnaire serait incommode aux autres communistes, sauf le droit de ces derniers d'écarter le cessionnaire, en lui remboursant le prix de cession, s'il s'agit d'une hérédité commune (art. 841).

Au contraire le contrat de société oblige l'associé à veiller à l'intérêt commun comme au sien propre. L'associé qui reçoit sa part d'une créance sociale, doit la rapporter à la masse si le débiteur devient insolvable (art. 1849). Il doit imputer proportionnellement sur sa créance particulière et sur celle de la société ce qu'il reçoit du débiteur commun (art. 1848). Il ne peut se substituer un tiers dans la société.

2° Dans la société, la communauté est établie en vue de l'acquisition d'un profit commun, que les associés ne pourraient réaliser, s'ils restaient isolés. Aussi la loi voit-elle la société avec faveur; elle ne s'oppose pas à ce qu'elle soit contractée pour plus de cinq ans. La communauté incidente est un état que la loi traite avec peu de faveur. Aucune vue commune ne réunit les communistes; l'état d'indivision paralyse leurs forces au lieu de les accroître. Aussi toute convention de ne pas partager est-elle réductible à cinq ans (art. 815).

3° La société est contractée en vue des personnes qui la composent. Aussi la mort, la faillite d'un associé sont des causes de dissolution de la société avant le terme fixé. Tous ces faits sont sans influence sur la convention de rester en communauté, conclue dans les limites permises par la loi.

Nº II. *Chaque associé doit faire un apport dans le but de constituer un fonds commun.*

I. *Nécessité de faire un apport.*

Il est de l'essence du contrat de société que chaque partie apporte quelque chose dans la société, de telle sorte que l'obligation, que chacun des associés contracte d'effectuer sa mise, ait pour cause l'obligation corrélative de son coassocié (art. 1833).

Si l'un des associés est dispensé de fournir un apport, l'obligation de l'autre ne peut plus avoir d'autre cause que l'intention de faire une libéralité : au lieu d'une société, nous avons une donation soumise, quant au fond et quant à la forme, aux règles qui régissent les donations. Une pareille société sera donc nulle, si elle est contractée au profit d'une personne frappée d'une incapacité absolue ou relative de recevoir à titre gratuit. Elle devra être constatée par acte authentique et acceptée en termes exprès (art. 931 et 932). Cette donation constitue-t-elle une donation de biens à venir, et n'est-elle par conséquent valable que lorsqu'elle est faite par contrat de mariage ? C'est là une question de fait dont la solution dépend de la circonstance qu'il est ou non au pouvoir du donateur de faire réussir ou manquer l'affaire à laquelle le donataire se trouve associé. Dans le premier cas, il y a donation de biens à venir, dans le second cas donation de biens présents.

L'art. 1833 en déclarant que chacun doit apporter quelque chose dans la société, de l'argent, d'autres biens ou son industrie, laisse la plus grande latitude aux parties. Les biens susceptibles de constituer un apport ne sont pas seulement la propriété ou la jouissance d'une chose corporelle, mais toute espèce de biens incorporels, tels qu'un brevet d'invention, une propriété littéraire ou artistique, une marque de fabrique, une clientèle, une concession faite par le Gouvernement. L'industrie s'entend de toutes les facultés physiques et intellectuelles qui peuvent concourir au but de la société, la force, l'adresse, l'entente des affaires, les talents professionnels.

Le crédit d'une personne peut-il à lui seul constituer l'apport d'un associé ? Il ne s'agit pas ici de la protection accordée par une personne puissante par sa position, ses rapports, ses fonctions. Ce crédit n'est pas dans le commerce. Mais le crédit commercial, c'est-à-dire la confiance que le nom d'une personne peut inspirer au public peut-il constituer un apport ?

La question ne fut qu'effleurée au Conseil d'État. M. Berlier ferma la discussion sur l'art. 1833 en disant « qu'un « nom isolé de tout acte de la personne est une chose fort « abstraite, au lieu que l'industrie est une chose positive « laquelle il convient de s'arrêter. » On a conclu des paroles de M. Berlier et du silence de l'art. 1833 sur l'estimation de la mise consistant dans le crédit, que le crédit ne peut à lui seul constituer l'apport d'un associé. M. Troplong fait encore valoir cette considération « que le crédit « ne s'accorde qu'à la personne et à ses œuvres. Or si la « personne dont la réputation commande la confiance n'a « dans la société que son nom, sans son travail, son apti-« tude, la foi des tiers ne sera-t-elle pas trompée ; dès « lors une pareille société n'est-elle pas contraire à la « morale publique ? » (*Société*, t. I, n° 115.)

Nous répondons à M. Berlier que le crédit d'une personne riche est un apport sérieux, appréciable en argent, car il permet aux autres associés de faire des marchés qu'ils n'auraient pu conclure s'ils n'avaient présenté aux tiers que leur garantie personnelle. Quant à l'argument tiré de l'art. 1833, nous répondons que cet article est également muet sur l'apport consistant dans une clientèle, une marque de fabrique. Si l'estimation de ces deux espèces d'apports est laissée à l'appréciation des tribunaux, pourquoi en serait-il autrement du crédit ? Nous demanderons enfin à M. Troplong en quoi la foi des tiers est trompée si un capitaliste, au lieu d'apporter des fonds, n'apporte que son crédit ? Qu'ont-ils été en droit d'attendre de lui, si ce n'est qu'il serait tenu des dettes de la société ? Et puisqu'il est évident qu'il en est tenu, on ne peut dire que les tiers aient été induits en erreur ? Nous croyons donc que le crédit peut constituer l'apport d'un associé, lorsque ce crédit est de nature à offrir un avantage réel à la société. C'est là une question de fait laissée à l'appréciation des tribunaux.

II. *L'ensemble de ces apports doit constituer un fonds commun, soit en propriété, soit en jouissance.*

Ainsi le contrat intervenu entre un marchand et son commis, suivant lequel ce dernier reçoit une quote-part des bénéfices, ne constitue pas une société. Il est vrai que dans un pareil contrat le commis apporte son industrie et le patron le mouvement commercial de sa maison, auquel le commis participe, comme le patron entre en communication de son industrie. Mais le produit de cette collaboration ne constitue pas un fonds commun. Le commis n'est jamais que créancier de son patron. Supposons en effet que le commerçant achète 1000 hectolitres de blé pour une somme de 18,000 francs. S'il y avait société, le commis qui est intéressé pour un dixième dans les bénéfices, serait propriétaire de 100 hectolitres et débiteur de 1800 francs envers son patron. Mais il n'en est rien. L'intention des parties n'a pas été de rendre le commis copropriétaire. Il n'est que créancier du dixième de la plus-value du blé au moment de la vente. Le contrat ne constitue donc pas une société, c'est un louage d'ouvrage.

On s'est souvent demandé si l'association en participation constitue ou non une société ? Il faut adopter l'affirmative ou la négative, suivant qu'il y a ou non constitution d'un fonds commun. Exemple : l'association en participation aux termes de laquelle deux marchands conviennent que les achats qu'ils feront dans une foire seront communs, est une société. Il en est autrement de la convention en vertu de laquelle un négociant admet une personne à participer aux bénéfices qu'il espère retirer d'une opération, à la charge de participer aux pertes, s'il y en a. Cette association en participation se résout en un compte de profits et de pertes. Aussi l'appelle-t-on plus particulièrement *compte en participation* (Savary, *Parfait négociant*, P. II, L. 1, ch. 1, p. 25).

Nº III. *Les parties doivent avoir l'intention de consacrer ce fonds à des opérations et de partager les bénéfices qui pourront en résulter.*

Il n'y a donc pas bénéfice si le fonds commun est destiné soit à prévenir ou à réparer des pertes, soit à procurer des bénéfices individuels.

Ainsi les associations de propriétaires qui se réunissent pour construire des digues destinées à préserver leurs terres des inondations, ne sont pas des sociétés. Leur but est de prévenir des pertes et non pas de faire des bénéfices. Il n'y aurait même pas société, si ces propriétaires avaient en vue les bénéfices résultant de la plus-value de leurs terres, car ces bénéfices seraient purement individuels. Il faut donc refuser également le caractère de contrat de société aux associations de propriétaires qui font exécuter en commun des travaux de drainage ou d'irrigation (voy. L. des 10-15 juin 1854, sur le libre écoulement des eaux provenant du drainage, art. 3). Mais il y aurait société, si les travaux devaient être exécutés sur un terrain qui appartiendrait en commun aux associés, ou qui aurait été loué en commun à cet effet (Cassat., req. rej., 16 nov. 1858, D. 59, 1, 40).

Les *compagnies d'assurances mutuelles*, dans lesquelles chacun des assurés s'engage à supporter son contingent des sinistres que pourront éprouver les autres, ne sont pas des sociétés. Les engagements des divers associés constituent bien un fonds commun, mais ce fonds est destiné à réparer des pertes, et, qui plus est, des pertes individuelles (Cass., 15 juillet 1829, D. 29, 1, 407).

La même raison doit faire refuser le caractère de contrat de société *aux sociétés de secours mutuels* qui ont pour but d'assurer des secours temporaires aux sociétaires malades, blessés ou infirmes et de pourvoir à leurs frais funéraires (voy. L. des 8 mars, 5 et 15 juillet 1850, art. 2; et décret du 26 mars 1852, art. 6).

Les *tontines*, c'est-à-dire les réunions de rentiers qui conviennent que les parts des prémourants profiteront en tout ou en partie aux survivants, sont exclusives de toute idée de production et de partage de bénéfice. Le travail des administrateurs consiste à assurer l'exécution de la convention et non pas à augmenter le capital de l'association. Les bénéfices que les chances de survie peuvent faire espérer à chacune des parties sont purement individuels.

Il n'y a non plus société, parce que les bénéfices sont purement individuels, lorsque deux négociants mettent en commun une somme d'argent pour en jouir alternativement pendant un temps déterminé, ni dans le cas où deux fabricants font une convention semblable relativement à la jouissance d'une usine qui leur appartient en commun (Req. rej. 4 juillet 1826, D. 26, 1, 403; req. rej. 5 janv. 1842, D. 42, 1, 58).

S'il est de l'essence du contrat de société que tous les associés aient droit aux bénéfices, on ne saurait évidemment admettre la convention qui attribuerait tous les bénéfices à l'un des associés (art. 1855). Mais il n'est pas nécessaire que chacun d'eux soit certain d'y prendre part. La quotité et même l'existence de la part de l'un des associés peuvent dépendre de la somme à laquelle s'élèveront les bénéfices. La solution donnée par Ulpien dans la L. 44, D. *pro socio*, 17, 2, relative à la convention par laquelle je vous livre un objet avec mission de le vendre pour une somme de tant, et avec faculté pour vous de garder tout ce qui dans le prix de vente excédera la somme fixée, est parfaitement applicable au Droit Français. Ici le bénéfice 'n'est pas nécessairement individuel. Nous nous sommes associés en vue d'un bénéfice commun, car nous espérions que grâce à votre industrie, l'objet serait vendu au-dessus du prix fixé, et que chacun de nous aurait une part dans le prix de vente (*Vide supra*, p. 8).

N° IV. *La communication des apports et les opérations sociales doivent être licites.*

L'art. 1833 nous dit que la société doit avoir un objet licite. L'objet de la société, c'est la chose sur laquelle a porté le consentement des parties, c'est-à-dire la communication des apports et leur consécration à des opérations dont le bénéfice sera commun. Il est donc de l'essence du contrat de société que la communication des mises et les opérations que les associés ont en vue soient licites.

Lorsque les opérations sociales sont défendues par la loi française, il est évident que le juge ne peut reconnaître la validité de la société. Ainsi toute société contractée dans le but de commettre des crimes, des délits ou des contraventions prévus par la loi française, est nulle. Il faudrait donc refuser tout effet légal à une société formée pour exercer l'usure ou la contrebande, pour faire la traite des noirs, pour exploiter la vente d'un remède secret, pour empêcher la concurrence des acheteurs dans les adjudications, pour corrompre un fonctionnaire public, etc.

Il en est de même de la société qui a pour objet une opération que la loi a interdite sans établir une sanction pénale, par exemple l'émission de billets payables à vue et au porteur, soit à Paris, soit dans les villes où la Banque de France a été autorisée à établir des comptoirs.

Lorsqu'aucune loi française n'a été violée, les tribunaux ont à examiner si les opérations sociales ne sont pas contraires à l'ordre public ou aux bonnes mœurs (art. 1133). Mais leur décision est soumise à la censure de la Cour de cassation, qui a toujours le droit d'apprécier si la loi a été bien ou mal appliquée aux faits déclarés constants par l'arrêt qui lui est déféré.

La société qui aurait pour objet des opérations interdites par les lois des pays étrangers, ne serait pas nécessairement nulle, car ces lois n'ont pas d'autorité en France. Mais les tribunaux pourraient annuler la société comme contraire à l'ordre public, s'ils jugeaient qu'une pareille société pût troubler les relations de paix et d'amitié existant entre la France et le pays contre les lois duquel la société serait formée.

Supposons maintenant que le contrat qui établit la société illicite ait reçu son exécution, et examinons les rapports qui peuvent exister soit entre les associés et les tiers, soit entre les associés les uns vis-à-vis des autres.

1° *Rapports des associés vis-à-vis des tiers.* — Les opérations illicites peuvent donner naissance soit à l'action publique pour l'application d'une peine, soit à l'action civile pour la réparation du dommage causé à des tiers.

A. *Action publique.* — Il y a autant de délinquants que d'associés, car ils sont tous punissables, soit comme auteurs principaux soit comme complices. Chacun d'eux sera donc passible de la peine corporelle et de l'amende portées par la loi. Ils seront de plus tenus solidairement des amendes et des frais en vertu de l'art. 55 du Code d'Instruction criminelle. Toutefois lorsque le législateur a mesuré le taux de l'amende à l'importance du dommage causé, ce qui a lieu en matière fiscale, la jurisprudence admet qu'il ne doit être prononcé qu'une seule amende, quel que soit le nombre des délinquants, mais ils en sont tenus solidairement.

B. *Action civile.* — Tous les associés sont solidairement responsables des dommages-intérêts envers la personne lésée, sans distinction si l'action est portée devant un tribunal de répression ou devant un tribunal civil (Instr.

cr., art. 1, 3, 55). Ils sont également tenus solidairement des dommages-intérêts, dans le cas où le fait illicite ne serait pas réprimé par la loi pénale; car chacune des personnes qui ont participé à un délit civil, est à considérer comme étant individuellement l'auteur du dommage et en doit par conséquent la réparation intégrale.

Il faudrait appliquer les mêmes principes dans le cas où les membres d'une société, licite dans l'origine, se raient accidentellement rendus coupables d'un fait illicite.

2° *Rapports des associés entre eux.* — Le contrat étant nul, personne n'a d'action en justice pour en demander l'exécution. D'autre part, lorsque la société illicite a été liquidée et le fonds social partagé, nul ne peut revenir sur ce qui a été fait : *In pari et turpi causa melior est causa possidentis.* Reste l'hypothèse où le contrat de société est en voie d'exécution.

Qui profitera des bénéfices, qui supportera les pertes? Il est évident qu'aucun associé ne pourra contraindre l'autre à lui communiquer les bénéfices qu'il a réalisés, ni à participer aux pertes qu'il a subies. Mais si la répartition des bénéfices a eu lieu entre les associés, s'ils ont indemnisé le gérant des pertes qu'il a subies, il n'y a pas lieu à répétition, car le paiement a été fait en exécution d'une convention dans laquelle la turpitude est égale des deux côtés.

A qui appartiennent les mises effectuées? Le contrat de société étant nul, n'a pu avoir pour effet de rendre cemmune la propriété des mises, qui continue à résider sur la personne des associés. Mais l'associé qui a effectué sa mise pourra-t-il la revendiquer? Les partisans de l'affirmative[1] soutiennent qu'il ne faut pas appliquer ici les principes de la *condictio ob turpem causam*, qui suppose

---

1. Aubry et Rau. *Cours de Droit civil, d'après Zachariæ*, t. III. n° 378, note 8; voy. dans le même sens, Duvergier, *Société.* n° 31.

un paiement effectué en retour de la promesse d'un fait illicite. L'associé qui a opéré le versement de sa mise n'entendait pas en transférer la propriété à l'associé chargé de la recevoir ; son intention était seulement de la mettre en commun pour qu'elle fût employée à l'usage convenu entre les parties. Si cet emploi est impossible en raison du caractère illicite de la société, la mise demeure sans cause entre les mains de celui qui l'a reçue, et se trouve par conséquent soumise à répétition *conditione sine causa*.

Nous répondons à cette argumentation que l'associé qui a voulu mettre sa chose en commun, a nécessairement entendu transférer une quote-part de la propriété à ses coassociés et cela en vue de la promesse d'un fait illicite, celui de participer à la société. Nous devons donc appliquer les principes de la *condictio ob turpem causam* et le déclarer incapable de revendiquer cette quote-part.

Ainsi toutes les fois que les mises seront en la possession de tous les associés, elles seront considérées comme si elles étaient communes.

Qu'arrivera-t-il maintenant si les mises sont entre les mains de l'un des associés qui les détient au nom des autres? S'il en est simplement dépositaire, il n'y a pas de doute qu'il ne soit tenu de les restituer, non pas en vertu du contrat de société, mais en vertu du contrat de dépôt. Et nous en dirons autant des bénéfices dont le dépôt lui aurait été confié par les autres associés. Mais s'il les a reçus pour les employer à des opérations illicites, nous ne comprenons pas que ces coassociés puissent intenter une action contre lui; car ce serait alléguer leur propre turpitude. On ne peut scinder en effet le fait de la remise et le fait du contrat illicite. L'associé répondra : j'ai reçu, mais pour faire des opérations illicites, et nul tribunal ne voudra prendre connaissance de l'affaire.

Les principes que nous venons d'exposer s'appliquent

à toutes les sociétés qui ont pour objet des opérations illicites, alors même que les lois qui les interdisent sont purement arbitraires. Mais si l'un des associés avait agi de bonne foi, dans l'ignorance de la loi, il pourrait évidemment réclamer la restitution de sa mise et même des dommages et intérêts, car il n'y aurait aucune turpitude à lui reprocher.

La société a un objet illicite, lorsque la communication des apports est contraire à la loi ou à l'ordre public, alors même que les opérations sociales ne présentent rien d'illicite. Telle est la société pour l'exploitation d'un office ministériel. Une pareille société est nulle parce qu'il est contraire à l'ordre public et à l'esprit de la loi qui a institué les officiers ministériels de mettre en commun les émoluments qu'ils pourront retirer de l'exercice de leur profession. L'officier ministériel se trouve nécessairement entraîné à s'écarter de ses devoirs pour augmenter les bénéfices, par les sollicitations de ses coassociés, dont la moralité n'a pu être appréciée par le Gouvernement et que ne retient pas le sentiment de l'honneur professionnel. A bien plus forte raison faudrait-il annuler la société, si l'associé avait le droit de contrôler les actes de l'officier ministériel ; dans ce cas l'objet de la société serait l'office lui-même, c'est-à-dire une chose placée en dehors du commerce (C. Nap. 1128).

Les principes rigoureux du Droit nous conduisent à appliquer aux sociétés pour l'exploitation d'un office les règles qui régissent les autres sociétés illicites. Mais la jurisprudence, effrayée des conséquences de cette doctrine, admet que la société pour l'exploitation d'un office d'agent de change, a effet jusqu'au jour de son annulation, en ce qui concerne les droits respectifs des associés, qui doivent être fixés d'après les conventions sociales (Req. rej. 15 déc. 1851. D. P. 52, 1, 70).

SECTION II. *De la division des sociétés en sociétés civiles et en sociétés commerciales. — Des sociétés civiles revêtues de la forme commerciale.*

Les sociétés se divisent en deux grandes classes : elles sont *commerciales* ou *civiles*, suivant que les opérations qui en font l'objet constituent ou non des actes de commerce.

Le Code de commerce a défini les actes réputés commerciaux (art. 632, 633). Quand une société se forme pour se livrer à un de ces actes, elle est société de commerce. Toutes les autres sociétés sont des sociétés civiles. Nous définirons donc la société civile, la société qui a pour objet des opérations non commerciales.

N° I. *Intérêt que présente cette division.*

La distinction des sociétés civiles et des sociétés commerciales est de la plus haute importance. La société civile est régie exclusivement par les règles du Code Napoléon. Ces règles ne sont applicables à la société de commerce qu'avec les modifications que leur a fait subir le Code de Commerce (Cod. Nap., art. 1873, et C. Comm., art. 18). Les principales modifications sont relatives à la forme et à la publicité du contrat de société, aux obligations des associés envers les tiers et à la compétence du tribunal auquel doivent être soumises les contestations des associés entre eux ou avec les tiers.

1° *Forme et publicité.* — La société civile n'est soumise à aucune condition de forme ni de publicité. L'art. 1834 que nous expliquerons dans un instant, n'a trait qu'à la preuve du contrat et non pas à son existence. La société commerciale doit être constatée par un acte notarié ou par un acte sous seing privé (Com. 39). Elle doit être publiée dans la quinzaine de sa date au moyen de la transcription d'un extrait de l'acte de société sur le registre du greffe du tribunal de commerce, par l'affiche de cet extrait et par son insertion dans un journal désigné par le préfet (C. Comm. 42, 43).

2° *Obligations des associés envers les tiers.* — Les associés civils ne sont tenus des dettes de la société envers le créancier avec lequel ils ont contracté que pour leurs parts et portions viriles (C. Nap. 1863). Les associés commerciaux sont en principe tenus solidairement des dettes de la société, pourvu que l'un d'eux ait signé sous la raison sociale (C. Nap. 1862; C. Com. 22).

3° *Compétence du tribunal auquel doivent être soumises les contestations des associés entre eux ou avec les tiers.* — Les contestations entre associés civils sont soumises aux tribunaux civils. Celles entre associés commerciaux sont de la compétence des tribunaux de commerce (Com. 631, 2°). Il s'agit en effet de l'exécution d'obligations commerciales. Aussi les condamnations entraînent la contrainte par corps (Civ. rej. 13 août 1856. D. P. 56, 1, 343). Lorsque la société est commerciale, les engagements contractés avec les tiers, à raison des opérations sociales, sont également déférés à la juridiction consulaire et entraînent la contrainte par corps.

N° II. *Sociétés dont la nature est l'objet de controverses.*

La définition que nous avons donnée de la société civile permettra, dans la plupart des cas, de reconnaître facilement, si une société est civile ou commerciale. Aussi nous n'essayerons pas de faire l'énumération des différentes espèces de sociétés civiles. Nous ne nous occuperons que de quelques sociétés sur la nature desquelles des doutes se sont élevés.

La société dont l'objet est d'acheter et de revendre des immeubles est une société civile. Il en est de même de la société qui a pour objet la construction d'un édifice pour le vendre ou le louer. La société qui a pour objet la construction d'un édifice public, tel qu'un pont, un marché, un palais destiné aux expositions de l'industrie ou des beaux-arts et la perception des droits de péage ou d'entrée concédés par l'État, les départements ou les communes, constitue également une société civile.

Mais il en est autrement de la société qui prête sur hypothèque des fonds qu'elle se procure par l'émission d'obligations ou de lettres de gage. Il y a là une véritable opération de banque qui constitue un acte de commerce. Aussi nous n'hésitons pas à affirmer que la Société du Crédit foncier est une société de commerce.

Il faut, par application de l'art. 638 du Code de Commerce, qui dénie le caractère commercial à la vente faite par un cultivateur de denrées provenant de son cru, décider que la société contractée entre plusieurs propriétaires qui mettent leurs denrées en commun pour les vendre, est une société civile.

L'art. 32 de la loi du 21 avril 1810 sur les mines, a fait une juste application de l'art. 638 du Code de Commerce, en décidant que l'exploitation des mines n'est pas considérée comme un commerce. La mine étant une propriété foncière, le particulier ou la société qui l'exploite fait valoir son héritage, et rien de plus (v. *Observ. de la commission du Corps législatif*, Locré, *Législ. t.* IX, *p.* 465). La société pour l'exploitation d'une mine est donc civile. Elle aurait ce caractère, alors même que les associés exploiteraient le bail d'une mine appartenant à autrui. Puisque le fermier d'un bien rural ne fait pas acte de commerce en vendant les fruits recueillis sur le fonds qu'il a pris à bail, pourquoi en serait-il autrement du fermier d'une mine?

M. Troplong, à qui nous empruntons cette solution, en donne une différente en ce qui concerne les sociétés pour l'exploitation des carrières. Il n'admet pas que la société formée pour louer une carrière et en vendre les produits soit civile, parce que, dit-il, l'exploitation des carrières ne jouit pas du même privilége que l'exploitation des mines (*Société*, t. I, n° 337). Nous repoussons cette manière de voir. L'art. 32 de la loi de 1810 a fait à l'exploitation des mines l'application du principe général posé par l'art. 638 du Code de Commerce. On ne peut donc pas en tirer un argument *a contrario* pour décider que la société, qui a pour objet l'exploitation d'une carrière, est commerciale. Cette société est civile en vertu de l'art. 638 du Code de Commerce, alors même que la carrière n'a pas été acquise, mais simplement louée par les associés.

La société formée pour la recherche d'une mine, afin d'en obtenir la concession, constitue également une société civile. Mais il en serait autrement de la société qui aurait pour objet de faire des recherches au profit des personnes qui désirent se rendre concessionnaires. Une pareille société est commerciale parce qu'elle se livre à des actes qui constituent l'agence d'affaires.

La société qui a pour objet l'exercice d'un métier ou d'une profession, est civile, dans tous les cas où l'exercice de ce métier ou de cette profession ne présente pas le caractère commercial. Ainsi la société qui a pour objet la composition d'une œuvre littéraire ou artistique est purement civile. Il en est de même de la société qui a pour objet la direction d'une maison d'éducation. Les sociétés contractées entre artisans pour l'exercice de leur métier sont également civiles, à moins qu'ils n'achètent eux-mêmes les matières premières pour les revendre après les avoir travaillées.

Nous avons établi que les compagnies d'assurances mutuelles ne constituent pas de véritables sociétés. Il en est autrement des compagnies d'assurances à primes. Ce sont de véritables sociétés, car elles ont pour but de réaliser les bénéfices qui résultent de l'excédant de la valeur des primes sur celle des indemnités à payer aux assurés.

Ces sociétés sont-elles commerciales ou civiles ? L'art. 633 tranche la question en ce qui concerne les sociétés d'assurances maritimes. Nous ne pensons pas qu'il faille conclure par argument *a contrario* de cet article, que les contrats d'assurance contre l'incendie, la grèle, l'épizootie, le recrutement militaire et sur la vie humaine, ne constituent pas des actes de commerce. En effet, à l'époque où fut rédigé le Code de Commerce, ces contrats étaient peu usités. Il faut donc tout au contraire, tirer de cet article un argument d'analogie, et reconnaître que toutes les sociétés d'assurances à prime sont commerciales. Telle est l'opinion de M. Troplong (*Société*, t. I, n°s 345 à 347) et de M. Delangle (*Société*, t. I, n° 32). Elle a été consacrée par un arrêt de la Cour de cassation du 8 avril 1828 (Dalloz, 28, 1, 204).

N° III. *Des sociétés civiles revêtues de la forme commerciale.*

La question de savoir si les sociétés qui ont pour objet des opérations purement civiles, revêtent ou non le caractère commercial, lorsqu'elles ont été constituées sous l'une des trois formes établies par le Code de Commerce, est vivement controversée.

M. Duvergier repousse énergiquement l'opinion suivant laquelle la forme commerciale appliquée à une société civile en ferait une société commerciale. Il soutient que la nature civile ou commerciale de la société dépend de son objet et ne saurait être modifiée par la forme adoptée. Sans doute toutes les clauses qui n'ont rien de contraire aux bonnes mœurs et aux textes positifs et qui ne portent aucune atteinte aux choses qui sont de l'essence des sociétés, peuvent être valablement stipulées. Il est donc permis de dire que l'un des associés ne sera tenu vis-à-vis des tiers que jusqu'à concurrence de sa mise; mais entre une société civile ainsi organisée et une société commerciale en commandite, il y aura cette différence que l'associé civil ne pourra opposer la clause qui limite sa responsabilité qu'aux tiers qui en ont eu connaissance et que la publication de l'acte de société ne suffira pas. Il admet toutefois que dans les sociétés civiles par actions, les porteurs d'actions ne sont pas tenus au delà de leurs mises même relativement aux tiers, et de plus que la mort d'un ou de plusieurs actionnaires ne met pas fin à la société. Sous ce double rapport les règles du Droit commun sont modifiées par la forme de la société (*Société*, n°s 481-483, 486).

M. Delangle (*Société*, t. I, n°s 34-39) trouve dans cette concession de M. Duvergier la condamnation même de son système. Mais il ne donne malheureusement pas une solution bien catégorique de la question que nous nous sommes posée. Il distingue les sociétés qui ont pour objet des choses mobilières fongibles, susceptibles de transmission manuelle etc.; il admet qu'il est permis aux associés de les revêtir de la forme commerciale, et dans ce cas leur forme détermine leur nature. Au contraire, la société qui a pour objet des choses qui résistent par leur essence à la spéculation commerciale telles que les immeubles, est nécessairement civile. Mais qu'arrivera-t-il si cette société a été revêtue de la forme commerciale? Sur ce point M. Delangle est muet, il se contente de décider, avec un arrêt de la Cour de cassation du 9 juin 1841 (D. P. 41, 1, 260), qu'aucun des associés ne pourra demander la nullité de la société pour erreur de droit.

M. Troplong admet qu'une société civile peut revêtir la forme commerciale sans perdre son caractère civil. Toutefois les associés peuvent déclarer *par une manifestation expresse de volonté* que leur société sera commerciale, et se soumettre ainsi à la juridiction consulaire et à la solidarité. Il ne présente pas à cet égard la distinction imaginée par M. Delangle (*Société*, n°s 320 et 331). Mais à défaut de cette *manifestation expresse de volonté*, quelles règles appliquer à la société civile revêtue de la forme commerciale? Nous n'avons pas trouvé dans M. Troplong la solution de cette question.

Nous adresserons aux auteurs que nous venons de citer le reproche de n'avoir présenté la question qu'au point de vue spécial des engagements de la société vis-à-vis des tiers. Nous allons essayer de la traiter d'une manière plus complète, et examiner : 1° s'il est permis de constituer sous la forme commerciale une société dont l'objet est purement civil, et 2° par quelles règles cette société est régie.

I. *Il est permis de constituer sous la forme commerciale une société dont l'objet est purement civil.* — Il est incontestable que, dans toute espèce de contrat, les parties peuvent insérer les clauses qui ne sont ni prohibées par la loi, ni contraires à l'ordre public et aux bonnes mœurs. Rien ne peut donc s'opposer à ce que les associés civils adoptent la forme commerciale dans le but d'attirer plus de capitaux dans la société et de lui donner plus de crédit. Plusieurs textes de loi viennent confirmer cette solution, que nous posons *a priori* comme résultant des principes généraux du Droit :

1° L'art. 8 de la loi du 21 avril 1810 *sur les mines,* s'occupe des *actions* dans les sociétés pour l'exploitation des mines, alors qu'aux termes de l'art. 32 de la même loi ces sociétés sont civiles.

2° L'art. 14 de la loi du 5 juin 1850, relative au timbre, assujettit au timbre proportionnel *tout certificat d'action dans une société quelconque* financière, commerciale, industrielle ou *civile.* Il y a plus. L'art. 25 de la même loi excepte les actions dont la cession n'est parfaite à l'égard des tiers qu'au moyen des conditions déterminées par l'art. 1690 du Code Civil. D'où il faut conclure qu'il y a des sociétés civiles, dont le capital est divisé en actions qui se transmettent conformément aux art. 35 et 36 du Code de Commerce.

3° L'art. 6 de la loi du 23 juin 1857 qui assujettit toute *cession d'action* à un droit de transmission de 20 cent. par 100 fr., reproduit les mêmes dispositions.

4° La loi des 20-22 février 1849 qui soumet les sociétés anonymes à la taxe représentative des droits de mutation, et la loi du 17 juillet 1856 sur les sociétés en commandite par actions, sont absolument muettes sur le caractère civil ou commercial de la société.

5° Nous pouvons enfin invoquer les nombreux décrets qui ont approuvé les statuts de sociétés anonymes dont l'objet était purement civil.[1]

II. *Par quelles règles cette société sera-t-elle régie?*

La nature de la société dépend de son objet. La forme commerciale ne fera donc pas perdre à la société son caractère civil, pas plus que la forme de billet à ordre donnée à une obligation civile n'en fait une obligation commerciale.

Les obligations des associés les uns envers les autres constitueront donc des obligations civiles qui n'entraîneront pas en principe la contrainte par corps, et qui devront être jugées par les tribunaux civils, nonobstant toute convention contraire, car les parties ne peuvent volontairement modifier l'ordre des juridictions ni se soumettre à la contrainte par corps en dehors des cas où la loi l'établit. Il faut en dire autant des obligations contractées par la société envers les tiers. Elles sont civiles à moins qu'elles ne découlent d'actes réputés commerciaux *erga omnes*.

Nous repoussons donc l'opinion suivant laquelle les associés peuvent déclarer, par une manifestation expresse

---

1. Voy. par ex. Société des Immeubles de la rue de Rivoli. Bull. des l. S. XI. P. S. t. IV, p. 1149. — Nous ne croyons pas devoir invoquer les deux Avis du Conseil d'État des 1er avril 1809 et 18 nov. 1810 qui soumettent à l'autorisation du gouvernement les associations de la nature des tontines, ni celui du 15 oct. 1809 qui prescrit cette autorisation pour les assurances mutuelles; car nous avons démontré que les tontines et les assurances mutuelles ne constituent pas de sociétés.

de volonté, que leur société sera commerciale, et se soumettre ainsi envers les créanciers de la société à la juridiction commerciale et à la contrainte par corps.

En ce qui concerne la manière dont les associés sont tenus des engagements de la société, nous ne voyons pas de raison sérieuse pour repousser l'application pure et simple du Droit commercial. En effet, s'il est défendu de changer l'ordre des juridictions et de se soumettre à la contrainte par corps en dehors des cas prévus par la loi, il est parfaitement licite de s'obliger solidairement. Or les associés civils qui ont adopté la forme en nom collectif, ne doivent-ils pas être présumés avoir voulu, en tant qu'il dépendait d'eux, adopter les règles de la société commerciale, et par conséquent la solidarité ?

Dans le cas où la société est en commandite, nous ne comprenons pas les scrupules de M. Duvergier, à admettre que l'obligation des commanditaires sera restreinte à leur mise. Le tiers qui a traité avec le gérant, n'a pu suivre la foi du commanditaire dont le nom n'a pas été prononcé. Il ne peut lui opposer que le mandat donné au gérant; or ce mandat n'a permis au gérant d'obliger le commanditaire que jusqu'à concurrence de sa mise.

Il nous paraît également évident que les membres d'une société civile anonyme ne peuvent être poursuivis que jusqu'à concurrence de leur apport. L'autorisation et la surveillance du gouvernement, la publicité du contrat de société présentent aux tiers autant de garanties, dans le cas où la société est civile que dans celui où elle est commerciale.

SECTION III. — *Forme et preuve du contrat de société civile.*

Le contrat de société civile est parfait par le seul consentement des parties, quelle que soit la valeur des choses qui sont mises en société. La disposition de l'art. 1834 portant que *toutes sociétés doivent être rédigées par écrit lorsque leur objet est d'une valeur supérieure à 150 francs,* n'a trait qu'à la preuve du contrat et non pas à son existence. Les rédacteurs du Code ont, sur la demande du Tribunat, reproduit le texte même de l'art. 1341, pour bien établir que la preuve du contrat de société est régie par le droit commun (Locré, *Législ.* t. XIV, p. 519, n° 4).

Nous retrouvons donc dans l'art. 1834, les deux grands principes qui prohibent l'admission de la preuve testimoniale, 1° lorsqu'il s'agit de prouver un fait juridique dont l'objet est d'une valeur supérieure à 150 francs, 2° lorsqu'il s'agit de faire une preuve contre et outre l'acte qui constate un fait juridique, ou bien sur ce qui serait allégué avoir été dit avant, lors ou depuis cet acte, encore qu'il s'agisse d'une valeur de moins de 150 francs.

Mais ces principes doivent être appliqués au contrat de société avec les exceptions établies par le Droit commun. La preuve testimoniale sera admise, lorsqu'il y aura un commencement de preuve par écrit, lorsqu'il aura été impossible aux parties de se procurer une preuve écrite, ou lorsque l'acte de société sera perdu par suite d'un cas fortuit, imprévu et résultant d'une force majeure (art. 1347, 1348). Le contrat de société pourra d'ailleurs être prouvé par l'aveu ou le serment.

Ce contrat étant synallagmatique, l'acte qui le constatera devra être fait en autant d'originaux qu'il y a d'associés, et chacun d'eux devra contenir la mention du nombre des originaux qui en ont été faits. Mais l'exécution totale ou partielle du contrat par l'un des associés le rendrait non recevable à opposer le défaut d'accomplissement de ces formalités. Ces formalités ne concernent d'ailleurs que l'acte même de société. Tout acte émané des associés, et qui rend vraisemblable l'existence de la société, constitue un commencement de preuve par écrit, et permet de prouver le contrat par témoins, alors même qu'il n'est pas fait en autant d'originaux qu'il y a d'associés. Il en est ainsi notamment d'un acte de vente, dans lequel la qualité d'associés est prise par les vendeurs, bien qu'il n'ait été fait qu'un seul original pour tous les vendeurs.

Comment faut-il interpréter la disposition de l'art. 1834, d'après laquelle le contrat de société peut être prouvé par témoins lorsque son objet est d'une valeur de moins de 150 francs? Deux systèmes sont en présence. M. Duranton (t. XVII, n° 343) soutient qu'il faut entendre par *objet de la société*, le montant de ce que prétend le demandeur, soit dans les mises, soit dans les bénéfices. Nous soutenons au contraire avec MM. Duvergier (n° 73), Troplong (t. I, n° 202) et Bravard-Veyrières (*Dr. comm.* p. 46), 1° que l'objet de la société est d'une valeur de plus de 150 francs, lorsque l'ensemble des mises est d'une valeur supérieure à cette somme, et 2° qu'il ne faut pas se préoccuper des bénéfices qui peuvent avoir été réalisés au moment de la demande en justice.

Notre première proposition nous semble évidente. Sur quoi a porté le consentement des parties? Sur la communication des mises. Si donc l'ensemble de ces mises a une valeur de plus de 150 francs, il faut dire que le consentement des parties ayant porté sur une valeur supérieure à cette somme, l'objet de la société est d'une valeur de plus de 150 francs. Telle est au surplus l'opinion de Pothier. Cet auteur, après avoir exigé une preuve écrite pour établir l'existence d'une société dont l'objet excède la valeur de 100 livres, ajoute : «c'est pourquoi si la société «était d'une chose particulière dont la valeur n'excédât «pas 100 livres, il ne serait pas nécessaire qu'il y eût un «acte écrit» (*Soc.* n° 83).

M. Duranton soutient au contraire que, à l'égard de l'associé demandeur, l'objet de la société, c'est le montant de sa mise. «Il serait absurde, dit-il, que si 20 personnes «mettent en commun chacune 10 francs pour une cer-

« taine destination et livrent ces sommes à l'une d'elles,
« aucune d'elles ne puisse prouver par témoins la conven-
« tion de société. »

Nous répondons que les dix-neuf personnes qui ont
remis chacune 10 francs à leur coassocié, ont agi collectivement, qu'elles ont su que l'objet de la société était
supérieur à 150 francs et qu'elles sont donc en faute de
n'avoir pas exigé une preuve écrite. Il faut supposer en
effet qu'elles ont agi collectivement ; car si elles avaient
agi séparément, il n'y aurait pas un contrat de société
mais bien dix-neuf associations en participation.

Dans le système de M. Duranton, on arriverait à dire
que l'associé qui aurait apporté plus de 150 francs ne
pourrait pas prouver la société par témoins, tandis que
celui qui aurait apporté moins de 150 francs le pourrait,
ce qui serait manifestement inique.

Nous soutenons de plus que la preuve testimoniale est
admissible, alors même que les bénéfices auraient élevé
le fonds social à une valeur supérieure à 150 francs. Admettre la solution contraire, ce serait proclamer la nécessité d'un acte écrit pour la constatation de toutes les sociétés, car il est toujours possible que le fonds social
s'élève à une valeur de plus de 150 francs.

On nous objecte que l'art. 1342 prohibe la preuve testimoniale dans le cas où l'action contient outre la demande
du capital une demande d'intérêts, qui réunis au capital
excèdent la somme de 150 francs. On conclut par analogie qu'il faut rejeter la preuve testimoniale de toute société à raison de laquelle on formerait *une demande supérieure à 150 francs*. Mais nous repoussons cet argument
d'analogie. Dans le cas de l'art. 1342, le contrat à prouver
a pour objet non seulement le capital, mais encore les
intérêts qui dérivent nécessairement du capital. Il s'agit
donc de prouver une chose excédant 150 francs. Au contraire les bénéfices ne dérivent pas nécessairement des

apports; ils sont purement aléatoires. On ne peut donc dire que celui qui demande, pour sa part dans les bénéfices, une somme supérieure à 150 francs, demande à faire la preuve testimoniale d'une chose excédant 150 francs.

A la différence des sociétés de commerce, les sociétés civiles ne sont soumises à aucune condition de publicité. Elles sont donc opposables aux tiers, pourvu que l'acte qui les constate, soit un acte notarié, ou qu'il ait acquis date certaine, si c'est un acte sous seing privé. En traitant des obligations des associés, nous verrons quelles restrictions il faut faire à ce principe.

Les tiers peuvent avoir intérêt à établir l'existence du contrat de société, lorsqu'ils ont contracté avec l'un des associés, qui a agi au nom de ses coassociés, en vertu du mandat exprès ou tacite que lui conférait le contrat. Pourront-ils demander à prouver par témoins l'existence de la société, alors même que son objet serait d'une valeur supérieure à 150 francs? Il faut répondre que non, en règle générale, par application de l'art. 1985, qui porte que la preuve du mandat verbal n'est reçue que conformément au titre des *Contrats ou Obligations conventionnelles.*Mais si tous les associés avaient pris ostensiblement cette qualité, et si celui qui a traité au nom des autres gérait publiquement et sans réclamation de leur part les affaires de la société, les tiers qui auraient traité avec lui, pourraient établir ces faits par témoins, et contraindre ses coassociés à l'exécution des obligations contractées en leur nom. Car si ces derniers dénient le contrat de société, les tiers peuvent leur répondre qu'ils ont été induits en erreur par leur silence, et que l'exécution de l'obligation est la meilleure réparation du préjudice qu'ils ont éprouvé. (Cass. civ. rej. 23 novembre 1812, S. 16, 1, 171). Il faudrait également admettre le tiers à prouver l'existence de la société par témoins, dans le cas où il y avait urgence de contracter avec l'associé gérant, en l'absence des autres associés. Ce tiers se trouve en effet dans le cas de l'art. 1348.

CHAPITRE II.

Les sociétés civiles sont-elles des personnes morales ?

On appelle personne juridique ou morale un être de raison capable de posséder un patrimoine distinct de tout autre. Poser la question de savoir si les sociétés civiles constituent des personnes morales, c'est se demander si le fonds social constitue un patrimoine distinct de ceux des associés, de telle sorte que l'être moral, société, soit propriétaire des choses qui dépendent de ce fonds, créancier des créances sociales et débiteur des dettes de la société.

Avant d'aborder l'examen de cette question, montrons quel intérêt elle présente :

I. Si la société est une personne morale, les créances de la société ne peuvent se compenser avec les dettes personnelles des associés, car il n'y a pas deux personnes qui se trouvent respectivement créancières et débitrices l'une de l'autre. — Au contraire si la société n'est pas une personne morale, la compensation a lieu pour la part de l'associé dans la créance sociale.

II. Si la société est une personne morale, les biens qui composent le fonds social sont le gage exclusif des créanciers sociaux, qui doivent être payés sur ce fonds à l'exclusion des créanciers particuliers des associés. Ceux-ci n'ont d'autres droits sur ce fonds, que ceux qu'ils pourraient exercer du chef de leur débiteur, après le paiement des dettes de la société. Dans le système contraire, les créanciers particuliers de l'un des associés ont sur la part de cet associé les mêmes droits que les créanciers sociaux.

III. *Si la société est une personne morale*, les associés ne sont pas copropriétaires des choses comprises dans la société, contre laquelle ils ont un simple droit de créance pour obtenir leur part dans la liquidation du fonds social. D'où il résulte :

1° Que leur intérêt ou leur action dans la société est toujours mobilier, alors même que des immeubles dépendraient de la société (art. 529). — Donc cet intérêt ou cette action tombera dans la communauté légale, si l'associé se marie. Il sera compris dans le legs que l'associé pourra faire de tout ou partie de son mobilier. L'aliénation qu'en fera l'associé ne devra pas être transcrite, et donnera lieu à la perception d'un droit de mutation mobilière.

2° Que les choses qui échoient aux associés lors du partage du fonds social, ne sont censées leur appartenir que depuis le jour de la dissolution de la société ; car l'indivision ne s'est établie qu'au moment où l'être moral a cessé d'exister. — Ainsi tant que dure la société, et quel que soit le résultat du partage du fonds social, les immeubles qui en dépendent, ne peuvent être hypothéqués par l'associé, et ils ne sont pas grevés des hypothèques légales et judiciaires de son chef.

Si la société n'est pas une personne morale, les associés sont copropriétaires par indivis des choses qui font partie du fonds social. D'où il résulte :

1° Que leur part dans le fonds social constitue un meuble ou un immeuble, suivant que le fonds social comprend des meubles ou des immeubles. — Donc cette part ne tombera dans la communauté légale et ne sera comprise dans le legs du mobilier qu'en ce qui concerne les meubles qui tomberont dans le lot de l'associé, à la dissolution de la société. L'aliénation de la part de l'associé dans les immeubles de la société devra être transcrite, et donnera lieu à la perception d'un droit de mutation immobilière.

2° Que les associés sont censés avoir été propriétaires des choses qui leur sont attribuées par le partage à partir du moment où ces choses sont entrées dans la société. — Ainsi, les immeubles attribués par le partage à l'un des associés, ont pu être valablement hypothéqués par lui pendant la durée de la société, et ils se trouvent soumis aux hypothèques légales et judiciaires du chef de cet associé, de la même manière que les autres biens qui constituent son patrimoine.

IV. Si la société est une personne morale, *elle peut agir et se défendre en justice par l'intermédiaire de ses administrateurs* (C. Pr., art. 69, 6°). — Dans le système contraire, ce n'est pas elle qui agit ou se défend en justice, *ce sont les associés*. Ils doivent donc figurer en nom propre et individuel dans les instances relatives aux affaires sociales (C. Pr., art. 61).

La question de savoir si la société constitue ou non une personne morale a donc une haute importance, non-seulement au point de vue de la théorie, mais au point de vue pratique. Nous allons la traiter avec quelques développements.

Les partisans de la personnalité présentent tout d'abord des arguments historiques tirés du Droit Romain et de l'Ancien Droit Français. Nous ne reviendrons pas sur le Droit Romain. Nous avons démontré que, à part certaines sociétés spécialement autorisées à se constituer en *corpora*, les sociétés ne constituaient pas des personnes morales.

Nous soutenons que dans l'Ancien Droit Français la personnalité constituait également une exception.

Nous admettons bien que les grandes compagnies créées au 17e et au 18e siècle, celles des Indes Orientales, des Indes Occidentales, la banque de Law, étaient des personnes morales, plus puissantes encore que nos compagnies anonymes actuelles, car le Roi leur avait délégué une partie de sa souveraineté dans les colonies qui leur étaient concédées. Mais ces compagnies étaient régies par les Lettres patentes qui les instituaient et se trouvaient en dehors du Droit Commun. Nous en disons autant des associations établies en Provence pour les desséchements, dont parle M. Troplong (*Société*, I, n°s 65 et 344).

Nous concédons également que l'Ancienne Jurisprudence admettait la personnalité des sociétés de commerce. C'était un emprunt fait à la Législation de l'Italie. La nécessité d'assurer le crédit des sociétés que les marchands italiens contractaient pour faire le commerce, avait fait introduire cette idée nouvelle, que la société constitue une personne juridique, ayant un domicile, des biens, capable de s'engager et d'engager les tiers envers elle (*Decis. rotæ Genuæ* VII, n°s 9 et 10). Le Statut de Gênes décidait en conséquence que les créanciers de la société sont préférés aux créanciers personnels des associés (L. IV, ch. XII, v. 4). Divers arrêts des parlements attestent que cette doctrine fut importée en France (*Grenoble,* 22 *août* 1637; *Paris,* 25 *janvier* 1677 et 11 *juin* 1692). Mais ces arrêts furent rendus au profit des créanciers de sociétés commerciales ; on ne peut donc rien en conclure en faveur de la personnalité des sociétés civiles.

Nous reconnaissons enfin que les associations agricoles, dont parlent les coutumes, constituaient des personnes morales. M. Troplong (*Société*, n° 65 et *Introd.* p. XLIII) invoque avec raison le témoignage de Coquille: « Par ces « arguments se peut reconnaître que ces communautés « sont vraies familles et collèges approuvés composés de « plusieurs personnes, comme la communauté d'une ville « close, d'un chapitre. » Mais Coquille s'empresse d'ajouter qu'il ne faut pas comparer ces communautés des maisons de village aux sociétés dont il est parlé au titre *pro socio* (*Questions sur les Coutumes*, n° LVIII). Il exprime la même idée dans son Commentaire sur la Coutume de Nivernais (*des bordelages*, art. XVIII) : « Les sociétés dont « est parlé au Droit Romain, sont de négociation, en la-« quelle la foi, l'industrie et les moyens de chacun sont « considérés essentiellement ; c'est pourquoi lesdites so-« ciétés sont essentiellement personnelles ; mais les com-« munautés dont parle cet article sont vraies familles qui « forment corps et universités. »

Mais si nous consultons la théorie du contrat de société que nous a donnée Pothier, nous voyons que cet auteur ne distingue nullement la personne de la société de celle des associés. Ainsi il déclare formellement que les associés sont copropriétaires des choses mises dans la société (*Soc.* n° 3). Il permet à l'associé de vendre ou d'engager sa part dans la chose sociale (n° 89). Il décide que les biens échus par le partage à l'un des associés sont censés lui avoir appartenu depuis le jour où ils étaient entrés dans la société (n° 179). [1]

Nous croyons avoir suffisamment réfuté les arguments historiques ; nour allons présenter ceux que l'on prétend tirer de la législation actuelle et examiner si les rédacteurs du Code ont voulu modifier les principes du Droit Romain et de l'Ancien Droit.

Les auteurs qui soutiennent que toutes les sociétés constituent des personnes morales invoquent en leur faveur certaines dispositions du Titre du contrat de société

---

1. Despeisses n'admet pas non plus la personnalité des sociétés. Il décide que l'associé est propriétaire d'une part de la chose commune, qu'il peut aliéner cette part et que les autres associés ne peuvent en disposer sans son assentiment. Puis il oppose à cette chose qui est commune entre plusieurs comme personnes particulières, celle qui est commune entre plusieurs comme représentant un Collége ou une Université. Personne n'a dans cette chose une part dont il puisse disposer et dont on ne puisse disposer sans son assentiment (Despeisses, *Œuvres*, t. I, P, 1, *tit.* 3, *sect.* 2, n° 9).

dans lesquelles on verrait l'intention manifeste du législateur de donner à la société un patrimoine distinct de celui des associés. Avant d'examiner ces dispositions, nous ferons une observation dont la vérité nous paraît incontestable. L'existence d'une personne morale dont rien ne révèle l'existence au public est quelque chose d'exorbitant, de contraire à toutes les traditions juridiques : nous nous croyons donc le droit de déclarer que nous n'admettrons la personnalité de la société civile, que si nous y sommes contraints par un texte absolument inconciliable avec l'opinion contraire.

Nous ne considérons pas comme bien sérieux l'argument tiré de ce que dans les art. 1845, 1846, 1848, 1849, 1851, 1852, 1859 et 1867, le Code oppose les droits de l'associé à ceux de la société. Il ne faut pas confondre ce qui n'est qu'une simple image, une forme plus abrégée d'exprimer sa pensée et ce qui tient au fond et à la substance même des choses. Dans toute société, il y a opposition entre les intérêts individuels de chaque associé et les intérêts communs de tous les associés pris collectivement. C'est uniquement pour désigner ces intérêts communs que la loi se sert du mot *société*, ainsi que l'avait fait Pothier (*Société*, n°[s] 124 à 132). Ce qui démontre que tel est le sens du mot *société*, c'est que le Code ne l'emploie qu'en traitant des rapports des associés entre eux. Dans les art. 1862 à 1864 qui régissent les rapports avec les tiers, il n'est question que des engagements *des associés*. La société n'y figure pas comme débitrice des dettes sociales. Tout au contraire ces dettes se divisent de plein droit entre les associés.

Les partisans de la personnalité se retranchent dans l'art. 1848 et surtout dans l'art. 1860.

Aux termes de l'art. 1848, lorsque l'un des associés est, pour son compte particulier, créancier d'une somme exigible envers une personne qui se trouve aussi devoir à la société une somme également exigible, l'imputation de ce qu'il reçoit de ce débiteur doit se faire sur la créance de la société et sur la sienne, dans la proportion des deux créances. Or, dit-on, si la créance sociale appartenait aux associés et non pas à la personne morale, l'associé aurait le droit de retenir sur la somme qu'il a reçue, une part non point seulement proportionnelle à sa propre créance, mais proportionnelle à cette créance jointe à la fraction qu'il aurait dans la créance sociale. Soient deux associés, Primus et Secundus. La société a une créance de 10,000 francs contre Tertius, qui doit également 10,000 francs à Primus pour une cause étrangère à la société. Tertius paie 10,000 francs entre les mains de Primus. Si la créance sociale était divisée entre les associés, Primus devrait pouvoir imputer 5000 francs sur les 10,000 francs qui lui sont dus personnellement et 2500 sur les 5000 qui forment sa part dans la créance sociale. La loi n'autorise que l'imputation des 5000 francs sur la créance personnelle, les autres 5000 francs doivent s'imputer sur la créance sociale, sans distinction de ce qui constitue la part de l'associé dans cette créance. Donc aux yeux de la loi cette créance n'est pas divisée entre les associés : c'est la créance de la société et non pas celle des associés. Le législateur considère donc la société comme une personne morale.

Nous répondons que l'article 1848 est la reproduction du N° 121 du Traité de Pothier et que ce jurisconsulte n'admettait pas la personnalité de la société. Aussi le raisonnement qu'on nous oppose, se réfute par cette observation bien simple, que, en décrétant que l'imputation doit se faire proportionnellement sur la créance de l'associé et sur celle de la société, la loi n'a en vue que de régler un conflit entre le droit individuel de l'associé et le droit collectif de tous les membres de la société. Pourquoi s'occuper ensuite de la part de l'associé dans ce qui

revient à la société? La loi ne pouvait décider, d'une manière générale, si cette part devra ou non être versée par
lui dans la caisse sociale. Primus versera les 5000 francs
dans la caisse, si, d'après la convention des parties, le
montant de la créance était destiné à d'autres opérations,
ou bien à liquider les affaires de la société. Il gardera
2500 francs et remettra pareille somme à Secundus, si la
somme provenant de la créance constitue un bénéfice
que les parties avaient l'intention de partager immédiatement.

L'objection tirée de l'art. 1860 paraît au premier abord
plus difficile à résoudre : « L'art. 1860 porte que *l'associé*
« *qui n'est pas administrateur, ne peut aliéner ni enga-*
ger les choses même mobilières qui dépendent de la so-
ciété. Pothier, au contraire, dit que l'associé ne peut
engager les choses dépendant de la société, *si ce n'est*
pour sa part (Société, n° 89). Les rédacteurs du Code se
sont donc écartés de la doctrine de Pothier; et ils ont
par cela même proclamé le principe, méconnu par lui, de
la personnalité des sociétés; car si un associé ne peut,
tant que dure la société, aliéner sa part des choses qui
font partie du fonds social, il en résulte que ce fonds est
indépendant des associés considérés individuellement, et
ne relève que d'une personne distincte de chacun d'eux,
l'être juridique *société.* »

Nous répondons à cette argumentation que l'art. 1860
s'explique et se justifie sans le secours de la personnalité
des sociétés. Les associés ne sont pas seulement copropriétaires; ils sont unis par un contrat qui les oblige de
s'abstenir, chacun de son côté, des actes isolés qui pourraient être contraires à l'intérêt commun. Or, si l'art.
1860 disait que l'associé peut aliéner ou engager sa part
de la chose sociale, il lui permettrait de donner à un
tiers le droit de s'immiscer dans les affaires communes,
et de provoquer dès à présent le partage des objets dont

il aurait acquis une part. Ce tiers, ne pourrait, il est vrai, demander immédiatement ce partage si la société avait une durée limitée, car il se trouverait engagé par la promesse faite par son auteur de rester dans l'indivision pendant le temps fixé pour la durée de la société. Mais même dans ce cas, l'aliénation partielle consentie par l'associé nuirait à ses coassociés, en les privant de la faculté de disposer librement de la chose, si les besoins de la société l'exigeaient. C'est afin de parer à cet inconvénient que l'art. 1860 déclare l'associé qui n'est pas administrateur, incapable d'aliéner même sa part dans la chose sociale. Nous déterminerons plus tard les effets de cette incapacité.

Nous croyons avoir réfuté les arguments puisés dans le titre du contrat de société. Nous allons examiner celui qu'on prétend tirer de l'art. 529 et démontrer que cet article n'établit pas la personnalité de toutes les sociétés. Nous rechercherons ensuite quelles sont les sociétés auxquelles s'applique cet article et qui constituent exceptionnellement des personnes morales.

Aux termes de l'art. 529, les *actions ou intérêts dans les compagnies de finance, de commerce ou d'industrie* sont meubles tant que dure la société, encore que des immeubles dépendant de ces entreprises appartiennent aux compagnies. Cet article établit nettement la distinction entre le patrimoine de la *compagnie* et celui des associés *actionnaires ou intéressés*. Le droit de l'associé est toujours mobilier tant que dure la société, parce qu'il n'a pas pour objet les choses qui composent la société, mais sa part dans les bénéfices et dans la liquidation du fonds social. Au moment où la société se dissout, le droit de l'associé change de nature : de simple créancier, il devient copropriétaire du fonds social. La nature mobilière ou immobilière de son droit dépendra du partage, dont l'effet remontera au jour où a commencé la copropriété, c'est-

à-dire au jour de la dissolution de la société. Reste à savoir ce que la loi entend *par actions ou intérêts dans les
compagnies de finances, de commerce ou d'industrie.*

Les partisans de la personnalité s'emparent du mot *industrie*, pour en conclure qu'il s'agit ici des sociétés
civiles aussi bien que des sociétés de commerce, car l'industrie n'est pas nécessairement commerciale, et si l'on
n'avait en vue que l'industrie commerciale, à quoi bon
parler des compagnies d'industrie qui étaient comprises
dans l'expression générale de compagnies de commerce?

Nous ne leur répondrons pas que le législateur a cru
devoir mentionner les compagnies de finances qui sont
nécessairement commerciales, car nous pensons que l'article 529 n'est pas absolument inapplicable aux sociétés
civiles. Nous avons déjà eu en effet l'occasion de citer
l'art. 10 de la loi du 21 avril 1810, qui fait l'application
de l'art. 529 aux actions ou intérêts dans une société
pour l'exploitation d'une mine. Mais nous ne saurions leur
concéder qu'en employant les mots *actions* ou *intérêts*,
le législateur ait voulu personnifier toutes les sociétés,
quelle que fût leur forme. Cet argument est une pétition
de principe, car il suppose que le mot *intérêt* est synonyme de part sociale. Or, il n'existe pas un seul article au
titre de contrat de société au Code Napoléon où il soit
question *de l'intérêt* de l'associé. Le mot *intérêt* n'apparaît qu'au Code de commerce (art. 33) pour désigner les
droits de l'associé anonyme.[1]

Si le texte de l'art. 529 laisse la question indécise, il
faut recourir à la discussion de cet article au Conseil d'État.
Or nous y trouvons la preuve évidente qu'il ne s'agit

---

1. Dans l'Ancien Droit les mots *portion d'intérêt* et *intéressé* étaient
employés comme synonymes d'*action* et d'*actionnaire* (V. Arrêt du Conseil
portant création d'une nouvelle Compagnie des Indes, du 14 avril 1785, art.
16 et 33. — Isambert, Anc. l. fr., vol. dernier, p. 19).

pas d'une règle générale applicable à toutes les sociétés. Nous voyons en effet que l'on adopte l'opinion de Cambacérès et de Tronchet, qui proposaient de décider que l'action est meuble toutes les fois qu'elle ne rend pas copropriétaire des immeubles compris dans le fonds social (Locré, t. VIII, p. 38), ce qui veut dire en d'autres termes, toutes les fois que la société est une personne morale. L'art. 529 n'a donc pas pour objet de poser le principe général de la personnalité, mais d'en déterminer l'effet dans les cas où elle existe.

Demandons-nous maintenant quelles sont les sociétés qui constituent des personnes morales et auxquelles s'applique l'art. 529.

Suivant un premier système, ce seraient *les sociétés tant civiles que commerciales qui ont un siége fixe* (Ducaurroy, Bonnier et Roustain, *Comment. théor. et prat. du Code Napoléon*, t. II, p. 22; Demolombe, t. IX, p. 271).

Les partisans de ce système se fondent sur ce que l'art. 529 n'est pas exclusivement applicable aux sociétés de commerce et sur ce que l'art. 59, § 5 du Code de procédure attribue compétence en matière de société, au tribunal du lieu où elle est établie.

Nous avons déjà reconnu que l'art. 529 régit certaines sociétés civiles. Mais nous ne saurions admettre que la compétence exceptionnelle établie par l'art. 59, dans le cas où la société a un siége fixe, soit la preuve qu'une pareille société est une personne morale. Le § 6 du même article établit la même compétence exceptionnelle en matière de succession; or la succession ne constitue certainement pas une personne morale, dans le cas surtout où elle n'est pas vacante. Le motif de l'art. 59 est bien simple. C'est dans le lieu où est établie la société que se trouvent les titres, les documents, les registres, en un mot tous les moyens de vérification que les parties et le tribunal voudront employer. C'est donc là que doivent être jugées les contestations relatives à la société.

On arriverait à d'étranges résultats si l'on faisait résulter la personnalité de la société de l'existence d'un siége fixe. Les associés qui ont donné un siége fixe à la société peuvent le supprimer, s'il ne leur paraît plus nécessaire à l'administration sociale; ils peuvent le rétablir. La personne morale prendra donc naissance, disparaîtra et reviendra à la vie, suivant le caprice des associés. On comprend aisément qu'ils puissent modifier ainsi les règles de la compétence, puisqu'il est permis à toute personne de modifier, en changeant son domicile, la compétence du tribunal devant lequel elle doit être assignée en matière personnelle. Mais l'existence de la personne morale ne saurait suivre toutes ces fluctuations de la volonté des associés; elle doit naître et finir en même temps que la société, ou bien elle ne doit jamais prendre naissance.

Nous trouvons dans l'art. 69, 6° du Code de procédure une solution beaucoup plus rationnelle de la question que nous nous sommes posée. Aux termes ce cet article, les *sociétés de commerce doivent être assignées* en leur maison sociale, et s'il n'y en a pas, en la personne ou au domicile de l'un des associés.

Il s'agit bien ici de l'assignation donnée à la société considérée comme une personne morale. Il ne peut s'élever de doute sur ce point en présence des travaux préparatoires du Code. Le projet portait: « Seront assignés « les associés et intéressés dans une société de commerce « en leur maison sociale, et s'il n'y en a pas, en la per- « sonne de l'un d'eux.» Cette rédaction fut modifiée sur la proposition de la section de législation du Tribunat, qui présenta la rédaction qui a passé dans la loi : « Cette ré- « daction, dit-elle, paraît plus claire : elle a d'ailleurs l'a- « vantage de faire disparaître le mot intéressé qui ne doit « pas rester dans l'article, attendu que les intéressés ne

« sont pas censés connus du public, et que la loi ne peut
« avoir en vue que les assignations à donner *à une so-*
« *ciété considérée comme un être moral et collectif* (Locré, t. XXI, p. 405). »

A la différence de l'art. 59, l'art. 69 ne parle que de la
société de commerce. Il n'est donc pas applicable à la société civile. Mais la personnalité, c'est-à-dire la capacité
d'avoir un patrimoine, implique nécessairement celle de
se présenter en justice, comme demandeur ou comme
défendeur[1]. D'où il faut conclure que si la société civile
ne peut ester en justice, elle n'est pas une personne morale. Tel est le principe ; nous verrons plus loin s'il ne
souffre pas d'exception.

Si nous nous demandons maintenant la raison de l'exception faite par l'art. 69 en faveur des sociétés de commerce, elle s'explique aisément par les formalités prescrites par le Code de commerce pour constater leur
existence et la révéler au public[2]. Les registres du greffe
du tribunal de commerce sur lesquels on transcrit les ex-
traits des actes de société, constituent leurs registres de
l'état civil. L'extrait fait connaître au public le jour où la
société a pris naissance, et celui où elle doit finir, les
noms des associés qui engagent tout leur patrimoine, le
montant des valeurs à fournir par ceux dont la responsabilité est limitée, la raison sociale enfin qui constitue le
nom de la société, et sous laquelle elle peut contracter et
agir en justice par l'intermédiaire de ses administrateurs.

Aucune de ces formalités n'est imposée aux associés

---

1. V. Savigny, *System des heut. ræm. Rechts*, t. II, § 92. — *Vid.* l.
7, *pr.* D. *quod. cujusc. univ.* 3, 4.

2. Ces formalités prescrites par l'ordonnance de 1673 et que la Jurisprudence avait laissé tomber en désuétude, avaient été reproduites dans le
Projet de Code de commerce rédigé en l'an X. Elles étaient donc présentes
à l'esprit des rédacteurs du Code de Procédure.

civils. On ne peut donc les considérer que comme une simple collection d'individus, lorsqu'ils ont donné à leur société la forme civile, ce qui est la règle générale. Mais il en est autrement dans le cas où les associés civils, usant du droit que nous leur avons reconnu au chapitre Ier (page 177 et suiv.), ont adopté l'une des trois formes établies par le Code de commerce pour les sociétés de commerce. Il faut alors appliquer l'art. 69 et considérer la société civile comme une personne morale. Car si l'art. 69 ne parle que des sociétés de commerce, cela tient évidemment à ce que les sociétés en nom collectif, en commandite ou anonymes sont ordinairement commerciales. Mais la raison de décider est la même, quelle que soit la nature de la société.

Nous résumons donc toute notre théorie sur la personnalité de la société civile par cette proposition: *Les sociétés civiles ne constituent des personnes morales que dans le cas où elles ont été constituées sous la forme en nom collectif, en commandite ou anonyme* (Voy. en ce sens, Aubry et Rau, *Droit civil, d'après Zachariæ,* 3e édit., t. I, § 54, p. 170 ; t. III, § 377, p. 394).

CHAPITRE III.

Des différentes espèces de sociétés. (*Code Nap. art.* 1835-1842).

Les sociétés sont *universelles* ou *particulières* (art. 1835). La société universelle est celle qui comprend tous les biens présents des associés ou tous les gains qu'ils pourront faire. La société particulière est celle qui a pour objet des choses ou des opérations déterminées.

Section Ire. — *Des sociétés universelles.*

Pothier distinguait deux espèces de sociétés universelles: la *societas universorum bonorum* et la *societas universorum quæ ex questu veniunt.* La première comprenait les biens présents et futurs des associés, sans excepter ceux provenant de donation ou de succession (Pothier, *Société*, n°s 29-42). Les rédacteurs du Code ont pensé que dans une pareille société, les mises seraient trop incertaines pour que les parties pussent contracter en connaissance de cause, et qu'elle offrirait un moyen trop facile d'éluder les dispositions de la loi sur les donations des biens à venir (*Discussion au Conseil d'État*, Locré, *Législation*, t. XIV, p. 492 et suiv., n°s 10 et 11). En conséquence, ils ont remplacé la *societas universorum bonorum* par la *société universelle des biens présents*.

Aux termes de l'art. 1836, « on distingue deux sortes de sociétés universelles, *la société de tous biens présents et la société universelle de gains.* » Nous verrons, en traitant de la première de ces sociétés, qu'elles peuvent se combiner entre elles.

N° I. *Société universelle de tous les biens présents* (art. 1837).

I. *De la composition de l'actif.*

1° *Il comprend de plein droit* les biens meubles et immeubles dont les parties étaient propriétaires au moment du contrat, ou qu'elles ont acquis depuis en vertu d'une cause antérieure, ainsi que les profits qu'elles pourront en retirer. Les biens acquis par la prescription pendant la durée de la société y entreront donc, si l'origine de la possession est antérieure au contrat. Il en est de même de ceux acquis avant le contrat, sous une condition suspensive qui s'est réalisée depuis.

2° *Il peut comprendre, en vertu d'une convention spéciale des parties, toute autre espèce de gains,* c'est-à-dire tout ce que les associés pourront acquérir par leur industrie ou par don de fortune, ainsi que la jouissance des biens qui leur adviendront par succession, donation ou legs. Mais les associés ne peuvent y faire entrer la nue propriété de ces biens. Une pareille convention annulerait tout le contrat, car on ne peut maintenir pour partie une société que les parties n'ont conclue qu'en vue de l'exécutiou de toutes les clauses du contrat.

II. *De la composition du passif.*

1° La société doit supporter *les dettes présentes* des associés. En effet, ces dettes sont une charge des biens présents qui tombent dans la société (Pothier, *Société*, n° 37).

2° *Quant aux dettes futures*, la société doit supporter celles contractées pour la conservation des biens présents, parce qu'elle a la pleine propriété de ces biens.

Lorsque la société comprend non-seulement les biens présents, mais encore tous les gains que peuvent faire les associés, la société doit supporter également les dettes contractées pour l'acquisition et la conservation des choses qui doivent tomber dans la société en qualité de gains, par exemple le prix d'achat d'un immeuble.

La société doit supporter les intérêts des dettes relatives aux choses dont elle n'a que la jouissance, par exemple, les intérêts des dettes des successions, dont la jouissance aurait été comprise dans la société, car ces intérêts sont une charge de la jouissance (Arg., art. 612). De même, tous les associés doivent contribuer aux dettes contractées pour les réparations d'entretien des choses dont ils ont la jouissance, tandis que les grosses réparations sont à la charge de l'associé propriétaire (art. 605).

Les frais d'entretien et de nourriture de l'associé et de sa famille, les frais d'éducation de ses enfants sont-ils à la charge de la société?

On fait en général la distinction suivante : « Ces frais seront supportés par la société, si elle perçoit tous les revenus des associés, car ils constituent une charge de ces revenus, par la raison qu'un bon père de famille y pourvoit avec les revenus de ses biens. Ils seront supportés par l'associé , si la société ne comprend que les biens présents, sauf à la société à combler le déficit en cas d'insuffisance.

Nous repoussons cette solution, et nous décidons que, à défaut d'une convention expresse ou de circonstances qui permettent d'induire que les parties ont entendu mettre leurs dépenses personnelles en commun, ces dépenses doivent rester à la charge de chacune d'elles. On conçoit bien qu'il en fût autrement dans la *societas universorum bonorum*, qui confondait jusqu'à un certain point les existences des associés et constituait en quelque sorte une famille nouvelle. Réduite aux biens présents, la société universelle perd ce caractère; son passif ne doit donc comprendre, conformément aux principes ordinaires, que les [charges relatives aux biens qui constituent son actif. Si l'on suppose maintenant que les associés ont combiné la société de tous biens présents avec la société universelle de gains (et c'est l'hypothèse dans laquelle se place l'opinion que nous combattons), la solution ne doit pas varier, car ni en Droit romain, ni dans l'ancien Droit, la société *omnium quæ ex quæstu veniunt*, n'était tenue des dépenses personnelles des associés (Pothier, *Société*, n° 53). La circonstance que la société perçoit tous les revenus de l'associé ne nous touche pas. L'associé n'aura qu'à demander à certaines époques périodiques, sa part dans les bénéfices réalisés ou bien des sommes à prélever sur sa part dans la liquidation définitive de la société. Nous ferons remarquer enfin que l'obligation pour la société de supporter les dépenses personnelles des associés devient presque nécessairement une source de contestations. C'est une nouvelle raison de ne pas présumer que les parties aient entendu les mettre à la charge de la société (Duvergier, *Société*, n°s 100 et 112).

Nᵒ II. *Société universelle de gains.*

Lorsque les parties déclarent contracter une société universelle sans autre explication, elles sont censées avoir voulu contracter une société universelle de gains (Cod. Nap., art. 1839). Cette société est la même que la *societas universorum quæ ex quæstu veniunt* du Droit romain, sauf certaines modifications, que Pothier a tirées du Droit coutumier, et qui ont été reproduites par les rédacteurs du Code.

I. *L'actif de cette société comprend : 1ᵒ en toute propriété :*

A. *Les biens meubles dont les associés étaient propriétaires au moment du contrat ou qu'ils acquièrent depuis en vertu d'une cause antérieure.* Cette disposition est tirée du Droit coutumier (Pothier, *Société*, nᵒ 44).

B. *Les biens que les associés acquièrent par leur industrie pendant la durée de la société.*

Il faut considérer comme bien acquis par l'industrie de l'associé, les biens acquis à titre onéreux, par exemple par voie d'achat ou par l'exercice de sa profession: sa solde, ses appointements. Mais la société n'a aucun droit aux immeubles même acquis à titre onéreux, lorsque le titre en vertu duquel l'associé les a acquis, quoique durant la société, est antérieur au contrat de société. L'exemple donné par Pothier «comme, lorsque ayant acheté un héritage avant la société, la tradition ne lui en a été faite que depuis » ne peut plus servir aujourd'hui, car la propriété aura été acquise par le contrat. Mais on peut supposer que l'associé a acheté tant d'hectares de terre, et que la livraison est postérieure à la formation de la société, ou bien qu'il a acheté un immeuble sous condition, et que la condition s'est réalisée après la formation de la société. De même, les choses dont l'un des associés est devenu propriétaire durant la société par la résolution de l'aliénation qu'il en avait faite antérieurement, ne tombent pas dans la société. Il en est ainsi des biens vendus sous condition résolutoire, ou avec clause de réméré. De même encore, l'immeuble prescrit pendant la durée de la société, appartient à l'associé qui en avait la possession antérieurement au contrat. Quoique l'échange soit un contrat à titre onéreux, il faut considérer l'immeuble acquis en échange d'un immeuble propre à l'associé comme subrogé au lieu et place de celui qui a été aliéné (Arg., art. 1407).

Les biens acquis à titre gratuit, par succession, legs ou donation, ne tombent pas dans la société. Il en est de même des choses acquises par don de fortune, un trésor par exemple, car cette acquisition ne provient pas de l'industrie.

2° *L'actif comprend en jouissance seulement :*

A. Les immeubles dont les associés étaient propriétaires au moment du contrat ou qu'ils ont acquis depuis, soit en vertu d'une cause antérieure, soit en échange d'un immeuble propre.

B. Les biens qu'ils acquièrent autrement que par leur industrie, car les revenus qu'ils en retirent doivent être considérés comme le produit de leur industrie.

II. *Passif de la société universelle de gains.*

1° La société supporte une part *des dettes présentes* de chaque associé, proportionnelle à la valeur des meubles acquis par la société comparée à la totalité de la fortune de l'associé, ainsi que les intérêts de la part qui reste à la charge de l'associé.

Pothier met à la charge de la société universelle de gains toutes les dettes mobilières des associés, existant au moment du contrat, parce que suivant les principes de l'ancien Droit français, ces dettes sont une charge du mobilier.

L'art. 1838 est muet sur ce point. On a soutenu que l'art. 1409 du Code civil, qui a maintenu cette règle en matière de communauté conjugale, doit être appliqué à la société universelle de gains. Mais cette règle est contraire à l'équité, car il n'existe aucune relation nécessaire entre les dettes mobilières et l'actif mobilier. Il ne faut donc pas l'appliquer à la société universelle, puisque aucun texte de loi ne nous y oblige. Il est bien plus juste de répartir les dettes présentes, qui constituent une charge des biens présents, dans la même proportion que ces mêmes biens. Nous dirons donc que les dettes, tant mobilières qu'immobilières, doivent tomber dans la société, dans la proportion des meubles actifs comparés à la totalité de la fortune de l'associé.

La société doit supporter également les intérêts des dettes présentes restées à la charge de l'associé ; et cela parce qu'elle a la jouissance des immeubles.

2° *Quant aux dettes futures*, il faut suivre les distinctions que nous avons établies, en traitant de la société universelle de tous biens présents.

N° III. *Disposition commune aux deux espèces de sociétés universelles.*

Les rédacteurs du Code n'ont admis qu'avec répugnance les sociétés universelles. Ils craignaient que ces sociétés ne fussent un moyen de se soustraire aux lois qui ont soumis les donations à certaines prohibitions ou à certaines restrictions. Après une longue discussion, le Conseil d'État adopta en principe la société de tous biens présents, en la défendant aux personnes entre lesquelles les donations sont prohibées (Locré, *Législation*, XIV, page 497).

Telle est l'origine de l'art. 1840 : « Nulle société universelle ne pourra avoir lieu qu'entre personnes respectivement capables de se donner et de recevoir l'une de l'autre et auxquelles il n'est pas défendu de s'avantager au préjudice d'autres personnes. » La première disposition de cet article est d'une interprétation facile. La société universelle est nulle entre personnes qui ne pourraient se faire une donation, par exemple entre le père et l'enfant adultérin, entre le mineur devenu majeur et son tuteur avant que le compte de tutelle ait été apuré.

La seconde partie de l'art. 1840 prête à la controverse: « Nulle société universelle ne peut avoir lieu qu'entre personnes.... auxquelles il n'est point défendu de s'avantager au préjudice d'autres personnes. »

Certains auteurs soutiennent qu'il résulte de cette disposition de l'art. 1840 que la société est nulle par cela seul qu'elle est contractée par une personne qui a des héritiers réservataires. La présence des héritiers à réserve ne pouvant être connue qu'à la mort, l'existence de la société serait donc en suspens jusqu'au décès des associés.

On appuie ce système sur le texte de l'art. 1840 qui contient deux prohibitions; or, dit-on, si l'on n'annulait pas la société contractée par une personne qui laisse des héritiers à réserve, ces mots *et auxquelles il est défendu de s'avantager au préjudice de certaines personnes*, n'ajouteraient rien à la première prohibition et n'en seraient qu'une répétition inutile.

Ce système nous paraît absolument contraire à l'esprit de la loi. Quel est le but de l'art. 1840? C'est d'empêcher que la société universelle ne serve à masquer une donation. Elle établit donc la présomption légale que cette société est une donation lorsqu'elle intervient entre personnes incapables et elle l'annule. Mais comment cette même présomption appliquée aux personnes qui ont des héritiers à réserve annulerait-elle la société, puisque la donation faite au préjudice des réservataires n'est pas nulle, mais simplement réductible. La conséquence de la présomption doit donc être, non pas d'annuler la société, mais de réduire à la quotité disponible l'avantage qui pourra en résulter au profit de l'un des associés et au préjudice des héritiers à réserve de l'autre.

Telle est du reste l'opinion par laquelle Cambacérès a clos la discussion de l'art. 1840. Nous lisons dans le procès-verbal du Conseil d'État : « Le conseil adopte en principe la société de tous biens présents, en la défendant aux personnes entre lesquelles les donations sont prohibées.» — « M. Réal observe que d'après le principe adopté, la survenance d'enfants détruira les sociétés de tous biens.» — « Cambacérès dit que si la société donne quelque avantage à l'autre associé, on le réduira à la quotité disponible » (Locré, *Législation*, t. XIV, p. 497). L'art. 1840 fut rédigé dans la même séance et adopté avec l'ensemble du Titre. On peut donc affirmer que le Conseil d'État s'appropria la pensée de Cambacérès.

Nos adversaires ont tort de dire que dans notre système, la seconde disposition de l'art. 1840 est une lettre morte. Cette disposition a pour effet de faire réduire à la quotité disponible les avantages résultant de la société universelle, alors même que cette société aurait été contractée sans intention de faire une libéralité.

Supposons une société universelle des biens présents contractés entre Primus et Secundus. Primus possède 100,000 fr. et Secundus 50,000 fr. Ils conviennent néanmoins d'être associés pour portions égales, parce que Primus espère que l'industrie de Secundus compensera l'infériorité de son apport et doublera le capital social. Mais son attente est trompée, les 150,000 francs constituant les biens présents mis dans la société, ne produisent rien. Lors de la dissolution, Primus et Secundus reprennent chacun 75,000 fr. Secundus retire donc de la société un avantage de 25,000 francs au préjudice de Primus. D'après les principes du Droit commun, cet avantage n'est pas réductible à la quotité disponible, parce qu'il résulte d'un cas fortuit et non pas de la volonté des parties. Il n'en sera pas moins réduit à la quotité disponible parce que, en vertu de la présomption établie par la seconde partie de l'art. 1840, les parties sont censées avoir prévu cet avantage et avoir voulu frauder les héritiers réservataires de Primus.

Section II. — *Des sociétés particulières.*

La société particulière est celle par laquelle plusieurs personnes mettent en commun la propriété, la jouissance ou l'usage de certaines choses déterminées, ou par laquelle elles se réunissent soit pour une entreprise déterminée soit pour l'exercice de quelque industrie ou de quelque profession (art. 1841, 1842).

Les rédacteurs du Code ont compris sous la dénomination de société particulière toutes les sociétés qui ne rentraient pas dans la classe des sociétés universelles, quelque étendu que soit leur objet. Ils ont suivi en cela la terminologie de Pothier.

Autant les sociétés universelles sont rares, autant les sociétés particulières jouent un rôle actif dans le mouvement des affaires. C'est en elles que se concentre aujourd'hui presque tout l'intérêt du contrat de société. Nous avons donné au chapitre Ier (pages 172 à 175) plusieurs exemples de sociétés particulières civiles. Quant aux sociétés commerciales, elles sont toutes des sociétés particulières.

CHAPITRE IV.

Des rapports des associés entre eux (Code Nap., art. 1843-1864).

Il est important de déterminer tout d'abord le commencement et la fin de la société, afin de préciser le moment où s'établissent entre les associés les rapports que fait naître le contrat et celui où ces rapports subissent une transformation complète par l'effet de la dissolution de la société.

La société commence à l'instant même du contrat s'il

ne désigne une autre époque (art. 1843). Mais les parties peuvent fixer un terme à partir duquel la société commencera. Elles peuvent également subordonner l'existence de la société à une condition suspensive. Dans ce cas si la condition s'accomplit, elle a un effet rétroactif au jour du contrat (art. 1179).

Les parties ont la même liberté pour fixer l'époque de la dissolution de la société. Si le contrat est muet sur ce point, et si l'objet de la société n'est pas une affaire dont la durée soit limitée, la société est censée conclue pour toute la vie des associés (art. 1844).

Les parties peuvent également contracter la société sous une condition résolutoire. La société étant un contrat synallagmatique, renferme d'ailleurs dans tous les cas la condition tacite qu'il sera résolu, si l'un des associés ne remplit pas ses engagements. Mais conformément aux principes généraux, tandis que la condition résolutoire ordinaire opérera de plein droit la résolution du contrat de société, le pacte commissoire n'opérera d'effet qu'en vertu du jugement qui déclarera la société résolue. Le juge pourra même accorder des délais à l'associé qui est en retard d'exécuter ses obligations.

Nous diviserons l'examen des rapports des associés entre eux en cinq sections qui auront pour objet: 1° les obligations de chacun des associés envers les autres; 2° ses créances contre eux ; 3° les parts des associés dans la société: 4° les droits des associés sur le fonds social, et 5° l'administration de la société.

Section Iʳᵉ. — *Obligations de chacun des associés envers les autres.*

N° I. *Chaque associé est tenu d'effectuer sa mise à l'époque déterminée par le contrat.*

L'art. 1845 qui décide que l'associé est débiteur envers la société de tout ce qu'il a promis d'y apporter, n'est autre chose que l'application du principe que les conventions tiennent lieu de loi à ceux qui les ont faites. Nous trouvons au contraire dans l'art. 1846 une dérogation à deux principes posés par l'art. 1153, à savoir : 1° que dans les obligations qui ont pour objet une somme d'argent, les dommages et intérêts résultant du retard dans l'exécution ne consistent jamais que dans la condamnation aux intérêts fixés par la loi ; et 2° que ces intérêts ne sont dus que du jour de la demande en justice.

Aux termes de l'art. 1846, 1° l'associé qui devait apporter une somme d'argent devient, de plein droit et sans demande, débiteur des intérêts de cette somme, à compter du jour où elle devait être payée ; 2° il peut être condamné en outre à de plus amples dommages et intérêts. La sévérité du législateur s'explique aisément. L'associé doit les intérêts de plein droit parce qu'il doit savoir que la société a besoin de ses capitaux. Il peut être condamné à de plus amples dommages et intérêts, parce que le préjudice que son retard fait éprouver à la société, est en général bien supérieur à l'intérêt légal. Cet associé peut avoir fait manquer une opération avantageuse. Il est même possible qu'il ait employé les fonds, sur lesquels la société avait le droit de compter, à faire, pour son compte personnel, cette opération, que lui avait révélée sa présence dans la société. Il est juste de prendre ces circonstances en considération pour donner à la société une pleine et entière réparation.

Les rédacteurs du Code n'ont posé le principe que la mise en demeure de l'associé résulte de l'arrivée du terme, que relativement à l'apport d'une somme d'argent. Mais il y a identité de motifs pour appliquer ce principe à toute espèce d'apports. On peut même tirer, à cet égard, un argument *a fortiori* de l'art. 1846. Car si l'arrivée du terme fait courir les intérêts, alors que suivant le Droit commun une simple sommation serait insuffisante pour produire cet effet, à plus forte raison l'arrivée du terme doit-elle constituer l'associé en demeure, puisque la sommation eût produit ce résultat, si l'on était resté sous l'empire des principes généraux. Nous pouvons donc poser en principe que le Code a répudié sur ce point la doctrine de Pothier (*Soc.* n°s 110, 116), et que la mise en demeure de l'associé résulte toujours de l'arrivée du terme.

Nous allons examiner maintenant de quelle manière s'effectuent les différentes espèces d'apports.

I. *Apport d'une chose déterminée dans son individualité.*

Lorsque la chose appartient à l'associé et que la société n'est pas contractée sous une condition suspensive, la propriété est communiquée au moment même où intervient le contrat de société.

Mais il en est autrement : 1° Lorsque l'associé s'est engagé à rendre la société propriétaire de la chose d'un tiers. Dans ce cas la chose est acquise par la société au moment où l'associé l'acquiert de ce tiers.

2° Lorsque les parties sont convenues que la propriété de la chose appartenant à l'associé ne sera communiquée qu'à partir d'une certaine époque.

3° Lorsque la société a été contractée, ou l'apport promis, sous une condition suspensive. Dans ce cas l'accomplissement de la condition a bien pour effet de rendre la société propriétaire de la chose à partir du moment du contrat, mais cet effet ne peut se produire que si la chose existe encore au moment où la condition se réalise.

Dans ces trois hypothèses, si la chose n'existe plus, soit au moment où l'associé devait acquérir la chose appartenant à un tiers, soit au jour fixé pour la transmission de la propriété, soit enfin lorsque la condition se réalise, l'associé est bien libéré de son obligation, à moins qu'il ne soit en demeure ou que la chose n'ait péri par sa faute, mais ses coassociés ne sont plus tenus envers lui. La cause de leur engagement, c'était la transmission de la propriété; or il est certain désormais que cette transmission est impossible; le contrat de société est donc anéanti. Dans le cas au contraire où la propriété de l'apport est transférée au moment du contrat de société, la perte de la chose, survenue avant la tradition, ne libère pas les autres associés, car leurs engagements ont une cause.

Nous venons d'appliquer au contrat de société les principes généraux du Droit posés dans les art. 1138 et 1182. Nous ne saurions admettre en effet que l'art. 1867 ait établi, en matière de société, une dérogation au principe de la transmission de la propriété par l'effet des conventions, et que la propriété de l'apport ne soit communiquée que par l'effet de la tradition.

Voici le raisonnement à l'aide duquel on a prétendu établir le doctrine que nous repoussons: « L'art. 1867 s'occupe de la dissolution de la société résultant de la perte de l'apport. Suivant le § 1er de cet article, la société est dissoute lorsque la chose dont l'un des associés devait mettre la propriété en commun périt *avant que la mise en soit effectuée.* Le § 3 au contraire décide que la société n'est pas rompue par la perte de la chose dont *la propriété a déjà été apportée.* Or qu'est-ce qu'effectuer sa mise, si ce n'est mettre la société en possession des objets dont elle se compose. La société est donc dissoute si la chose périt avant d'avoir été livrée. D'où il faut conclure que la propriété n'est transférée que par la livraison. Car si l'on admettait que l'apport appartient à la société sans qu'il soit besoin de tradition, il faudrait décider que la perte de cet apport survenue avant la livraison, ne dissout pas la société, ce qui serait la négation du § 1. »

Toute cette argumentation repose sur le sens que l'on

attribue à l'expression *mise effectuée*. Mais ce sens ne nous paraît pas assez évident pour qu'on en puisse en induire une exception au principe de l'art. 1138. Il faut dans l'interprétation de l'art. 1867 suivre la méthode prescrite par la raison, d'interpréter les dispositions d'une loi, les unes par les autres, et de s'attacher au sens qui s'accorde avec les principes généraux, plutôt qu'à celui qui s'en écarte sans motif. Or il est évident que les expressions de *mise effectuée* et de *propriété apportée*, employées la première dans le § 1 et l'autre dans le § 3 de l'art. 1867 ont la même signification. Dans le § 1, on s'est servi de l'expression *mise effectuée*, pour éviter de répéter le même mot, en disant : lorsque l'un des associés a promis de mettre en commun la propriété d'une chose, la perte survenue avant que la propriété ne soit apportée, opère la dissolution de la société. Dans le § 3, au contraire, on a rétabli le terme propre parce qu'on n'avait point à éviter la répétition du même terme. L'art. 1867 décide donc que la perte amènera ou n'amènera pas la dissolution, suivant qu'elle sera arrivée avant ou après la translation de la propriété. Mais il ne dit pas de quelle manière la propriété est transférée. Cet article n'apporte donc aucune exception au principe de l'art. 1138.

Le principe que la propriété de l'apport est communiquée par l'effet du contrat de société, est soumis aux restrictions ordinaires en ce qui concerne les tiers :

1° Les créances ne seront transmises à l'égard des tiers que par l'acceptation du débiteur dans un acte authentique, ou par la signification qui lui est faite d'un extrait de l'acte de société (Cod. Nap., 1690).

2° Si l'apport consiste dans la propriété d'un immeuble ou dans la constitution d'un droit réel sur un immeuble, l'acte de société devra être transcrit pour pouvoir être opposé aux tiers qui acquéreraient des droits sur l'immeuble du chef de l'associé (Loi du 23 mars 1855, sur la transcription, art. 1 et 2).

3° Si l'apport est un meuble corporel, les associés ne pourront évincer le tiers de bonne foi à qui leur coassocié aurait livré ce meuble postérieurement au contrat (Cod. Nap., 1141).

Les obligations de l'associé, en ce qui touche la délivrance de son apport, sont déterminées par les règles générales des contrats qu'il est inutile de reproduire. Mais il est une question qui prête à la controverse, c'est de savoir si l'art. 1619 du Code Napoléon, qui ne rend le vendeur d'un immeuble responsable du défaut de contenance qu'autant qu'il y a erreur d'un vingtième, est applicable à l'associé qui apporte un immeuble. M. Duvergier soutient la négative par la raison qu'aucun texte n'autorise cette application (*Société*, n° 156). Mais M. Troplong (*Société*, t. II, n° 534) fait remarquer avec raison que le motif de l'art. 1619, à savoir que l'expression de la mesure emporte toujours quelque chose d'incertain et qu'il ne faut pas se montrer à cet égard d'une sévérité qui ne ferait qu'attiser l'esprit de chicane, est encore plus puissant en matière de société que dans le contrat de vente. Dans le contrat de vente, le prix est proportionné à la contenance; dans le contrat de société, les parts respectives dans les bénéfices ne sont pas en général réglées uniquement sur la contenance de l'apport, mais aussi sur l'industrie de l'associé, d'où il suit que, en règle générale, une erreur de moins d'un vingtième dans la contenance disparaît plus facilement dans le calcul des éléments d'égalité entre les parties.

Nous admettons par conséquent que si l'apport présente un déficit de contenance de moins d'un vingtième, l'associé n'en est pas responsable. Dans le cas où il y a déficit de plus d'un vingtième, il ne peut évidemment être question d'une diminution de prix comme dans la vente. Faudra-t-il décider que la part de l'associé dans le fonds social sera réduite d'autant. Une pareille solution qui paraît équitable à première vue, est inadmissible, car les parts des associés ne sont pas toujours proportionnelles à la valeur des apports. Il faudra donc condamner l'associé à des dommages et intérêts. Toutefois, si le déficit était de telle nature qu'il rendît l'immeuble impropre à la destination que les associés avaient en vue, il y aurait lieu à la résolution du contrat de société.

Si l'apport présente un excédant de contenance de plus d'un vingtième, les tribunaux ne pourront pas augmenter la part sociale de l'associé, mais ils lui alloueront une indemnité à laquelle ses coassociés pourront d'ailleurs se soustraire en se désistant du contrat de société (*Arg.*, art. 1620).

L'art. 1845, § 2, décide que lorsque l'apport consiste en un corps certain et que la société en est évincée, l'associé en est garant envers la société, de la même manière qu'un vendeur l'est envers son acheteur. Or la garantie du vendeur comprend l'obligation de défendre l'acheteur, lorsqu'il est menacé de l'éviction, et celle de l'indemniser lorsque l'éviction a eu lieu. L'application des principes de la vente est aisée en ce qui concerne la première obligation; mais il faut leur faire subir, en ce qui concerne la seconde, certaines modifications qui résultent de la nature du contrat de société. Il est évident en effet, qu'il ne peut être question de restituer tout ou partie du prix de l'apport. Les associés qui subissent l'éviction auront droit à des dommages-intérêts plus ou moins élevés, suivant les distinctions établies par les art. 1634 et 1635. Ils pourront demander la résolution du contrat de société dans le cas d'éviction totale de l'apport et même dans le cas d'éviction partielle, si la partie dont la société est évincée, est de telle conséquence, que la société n'eût pas été contractée sans cette partie. Si l'éviction partielle ne présente pas ce caractère, les tribunaux condamneront à des dommages et intérêts, mais ils ne pourraient pas, par analogie de l'art. 1637, réduire la part sociale de l'associé, et cela par les motifs que nous avons indiqués plus haut, en traitant du défaut de contenance de l'apport.

L'associé doit également la garantie des défauts cachés de la chose qu'il apporte dans la société. Il faut appliquer ici les principes du Code et ceux de la loi du 21 mars 1838 en matière de vente et d'échange d'animaux domestiques. Ses coassociés pourront le faire condamner à des dommages et intérêts et même faire prononcer la résolution du contrat de société. Mais ils ne pourraient faire réduire sa part dans la société.

II. *Apport d'une chose déterminée dans son espèce.*

Ici il ne peut être question de perte tant que la chose n'a pas été déterminée dans son individualité, soit par une convention nouvelle, soit par la tradition, car il n'y a que les corps certains qui périssent. Mais à partir de ce jour, il faut appliquer tout ce que nous avons dit sur l'apport d'un corps certain.

III. *Apport consistant dans la constitution d'un droit réel.*

Lorsque l'apport consiste dans la constitution d'un droit réel, tel qu'un usufruit ou une servitude, il faut suivre les mêmes principes que s'il s'agissait de l'apport de la propriété, car l'art. 1138 s'applique aussi bien à la constitution des droits réels qu'à la transmission de la propriété. La société n'est donc pas dissoute si la chose périt depuis le jour où le droit réel se trouve constitué. Mais il faut, en ce qui concerne les tiers, admettre également les restrictions que nous avons indiquées plus haut (p. 211 et 212), dans le cas où le droit réel apporté est établi sur un immeuble ou un meuble corporel.

IV. *Apport de la jouissance d'une chose.*

L'associé qui promet la jouissance d'une chose, s'engage à *faire jouir* ses coassociés de cette chose pendant la durée de la société, de même que le bailleur s'engage à faire jouir le preneur de la chose louée pendant la durée du bail. L'obligation de l'associé se compose donc d'une série d'obligations successives qui prennent naissance chaque jour et qui servent de cause aux engagements des autres associés. D'où il faut conclure que l'associé sera bien libéré par la perte de la chose, s'il n'est pas en demeure et si la chose n'a pas péri par sa faute; mais les obligations de ses coassociés ne prendront pas naissance faute de cause. Aussi l'art. 1867, § 2, décide que la perte de la chose dont la jouissance seule a été mise en commun, dissout la société.

Les droits que l'associé confie à la société sur la chose dont il apporte la jouissance, étant les mêmes que ceux conférés par le bailleur au preneur sur la chose louée, il faut appliquer ici l'art. 2, 4° de la loi de 1855 sur la transcription. L'acte de société devra donc être transcrit si la société à laquelle la jouissance d'un immeuble a été promise, a une durée illimitée ou si elle doit durer plus de 18 ans; à défaut de transcription, le droit de la société ne pourra être opposé que pour une durée de 18 ans aux tiers à qui l'associé vendrait l'immeuble.

V. *Apport de la jouissance de choses: 1° qui se consomment par l'usage; 2° qui se détériorent en les gardant; 3° qui sont destinées à être vendues, ou bien enfin, 4° qui sont mises dans la société sur une estimation portée dans un inventaire.*

Dans ces quatre hypothèses, l'associé est censé avoir promis de communiquer la propriété à ses coassociés, qui s'engagent à en restituer la valeur lors de la dissolution de la société (art. 1851, §§ 2 et 3).

VI. *Apport consistant dans l'industrie.*

Lorsque l'associé a promis son industrie, il est tenu non-seulement de consacrer son travail aux affaires de la société, mais encore de communiquer à ses coassociés tous les profits qu'il retire de l'espèce d'industrie qui est l'objet de la société (Cod. Nap., art. 1847). Mais il n'est pas tenu de leur communiquer les bénéfices qu'il retirerait d'une industrie différente. Toutefois si l'associé négligeait l'industrie dont les profits sont communs pour se livrer à celle dont il perçoit seul les profits, sa négligence pourrait être considérée comme un manquement à ses devoirs et motiverait une demande en dommages et intérêts, et même en dissolution de la société (Cod. Nap., 1871).

Nº II. *Chaque associé est tenu de rapporter à la masse commune tout ce qu'il a détourné du fonds commun, ainsi que les bénéfices qui résultent des opérations sociales.*

Les rédacteurs du Code n'ont pas cru nécessaire de proclamer ce principe, ainsi que l'avait fait Pothier (*Société*, nº 118); mais ils en ont fait l'application dans l'article 1846. Aux termes du § 2 de cet article, l'associé doit de plein droit les intérêts à l'égard des sommes qu'il a prises dans la caisse sociale, à compter du jour où il les en a tirées pour son profit personnel, sans préjudice de plus amples dommages et intérêts, s'il y a lieu.

Il est évident qu'il faut considérer comme prises dans la caisse sociale, les sommes provenant des bénéfices que l'un des associés a réalisés pour le compte de la société, lorsqu'il les emploie à son profit. Mais il ne faut pas généraliser la disposition de l'art. 1846, 2º, au point de l'étendre à toutes les obligations dont l'associé peut être tenu envers ses coassociés. Ainsi l'associé ne doit pas de plein droit les intérêts des loyers ou fermages de l'immeuble social dont il est locataire (*Contra*, Grenoble, 4 mars 1826, Sir., 27, 2, 15). Cependant si cet associé est administrateur, nous admettons qu'il pourra être condamné au paiement des intérêts, en réparation de la négligence qu'il a mise à se contraindre lui-même au paiement.

Le détournement de tout autre objet dépendant de la société entraîne également l'obligation de restituer cet objet et de payer des dommages et intérêts. En règle générale, les dommages et intérêts auxquels l'associé peut être condamné doivent être évalués d'après le préjudice qu'il a causé à la société et non pas d'après les bénéfices qu'il a réalisés avec les valeurs qu'il a soustraites. Toutefois si l'associé était administrateur et s'il avait employé la chose sociale à faire pour son propre compte une opération de la nature de celles qui font l'objet de la société, il serait tenu de communiquer tous les bénéfices à ses coassociés, parce qu'il était de son devoir d'administrateur de ne pas manquer cette occasion d'enrichir la société.

Le détournement de la chose sociale constitue un délit, lorsque l'associé a l'intention d'en dépouiller ses coassociés. Cet associé sera passible des peines du vol, si la chose sociale ne lui avait pas été confiée, et des peines de l'abus de confiance si elle lui avait été confiée en vertu de l'acte de société ou d'un acte postérieur.

N° III. *Chaque associé est tenu de veiller et de pourvoir aux intérêts sociaux, comme aux siens propres.*

Cette obligation est fondée sur le but du contrat de société qui est de faire un profit commun. Chaque associé doit tendre à la réalisation de ce but, sous peine de manquer à ses engagements. La loi fait l'application de ce principe aux deux espèces suivantes:

Première espèce. — Lorsque l'un des associés est pour son compte particulier, créancier d'une somme exigible envers une personne qui se trouve aussi devoir à la société une somme également exigible, l'associé doit imputer ce qu'il reçoit du débiteur sur la créance de la société et sur la sienne dans la proportion des deux créances (Cod. Nap., art. 1848).

Supposons qu'un associé reçoive 1000 fr. de Paul qui

est son débiteur personnel de pareille somme et en même temps débiteur d'une créance sociale de 3000 fr. L'associé est libre d'imputer les 1000 fr. sur la créance sociale et de courir la chance de perdre toute sa créance si Paul devient insolvable. Cette imputation le lie envers ses co-associés, mais il ne peut sans manquer à ses devoirs envers la société, imputer les 1000 fr. sur sa créance personnelle exclusivement. Il est tenu pour rester dans les limites de son droit, d'imputer 750 fr. sur la créance de la société et 250 fr. seulement sur sa créance personnelle. L'imputation se fait de plein droit dans cette proportion, si la quittance est muette. Si l'associé manque à son obligation, *si par sa quittance il dirige l'imputation sur sa créance personnelle*, le débiteur est bien libéré envers lui de la dette de 1000 fr. et reste devoir 3000 fr. à la société; mais l'associé est tenu de faire état à ses coassociés des 750 fr. qui devaient être imputés sur la créance sociale.

La loi réprime la cupidité de l'associé, mais elle ne l'empêche pas de profiter de l'imputation résultant de la volonté du débiteur (art. 1253), ou de la loi elle-même (art. 1256). Lors donc que le débiteur aura exigé que l'imputation ait lieu sur la créance particulière, l'associé ne sera pas tenu de faire état du paiement à la société, à moins qu'il n'y ait fraude concertée avec le débiteur. De même lorsque la quittance ne porte aucune indication, l'imputation devra se faire sur la dette particulière, si elle est plus onéreuse pour le débiteur que la dette envers la société.

On discute la question de savoir si l'art. 1848 est applicable à l'associé qui n'a aucun droit à l'administration parce qu'elle a été confiée à un autre membre de la société. Certains auteurs soutiennent la négative par la raison qu'on ne peut reprocher à l'associé de n'avoir pas empiété sur les fonctions de l'associé administrateur. Nous soutenons au contraire l'affirmative, par la raison que l'associé a toujours mission pour faire le bien de la société et parce que l'art. 1848 n'admet aucune distinction.

Mais il y aura cette différence entre l'associé qui est administrateur et celui qui ne l'est pas, que ce dernier aura plus de facilité à prouver que le débiteur a exigé l'imputation du paiement sur la créance personnelle, car le débiteur avait intérêt à faire un paiement qui le libérât définitivement de l'une de ses dettes. De plus, l'associé qui n'est pas administrateur, ne sera tenu de faire état à ses coassociés de la somme qui devait être imputée sur la créance sociale que s'il avait connaissance de cette créance, car dans le cas où il en eût ignoré l'existence, il n'y aurait aucun reproche à lui faire. L'administrateur au contraire, est tenu de s'enquérir de tout ce qui peut faire partie du fonds social. Il ne pourrait donc éviter l'application de l'art. 1848, qu'en prouvant qu'il lui a été impossible de soupçonner l'existence de la créance sociale.

Deuxième espèce. — Lorsqu'un des associés a reçu sa part entière de la créance commune et que le débiteur est depuis devenu insolvable, cet associé est tenu de rapporter à la masse commune ce qu'il a reçu, encore qu'il eût spécialement donné quittance pour sa part (Cod. Nap., art. 1849).

Supposons une dette de 3000 fr. appartenant à trois associés. L'un d'entre eux touche 1000 du débiteur commun et donne quittance pour sa part. Si l'on suivait à la lettre l'art. 1849, l'associé ne devrait être tenu de rapporter les 1000 fr. à la masse commune qu'après que ses coassociés auraient poursuivi le débiteur et constaté son insolvabilité. Cette solution est exacte si la somme provenant de la créance sociale était destinée à être partagée; mais si cette somme était destinée à faire de nouvelles affaires, l'associé ne peut rien en distraire, il doit la verser immédiatement à la caisse commune.

N° IV. *L'associé est tenu de réparer le dommage qu'il a causé à la société par son dol ou par sa faute* (art. 1850).

L'associé se rend coupable d'*un dol* envers la société lorsqu'il lui cause volontairement un préjudice. Il est *en faute,* lorsque le préjudice subi par la société provient d'un manque de soins dans l'exécution de ses obligations. Lorsque le dol ou la faute de l'associé causent un préjudice à la société, il en doit la réparation.

La question de savoir de quelle manière la faute de l'associé doit être appréciée, est controversée. Il y a des auteurs qui veulent appliquer la doctrine de Pothier, suivant laquelle l'associé ne serait tenu d'apporter aux affaires de la société que les soins qu'il apporte à ses propres affaires (Pothier, *Société*, n° 124). Nous ne pensons pas que cette théorie soit admissible sous l'empire du Code. Le principe général posé par l'art. 1137 en matière de faute, c'est que la loi exige de tout contractant les soins d'un bon père de famille, soit que la convention ait pour but l'utilité de l'une des parties, soit qu'elle ait pour but leur utilité commune. Or, ce principe est applicable à l'associé, puisque l'art. 1850 n'y apporte aucune modification. Il faut donc dire que l'associé est tenu d'apporter à la chose sociale tous les soins d'un bon père de famille, c'est-à-dire toute la diligence d'un homme attentif et soigneux qui fait usage dans l'administration de ses affaires de l'intelligence qui lui a été départie.

L'art. 1850 nous dit que l'associé ne peut compenser avec le dommage qu'il a causé par sa faute, les profits que son industrie aurait procurés à la société dans d'autres affaires. Il ne peut en effet y avoir lieu à compensation, parce que l'associé n'a droit à aucune rémunération pour les services qu'il a rendus à la société, soit qu'il ait agi comme mandataire, soit qu'il ait agi comme *negotiorum gestor.*

Mais le dommage se compenserait avec l'indemnité à laquelle l'associé aurait droit pour les dépenses qu'il aurait faites et les pertes qu'il aurait subies.

SECTION II. — *Des créances de chacun des associés contre les autres.*

Les créances que l'un des associés peut exercer contre les autres se divisent de plein droit entre les associés qui en sont tenus en proportion de leurs parts sociales. Si l'un d'eux devient insolvable, la perte résultant de cette insolvabilité doit être répartie par contribution, entre tous les associés solvables et celui qui les poursuit (Arg., art. 1214, Pothier, n° 132).

N° I. *Créances qui peuvent être exercées pendant la durée de la société.*

L'associé peut agir contre ses coassociés dans les trois cas suivants, pour les faire contribuer aux charges ou aux pertes qu'il a supportées dans l'intérêt commun.

I. *L'associé a droit au remboursement des sommes qu'il a déboursées pour le compte de la société, avec les intérêts à dater du paiement, pourvu que ces dépenses aient été faites de bonne foi* (Art. 1852).

Lorsque l'associé agit en vertu d'un mandat spécial de ses coassociés, il a toujours droit au remboursement de ses déboursés. S'il agit en vertu d'un mandat général exprès ou en vertu du mandat tacite conféré par l'art. 1859, il n'a droit au remboursement des dépenses faites dans les limites de ce mandat, qu'autant qu'il n'y a aucune faute à lui reprocher dans sa gestion. Lorsque l'administration de la société se trouve confiée à un autre membre de la société, l'associé ne peut demander le remboursement de ses dépenses qu'en qualité de *negotiorum gestor ;* il n'y a donc droit que si la dépense était utile, c'est-à-dire qu'autant que l'intérêt bien entendu de la société exigeait que la dépense fût faite. Mais pour apprécier l'utilité de cette dépense, il faut se reporter au moment où elle a été faite, quoique par suite de circonstances imprévues, l'avantage qui devait en résulter ne se soit pas réalisé ou qu'il ait cessé. Il en serait autrement si le contrat de société avait interdit tout acte d'administration à l'associé. Dans ce cas il n'aurait qu'une action *de in rem verso* pour se faire rembourser ses dépenses jusqu'à concurrence de ce dont ses coassociés se sont enrichis.

Lorsque l'associé a agi comme mandataire, il a droit aux intérêts de ses avances du jour où il les a faites, en vertu de l'art. 2001. Il a le même droit s'il a agi comme gérant d'affaires. Car le gérant d'affaires doit sortir complétement indemne de sa gestion, ce qui n'aurait pas lieu si les intérêts des sommes qu'il a avancées et dont il aurait pu tirer profit ne lui étaient pas bonifiés à partir du jour de ses avances.

II. *L'associé a le droit de se faire indemniser des obligations qu'il a contractées de bonne foi dans l'intérêt commun* (art. 1852).

Lorsque l'associé traite en son propre nom pour le compte de la société, il s'oblige seul envers les tiers ; mais comme son obligation a été contractée dans l'intérêt commun, il a le droit de s'en faire indemniser par les autres associés. Il faut du reste appliquer ici les distinctions que nous venons de faire, suivant que l'associé a agi avec ou sans mandat.

III. *L'associé a le droit de se faire indemniser des pertes qu'il a éprouvées par suite des risques inséparables de sa gestion* (art. 1852).

L'associé qui s'occupe activement des affaires de la société, expose souvent sa personne et ses biens. Il est donc juste de faire contribuer ses coassociés aux pertes qu'il peut éprouver, si l'on ne peut lui reprocher de s'y être exposé sans utilité. C'est ce qu'exprime l'art. 1852, en disant que la perte doit être une suite des risques inséparables de sa gestion. Du moment en effet où le dommage aurait pu être évité par la prudence de l'associé, il s'est exposé à un risque qui n'était pas inséparable de sa gestion.

N° II. *Créances qui peuvent être exercées après la dissolution de la société.*

I. *L'associé a le droit de se faire restituer les choses sur lesquelles il avait constitué un droit réel temporaire ou dont il s'était engagé à faire jouir la société.* Mais sa créance est éteinte faute d'objet, si ses coassociés prouvent qu'elle a péri par cas fortuit (art. 1851, § 1). Lorsque la chose à péri par la faute de tous les associés, la créance n'est pas éteinte. L'associé a droit à des dommages et intérêts qui sont supportés par la masse commune. Il en est de même dans le cas où la chose a péri par la faute de l'associé administrateur, car aux termes de l'art. 1384, § 3, les commettants sont responsables du dommage causé par leurs préposés. Mais la créance est éteinte si la chose a péri par la faute d'un associé qui n'avait aucun droit à l'administration, sauf l'action contre ce dernier en vertu de l'art. 1382, car cette faute constitue un cas fortuit à l'égard des autres associés.

On s'est demandé si l'associé qui a apporté la jouissance d'une chose peut, en vertu de l'art. 1852, se faire indemniser de la perte de cette chose arrivée par suite des risques inséparables de sa gestion. Nous ne le pensons pas. Le risque que court cet associé de perdre sa chose, est la conséquence de ce qu'il a promis à ses coassociés de l'employer aux affaires de la société, c'est en échange de cette promesse qu'il a le droit de prendre part aux bénéfices sociaux. Sa position est donc toute différente de celle de l'associé qui a exposé une chose sur laquelle ses coassociés n'avaient aucun droit.

II. Nous avons vu en traitant des apports, que lorsqu'un associé a promis la jouissance soit de choses qui se consomment par l'usage, soit de choses qui se détériorent en les gardant, soit de choses destinées à être vendues, soit enfin de choses estimées dans un linventaire, il est censé en avoir promis la propriété à ses coassociés, qui s'engagent à en restituer la valeur, lors de la dissolution. La perte de la chose est sans influence sur cette créance de l'associé, qui a pour objet non pas la chose elle-même, mais son équivalent. La valeur de la chose est irrévocablement fixée par l'estimation que les parties en ont faites, dans le cas où la chose a été estimée, et l'associé n'a droit qu'au prix d'estimation. Dans tous les autres cas l'associé a le droit d'exiger des choses de pareille quantité, qualité et valeur, ou leur estimation, suivant la valeur qu'elles auraient eue à la fin de la société (art. 1852, §§ 2 et 3 ; arg. art. 587).

SECTION III. — *Des parts des associés dans la société.*

Lorsque les associés mettent leurs apports en commun, chacun d'eux doit avoir dans la masse commune une quote-part d'une valeur égale à celle de son apport. D'où il résulte que *les parts des associés dans le fonds originaire de la société doivent être proportionnelles à la valeur des apports.*

Le fonds social, ainsi constitué, est susceptible d'augmentation ou de diminution, suivant que la société fait de bonnes ou de mauvaises affaires. Dans le premier cas il y a des *bénéfices*, dans le second cas il y a *des pertes :* les pertes peuvent même dépasser la valeur du fonds social originaire. Dans quelle proportion les bénéfices doivent-ils être partagés et les pertes supportées par les divers associés? Les rédacteurs du Code, partant de ce double principe que chacun doit profiter des bénéfices suivant sa coopération à l'œuvre commune, et que celui qui court une plus grande chance de gagner, doit courir un risque plus étendu, ont posé le principe que *les parts dans les bénéfices et dans les pertes doivent être proportionnelles aux apports* (art. 1853). Mais il peut arriver que les associés désirent s'écarter du principe de la répartition proportionnelle des mises, des bénéfices et des pertes, et faire à l'un d'entre eux une position plus avantageuse que celle que la loi lui attribue ; et cela dans le but soit de lui faire une libéralité indirecte, soit de compenser certains avantages que leur procure sa présence dans la société ou certains risques qu'il prend à sa charge exclusive. L'art. 1853 a donc dû reconnaître aux associés le droit de régler eux-mêmes la répartition, et il leur donne à cet égard une liberté qui n'a d'autres limites que celles posées dans l'art. 1855.

La loi a dû également permettre aux associés qui ne peuvent déterminer la valeur des apports au moment même du contrat, de charger un tiers ou même l'un d'entre eux de faire le règlement des parts sociales (art. 1854).

Le Code reconnaît donc trois modes de répartition du fonds social originaire des bénéfices et des pertes. Les pertes sont déterminées *soit par la loi, soit par la convention des parties, soit par un arbitre.*

Avant d'étudier les divers modes de répartition des bénéfices et des pertes, demandons-nous à quelle époque cette répartition doit s'opérer ? Il faut décider en principe qu'elle doit avoir lieu lors de la dissolution de la société. C'est à ce moment seulement qu'on peut savoir s'il y a des bénéfices à partager ; car les bénéfices qui auraient été réalisés avant cette époque, peuvent être absorbés par des pertes qui surviendraient plus tard. Mais les associés peuvent se départir de cette règle. Aucune disposition de la loi ne prohibe la convention suivant laquelle les bénéfices doivent être réglés et répartis pendant la durée de la société. Il faut même présumer cette convention lorsque la société a pour objet une chose frugifère, telle que l'exploitation d'un immeuble. On admet généralement la même présomption dans les sociétés de commerce, qui, aux termes de l'art. 9 du Code commercial, sont tenues de faire chaque année l'inventaire de leur actif et de leur passif (Duvergier, *Soc.* n° 222; Pardessus, *Droit comm.*, t. IV, n° 1000). Et il faut en dire autant des sociétés universelles, si l'on admet, comme nous l'avons fait, que les dépenses personnelles des associés ne sont pas à la charge de la société. Mais cette présomption doit être repoussée lorsque les parties ont stipulé qu'elles prendraient chaque année une somme destinée à leurs besoins personnels.

N° I. *Répartition réglée par la loi.*

Pothier admet, comme le Code Napoléon, le principe de la répartition proportionnelle (*Société*, n° 15), mais il y fait une exception qui s'applique à un si grand nombre de sociétés qu'elle emporte la règle : Toutes les fois que la valeur des apports n'est pas apparente, Pothier décide que le silence qu'ont gardé les parties sur la valeur de leurs apports, fait présumer qu'elles ont considéré leurs apports comme ayant la même valeur et qu'elles ont par conséquent voulu avoir des parts égales dans la société (*Société*, n° 73).

Les rédacteurs du Code se sont écartés avec raison de ce système qui peut amener des résultats tout à fait contraires à l'équité et qui repose sur une présomption purement arbitraire. Aux termes de l'art. 1853, lorsque les associés n'ont pas déterminé la part de chacun d'eux dans les bénéfices et les pertes, la part de chacun est en proportion de sa mise. Il est évident du reste que la même part proportionnelle doit lui être attribuée dans le fonds social originaire. Il n'y a donc plus de distinction à faire entre le cas où la valeur des mises est apparente et celui où elle ne l'est pas. L'estimation se fera à dire d'experts, si elle n'a pas été faite par la convention des parties. Mais dans le cas où l'apport a été estimé par le contrat de société, cette estimation ne pourrait être critiquée plus tard (Arg., art. 1851).

On admet généralement que lorsque l'apport consiste dans la jouissance d'une chose, de telle sorte que l'associé a le droit, lors de la dissolution, de reprendre la chose ou sa valeur, la mise doit être évaluée à la valeur locative de la chose, ou bien aux intérêts de la somme à restituer. Cette manière de procéder ne présente pas d'inconvénients graves lorsque la société est de courte durée; mais si on l'appliquait à une société qui doit durer plus de vingt ans, on arriverait à ce résultat bizarre, de traiter l'associé qui a promis la jouissance de 1000 francs pendant vingt-cinq ans, comme s'il avait apporté en pleine propriété une somme de 1250 francs, ce qui serait absurde. Pour avoir la valeur de cet apport, il faudrait calculer ce que vaut une rente de 50 francs payable pendant vingt-cinq ans. Lorsque l'acte de société n'exprime pas si les associés ont entendu mettre en commun la propriété ou simplement la jouissance de leurs apports, il faut supposer qu'ils ont entendu mettre la propriété. Cette présomption est plus conforme au sens naturel des mots; car *promettre une chose* est en général synonyme de promettre la propriété de cette chose. Il est bien entendu d'ailleurs que les tribunaux doivent examiner l'ensemble de l'acte de société pour apprécier la véritable intention des parties.

Le législateur a pensé que la mise consistant en industrie serait d'une appréciation trop difficile, et pour couper court à toutes les contestations, il a décidé que la part dans les bénéfices ou dans les pertes de celui qui n'apporte que son industrie, est réglée comme si sa mise eût été égale à celle de l'associé qui a le moins apporté (art. 1853, § 2). L'associé industriel n'a droit à cette quote-part qu'autant qu'il a fourni son industrie de la manière déterminée par le contrat. Si donc la société est dissoute avant le terme prévu, il faudra faire subir à cet associé une réduction proportionnelle à l'industrie qu'il n'a pas fournie.

La loi prévoit le cas où l'un des associés n'a apporté que son industrie. Que faut-il décider si cet associé a apporté à la fois un capital et son industrie. Exemple : Primus apporte 1000 fr., Secundus 2000 fr., Tertius 100 et son industrie. Si l'on fait abstraction de l'industrie, Tertius aura dans les bénéfices une part moins forte que s'il n'avait apporté que son industrie, ce qui est absurde. On ne peut non plus estimer cette industrie à la valeur des 100 fr. qu'il a fournis, ce qui ferait une mise totale de 200 fr. ; car ces 100 fr. ne constituent pas la mise la plus faible, mais une portion de mise. Le seul mode rationnel de procéder, c'est de considérer Tertius comme ayant fait deux apports, l'un en argent d'une valeur de 100 fr., l'autre en industrie d'une valeur égale à celle des 1000 fr. apportés par Primus. Nous ne présentons du reste ce troisième système que comme une règle d'équité, à laquelle les tribunaux feront bien de se conformer; car à défaut d'un texte de loi, nous ne pouvons en faire une règle obligatoire.

Que faut-il décider lorsque tous les associés ont apporté à la fois leurs capitaux et leur industrie? On ne peut appliquer l'art. 1853, puisqu'il n'y a pas d'associé qui ait fait une mise composée exclusivement de capitaux. On ne peut non plus faire abstraction de l'industrie et régler les parts uniquement sur les capitaux; car l'industrie peut constituer la partie la plus importante des apports. Il faut donc revenir au principe général suivant lequel l'estimation des apports doit se faire à dire d'experts. Il en est de même dans le cas où tous les associés n'ont apporté que leur industrie.

L'art. 1853, § 2, s'explique sur la part de l'associé industriel dans les *bénéfices* et les *pertes ;* mais il ne dit pas si cet associé a droit à la même part dans le fonds social originaire. Aussi la question de savoir, si l'associé capitaliste a le droit de prélever son apport avant le partage du fonds social, qui avait divisé les interprètes du Droit Romain, est-elle toujours controversée. M. Bravard (*Dr. Comm.*, p. 54), M. Troplong (t. I, n° 124) et M. Delangle, t. II, n° 699) admettent l'opinion professée par Voët, suivant laquelle l'associé industriel a droit à la copropriété du fonds social. — M. Duranton (t. XVII, n° 429) suit le système de Grotius et de Vinnius qui distinguent si la valeur de l'industrie est d'une valeur aussi importante que celle du capital. — M. Pardessus (t. IV, n° 990), dont l'opinion est conforme à celle de Donneau, décidé qu'à moins de stipulations précises ou de circonstances évidentes, il faut admettre que le capitaliste n'a apporté que la jouissance de ses capitaux.

Nous croyons que l'art. 1853 a tranché la question en faveur du premier système. Que nous dit cet article? Le § 1 qui figurait seul au projet communiqué au Tribunat, pose le principe que les bénéfices et les pertes sont partagés proportionnellement aux mises. Le § 2, qui fut ajouté sur la demande du Tribunat, fait à l'associé industriel une part dans les bénéfices ou pertes, égale à celle de l'associé qui a le moins apporté. Or il est évident que cette disposition n'a d'autre but que de faciliter l'application du principe posé au § 1. Donc l'attribution que le § 2 fait à l'associé industriel dans les bénéfices ou pertes, ne peut s'expliquer que parce que le législateur suppose que l'industrie a une valeur égale à la mise la plus faible. D'où il faut conclure que l'associé industriel a droit au capital, puisqu'il a fourni une valeur qui en est l'équivalent. Si le droit au capital n'a pas été formellement reconnu dans le § 2 de l'art. 1853, cet oubli s'explique aisément en présence du § 1 du même article, qui ne parle également que des bénéfices et des pertes, quoiqu'il régisse évidemment la répartition des mises. Ajoutons d'ailleurs que la disposition qui réduit l'associé industriel à la part la plus faible dans les bénéfices, serait tout à fait injustifiable s'il était exclu de la participation au capital.

Application des règles précédentes.

Soit une société dont la durée est fixée à deux ans. Primus apporte 100,000 fr., Secundus 100,000 fr., avec stipulation qu'il les reprendra lors de la dissolution de la société. Tertius n'apporte que son industrie.

Lorsque les apports en argent ont été versés, la caisse sociale renferme bien 200,000 fr. Mais ce n'est pas cette somme qui représente le fonds social originaire; car d'une part la mise de Secundus ne comprend que la jouissance des 100,000 fr. pendant deux ans, ce qui équivaut à 10,000 fr., et d'un autre côté Tertius apporte son industrie qui doit être estimée à la valeur de la mise la plus faible, soit 10,000 fr. Il résulte de ce qui précède que le fonds social originaire représente 120,000 fr. Primus qui a apporté 100,000 fr. a donc droit à $^{10}/_{12}$ de ce capital et des bénéfices et doit contribuer aux pertes dans la même proportion. Les parts de Secundus et de Tertius sont de $^{1}/_{12}$ pour chacun, puisque l'apport de chacun d'eux est estimé 10,000 fr.

Cela posé, il y aura *bénéfice*, si à la dissolution de la société il reste *plus* de 120,000 fr., *déduction faite des* 100,000 *fr. dus à Secundus*. Il y aura *perte* s'il reste *moins*.

1re Hypothèse. — Benéfice.

Lors de la dissolution de la société la caisse sociale renferme 340,000 fr. — Secundus reprend ses 100,000 fr., restent 240,000 fr. qui représentent le fonds originaire, plus 120,000 de bénéfices. Primus prend $^{10}/_{12}$, soit 200,000 fr. et Tertius et Secundus $^{1}/_{12}$, soit 20,000 fr. chacun.

2ᵉ Hypothèse. — Ni bénéfice ni perte.

La caisse renferme 220,000 fr. — Secundus reprend ses 100,000 fr.; restent 120,000 fr. qui représentent le fonds originaire, de sorte que chacun reprend la valeur de ce qu'il a apporté.

3ᵉ Hypothèse. — Perte.

Il reste 160,000 fr. — Secundus prélève ses 100,000 francs. La valeur du fonds social est donc de 60,000 fr.; et comme elle était à l'origine de 120,000 fr., il y a une perte de 60,000 fr. que les associés supporteront en recevant par l'effet du partage une somme inférieure à la valeur de ce qu'ils avaient apporté. Primus supportera $^{10}/_{12}$ de la perte, soit 50,000 fr., en ne touchant que 50,000 fr. alors qu'il en avait apporté 100,000. Secundus supportera $^{1}/_{12}$, soit 5000 fr., en ne touchant que 5000 fr., au lieu de 10,000 qui représentent les intérêts de son apport en jouissance. Tertius supportera la même perte que Secundus, en ne touchant que 5000 francs, quoique son industrie valût 10,000 fr.

4ᵉ Hypothèse. — Perte.

Il reste 40,000 fr. — Secundus prend ces 40,000 fr. à compte des 100,000 fr. qui lui sont dus. Mais il reste créancier du fonds social pour 60,000 fr. Ce fonds social, qui à l'origine valait 120,000 fr. se trouve ainsi réduit à une valeur négative de 60,000 fr. Il y a donc une perte de 180,000 fr. Primus supportera $^{10}/_{12}$, soit 150,000 fr.: 1° en perdant son apport de 100,000 fr., 2° en étant constitué débiteur de 50,000 fr. envers Secundus. — Secundus supportera $^{1}/_{12}$, soit 15,000 fr.: 1° en perdant les intérêts de son apport, 10,000 fr., 2° en perdant 5000 fr. sur sa créance contre la société. — Tertius supportera $^{1}/_{12}$, soit 15,000 fr. : 1° en perdant son industrie qui valait 10,000 fr., 2° en étant constitué débiteur de 5,000 fr. envers Secundus.

Le résultat de la liquidation sera donc d'attribuer à Secundus les 40,000 fr. de la caisse et de le constituer créancier de Primus pour 50,000 fr. et de Tertius pour 5,000 fr.

5e *Hypothèse.* — *Perte.*

Il ne reste que 20,000 fr. de dettes. — Ces 20,000 fr. de dettes joints aux 100,000 fr. qui sont dus à Secundus constituent pour le fonds social une valeur négative de 120,000 fr. Or ce fonds avait une valeur positive de 120,000 fr. Il y a donc une perte de 240,000 fr.

Primus supportera $^{10}/_{12}$, soit 200,000 fr. : 1° en perdant son apport de 100,000 fr., 2° en étant constitué débiteur de 83,333 fr. 33 c. $^1/_3$ envers Secundus, 3° en *contribuant* aux dettes pour 16,666 fr. 66 c. $^2/_3$. — Secundus supportera $^1/_{12}$ soit 20,000 fr. : 1° en perdant les intérêts de son apport, 10,000 fr., 2° en perdant 8,333 fr. 33 c. $^1/_3$ sur sa créance de 100,000 fr., 3° en *contribuant* aux dettes pour 1666 fr. 66 c. $^2/_3$. Tertius supportera également $^1/_{12}$, soit 20,000 fr. : 1° en perdant son industrie qui valait 10,000 fr., 2° en étant constitué débiteur de 8,333 fr. 33 c. $^1/_3$ envers Secundus; 3° en *contribuant* aux dettes pour 16,666 fr. 66 c. $^2/_3$.

Le résultat de la liquidation sera donc : 1° de constituer Secundus créancier de Primus pour 83,333 fr. 33 c. $^1/_3$ et de Tertius pour 8,333 fr. 33 c. $^1/_3$; et 2° de faire *contribuer* les trois associés aux dettes de la société; à savoir Primus pour 16,666 fr. 66 c. $^2/_3$, et chacun des deux autres pour 1666 fr. 66 c. $^2/_3$.

N° II. *Répartition réglée par la convention des parties.*

L'art. 1855 ne s'occupe des stipulations relatives au partage des bénéfices et des pertes que pour proscrire deux conventions : 1° celle qui donnerait à l'un des associés la totalité des bénéfices; 2° celle qui affranchirait de toute contribution aux pertes les sommes et effets mis dans le fonds de la société par un ou plusieurs des associés.

La première de ces conventions est contraire à l'essence même de la société. Aussi toutes les législations l'ont-elles frappée de la même réprobation (voy. L. 29, § 2 *pro socio*, 17, 2). Nous avons vu tout au contraire, en ce qui concerne la seconde, que les jurisconsultes romains permettaient d'affranchir l'un des associés de toute contribution aux pertes, pourvu qu'il compensât cet avantage par son industrie (voy. L. 29, § 1 D. *pro socio*, 17, 2; Gaius, III, § 149; § 2, *Inst. de societ.* 3, 25).

Pothier admet également « qu'on peut convenir que « l'un des associés, en récompense de son industrie et « de son travail, ne supportera rien dans la perte qu'il « pourra y avoir à souffrir, si la société ne réussit pas. » Il considère cette convention comme étant équitable, «lorsque le prix de son industrie et de son travail est « égal au prix de la décharge du risque de supporter «dans la perte la part qui lui est assignée dans les gains» (Pothier, *Société*, n° 75; voy. aussi n° 19).

Les rédacteurs du Code ont pensé qu'une pareille convention doit être repoussée, parce qu'elle présente de graves inconvénients et même quelque chose de contraire aux véritables principes du contrat de société. Si l'industrie de l'un des associés a une valeur plus grande que celle des autres, il faut donner à sa mise une estimation plus élevée et lui allouer une part plus grande dans les bénéfices; on suit ainsi les règles ordinaires et l'on opère sur une base solide. Au contraire, si l'on convertit l'excédant de bénéfices, auquel a droit l'associé, en dispense de supporter la perte qui devait être à sa charge, on se jette dans les calculs les plus hasardés; un contrat fondé sur le principe de l'égalité, dont le but est la perception de bénéfices produits par le travail commun ou par l'union des capitaux, se trouve mélangé de combinaisons aléatoires et prépare pour chacun des contractants des résultats tout à fait différents.

Le § 2 de l'art. 1855 ne prohibe d'ailleurs que la convention qui affranchirait la mise de l'un des associés de toute contribution aux pertes, et non pas la clause qui dispenserait l'associé de *contribuer* aux pertes au delà de sa mise.

Reprenons l'exemple que nous avons donné plus haut (p. 230), d'une société dans laquelle Primus apporte 100,000 fr., Secundus la jouissance d'une égale somme pendant deux ans, et Tertius son industrie. Nous avons démontré que le fonds social originaire valait 120,000 fr. Supposons maintenant réalisée la 5e *hypothèse* que nous avons examinée (p. 232), celle où il ne reste lors de la dissolution que 20,000 fr. de dettes. La perte sociale est de 240,000 fr.; car au lieu d'une valeur positive de 120,000 fr., le fonds social ne présente plus qu'une valeur négative de 120,000 fr.: à savoir les 20,000 fr. de dettes et les 100,000 fr. dus à Secundus. Examinons de quelle manière les associés auront pu restreindre leur obligation de contribuer aux pertes.

Primus aura pu valablement stipuler qu'il ne perdrait que son apport de 100,000 fr. ou même une partie de son apport. Secundus, de son côté, aura pu stipuler qu'il ne perdrait que tout ou partie des intérêts de son capital; quant au capital lui-même, il a pu stipuler que ses coassociés le lui restitueraient intact, puisqu'il ne l'a pas mis dans la société. Quant à Tertius, il n'y a pas de doute, qu'il n'ait pu limiter sa perte à celle de son industrie, car l'art. 1855, § 2, ne s'occupe pas de l'associé industriel.

Dans ces trois cas, l'excédant de perte qu'aurait dû supporter l'associé avantagé, est réparti entre les deux autres, dans la proportion de leur contribution aux pertes. Supposons que Primus ait stipulé qu'il ne perdrait que son apport de 100,000 fr., la perte qu'il aurait dû supporter étant de 200,000 fr., il y a un excédant de perte de 100,000 fr. à répartir entre Secundus et Tertius. Chacun d'eux devra supporter une perte de 70,000 fr. au lieu de 20,000 fr. Secundus perdra donc : 1° 10,000 fr. représentant les intérêts de son apport de 100,000 fr. en jouissance ; 2° 50,000 fr. sur le capital de cet apport; 3° 10,000 fr. constituant sa *contribution* aux dettes. Tertius perdra de son côté: 1° 10,000 fr. représentant la valeur de son industrie, 2° 50,000 fr. dont il sera débiteur envers Secundus, 3° 10,000 fr. pour lesquels il contribuera aux dettes.

Nous venons de dire qu'il est incontestable que Tertius peut stipuler qu'il ne perdra que son industrie. Mais peut-il stipuler qu'il recevra *dans tous les cas* de ses coassociés les 10,000 fr. qui, aux termes de l'art. 1853, réprésentent la valeur de son apport en industrie ? Nous considérons cette stipulation comme valable. En effet, si l'on nous objecte que Tertius reçoit, par la créance certaine de 10,000 fr. sur ses coassociés, la rémunération complète de son industrie, et que par conséquent il ne fait aucun apport dans la société, nous répondrons que les parties sont libres d'estimer l'industrie de Tertius au taux qui leur convient. Si donc elles ont fait la stipulation dont il s'agit, c'est qu'elles ont considéré cette industrie comme ayant une valeur supérieure à 10,000 fr. En échange de cette valeur, Tertius reçoit: 1° une part sociale représentant un apport de 10,000 fr., 2° la garantie de recevoir un *minimum* de rétribution s'élevant à 10,000 fr.

En généralisant ce que nous venons de dire, on peut poser comme une règle certaine, que l'associé industriel a le droit de stipuler, outre sa part dans le fonds social et dans les bénéfices, le paiement d'une certaine somme qui lui sera due, quel que soit le résultat des opérations sociales. Il faudrait *a fortiori* lui permettre de stipuler qu'il aura le choix entre sa part sociale et une somme fixe.

La question de savoir si l'associé qui a apporté la jouissance de sa chose peut se faire assurer par ses coassociés un *minimum* de bénéfices, doit être résolue affirmativement. Il suffit en effet, pour qu'il n'y ait pas infraction à l'art. 1855, que ce *minimum* de bénéfices ne représente pas la valeur totale de l'usage de la chose, usage qui constitue la mise de l'associé. Or les parties peuvent donner à cet usage l'estimation qui leur convient. Elles ont donc une pleine liberté pour fixer ce *minimum*. Toutefois si la mise consistait en une somme d'argent, on ne pourrait assurer à l'associé qu'une somme inférieure à l'intérêt légal. Ainsi dans l'hypothèse que nous avons posée, Secundus ne pourrait stipuler qu'il reprendrait *en tous cas* 110,000 fr. au bout de deux ans, car la chance qu'il courrait d'obtenir davantage, dans le cas où la société réussirait, constituerait un bénéfice usuraire.

Le contrat de société qui renfermerait l'une des deux clauses prohibées par l'art. 1855, devrait être entièrement annulé. Nous repoussons donc l'opinion suivant laquelle la société serait maintenue sauf à régler la répartition des bénéfices et des pertes, conformément à l'art. 1853. La clause et le contrat forment un tout indivisible dans la pensée des parties, qui ne peuvent être maintenues dans les liens d'une société différente de celle qu'elles avaient l'intention de contracter. Mais si la société avait fonctionné de fait, les droits respectifs des parties devraient être liquidés conformément à l'art. 1853, considéré comme énonçant une règle d'équité applicable à toute espèce de communauté.

En dehors des deux clauses prohibées par l'art. 1855, toute liberté est laissée aux parties de régler comme elles l'entendent la répartition des bénéfices et des pertes. Leur volonté fait loi, alors même que le système de répartition qu'elles auraient adopté présenteraient un avantage évident au profit de l'une d'elles, sauf l'application des règles relatives au rapport et à la réserve que nous n'avons pas à exposer ici.

Ainsi on peut stipuler valablement que les associés recevront dans le fonds social originaire et dans les bénéfices, ou supporteront dans les pertes des parts qui ne sont pas proportionnelles à leurs mises. Toutefois la clause qui n'attribuerait à l'un des associés qu'une part tellement petite dans les bénéfices, ou qui ne le chargerait que d'une part si minime dans les pertes, qu'il fût évident que les parties ont voulu éluder la disposition de l'art. 1855, devrait être annulée comme faite en fraude de la loi.

Il est également permis de stipuler que l'un des associés supportera, dans les pertes, une part plus considérable ou moindre que celle qui lui est attribuée dans les bénéfices. Ainsi on peut convenir que Primus recevra $\frac{1}{2}$ des bénéfices et ne supportera que $\frac{1}{3}$ des pertes. Cette stipulation ne doit pas s'entendre en ce sens que Primus recueillera la moitié de tous les bénéfices partiels que la société réalisera dans certaines affaires et ne supportera que $\frac{1}{3}$ des pertes partielles subies dans d'autres affaires. L'attribution faite à Primus de la moitié ou du tiers porte sur la masse définitive des bénéfices ou des pertes. Or la masse des bénéfices n'existe que déduction faite des pertes partielles, et celle des pertes qu'après déduction des bénéfices. Il faudra donc, lors de la dissolution de la société, faire un état des bénéfices et un état des pertes. Si le total des gains excède le total des pertes, Primus prendra la moitié de l'excédant; si, au contraire, les pertes excèdent les bénéfices, Primus supportera $\frac{1}{3}$ du déficit.

N° III. *Répartition réglée par un arbitre.*

Les associés peuvent convenir de s'en rapporter à l'un d'eux ou à un tiers pour la fixation des parts. Lorsqu'ils ont donné une semblable mission, ils doivent se soumettre au règlement de l'arbitre qu'ils en ont chargé, à moins qu'ils ne prouvent que ce règlement est évidemment contraire à l'équité. La loi interdit même toute réclamation à ce sujet, s'il s'est écoulé plus de trois mois depuis que la partie qui se prétend lésée, a eu connaissance du règlement ou si ce règlement à reçu de sa part un commencement d'exécution (art. 1854).

Lorsque la convention de faire régler les parts par un arbitre est insérée dans l'acte de société, on convient généralement que la société est contractée sous la condition que l'arbitre accomplira sa mission. S'il meurt, s'il refuse de faire le règlement, la société sera considérée comme non avenue (Troplong, II, n° 625; Duvergier, n° 245). On ne pourrait en effet, contraindre les associés à se soumettre au règlement établi par la loi, alors qu'ils ont formellement déclaré qu'ils voulaient s'en écarter. On ne peut non plus leur imposer un réglement émané d'un arbitre nommé par le tribunal, car la personne qu'ils ont choisie, était peut-être la seule qui pût convenablement apprécier leurs droits respectifs.

Dans le cas au contraire, où la convention de faire régler les parts par un arbitre, est postérieure au contrat de société, il y a dissidence entre les auteurs. M. Duranton (t. XVII, n° 425) pense que si l'arbitre ne peut ou ne veut pas faire le règlement, les parts seront déterminées conformément à la loi. Les parties, suivant cet auteur, n'ont prétendu, par l'acte postérieur, modifier la répartition légale admise tacitement par l'acte de société, que dans le cas où l'arbitre accomplirait sa mission; elles ont voulu dans le cas contraire, rester sous l'empire des dispositions légales qui les avaient d'abord régies. M. Pardessus (Droit comm., t. IV, n° 998), pense au contraire, que les parties ont suffisamment manifesté leur volonté de se soustraire à la répartition légale et que dans ce cas, ce sera le juge qui procédera à la fixation des parts de la même manière que l'aurait fait l'arbitre.

Nous repoussons ces deux opinions, et nous décidons avec M. Duvergier (n° 249) que la société sera considérée comme non avenue. En effet, la nouvelle convention s'est unie au contrat de la société en le modifiant, et ne peut plus en être séparée. L'opinion de M. Duranton et celle de M. Pardessus nous semblent donc inconciliables avec celle qu'ils ont admise, de même que la généralité des auteurs, dans le cas où la désignation de l'arbitre a été faite par l'acte de société.

Les associés peuvent convenir que les parts seront fixées par un arbitre qu'ils choisiront ou qui sera désigné d'office par le juge. Qu'arrivera-t-il si les parties ne sont pas convenues, que, à défaut de nomination volontaire de leur part, l'arbitre sera désigné d'office par le juge ? M. Troplong décide que l'arbitre ne pourra pas être nommé par le tribunal, parce que ce serait ajouter à la volonté des parties. Il en conclut que la société sera nulle comme soumise à une condition potestative de part et d'autre, car il dépendrait de chacun des associés d'empêcher la fixation des parts, en refusant de choisir un arbitre (Troplong, *Société*, n° 626). Nous repoussons cette solution. En effet, l'obligation que les parties ont contractée de nommer des arbitres, est une obligation de faire, dont l'exécution peut être procurée sans recourir à des violences sur la personne de l'associé récalcitrant; il faut donc, suivant les principes posés dans les art. 1143 et 1144, reconnaître aux tribunaux le droit de nommer les arbitres, si l'un des associés refuse de concourir à leur nomination (voy. en ce sens, Duvergier, *Société*, n° 248).

Tout ce qui précède s'applique au cas où les associés au lieu d'un seul arbitre, en ont choisi deux ou plusieurs. Dans ce cas, outre les causes de nullité que nous venons d'énumérer, il y a celle résultant de ce que les arbitres ne peuvent se mettre d'accord, ni constituer une majorité ; car, à défaut d'une disposition expresse de l'acte qui les a institués, ils ne peuvent nommer un sur-arbitre, ni provoquer cette nomination de la part du tribunal.

Section IV. — *Des droits des associés sur le fonds social.*

Le droit de chaque associé sur le fonds social n'est pas seulement limité par le droit de copropriété de ses coassociés, il l'est encore par la destination à laquelle les objets communs sont affectés d'après le but de la société et par la prohibition de faire entrer une tierce personne dans la société, sans le consentement des autres associés.

Nous allons examiner quels sont, indépendamment de tout mandat exprès ou tacite, les actes de jouissance et d'aliénation permis à l'associé, et à propos des actes d'aliénation, quels sont les droits de ses créanciers personnels. Nous examinerons ensuite le droit de l'associé de s'associer une tierce personne relativement à sa part et la prohibition de l'associer à la société.

N° I. *Actes de jouissance.*

La chose sociale est consacrée avant tout aux opérations sociales. L'associé ne peut donc s'en servir qu'à la condition de ne pas entraver ces opérations, et de ne pas en faire un usage contraire à la destination qu'elle a reçue, car un pareil usage pourrait la rendre impropre à cette destination. L'associé doit de plus concilier l'exercice de son droit avec le droit collatéral de ses coassociés (art. 1859, 2°).

Les associés peuvent d'ailleurs s'interdire d'une manière absolue la faculté de se servir des choses sociales pour leur usage particulier. Dans ce cas, celui qui contrevient à cette défense, est passible de dommages et intérêts.

N° II. *Actes d'aliénation et droits des créanciers personnels.*

Nous nous sommes déjà occupé de l'art. 1860, qui défend à l'associé qui n'est pas administrateur d'aliéner et d'engager les choses, même mobilières, qui dépendent de la société, pour réfuter l'argument qu'on prétend en tirer pour prouver que la société civile est une personne morale, et nous y reviendrons encore en traitant de l'administration sociale.

La question que nous nous posons en ce moment au sujet de cet article, c'est de savoir ce que deviendront les aliénations consenties par l'un des associés, agissant pour son propre compte, et indépendamment de tout mandat exprès ou tacite de ses coassociés.

Nous devons tout d'abord écarter une première hypothèse, celle de l'aliénation d'un meuble corporel, lorsque l'acquéreur est de bonne foi et a été mis en possession. Cette aliénation doit être maintenue en vertu du principe général que, en fait de meubles, possession vaut titre (art. 1141 et 2279).

Toute autre aliénation, totale ou partielle, reste sans effet tant que dure la société, en ce sens que l'acquéreur ne peut demander la délivrance de la chose. Après la dissolution de la société, la validité de l'aliénation sera subordonnée au résultat du partage du fonds social auquel l'acquéreur aura le droit d'assister et qu'il pourra même provoquer. Mais l'acquéreur de la part indivise de l'un des associés dans un ou plusieurs objets faisant partie du fonds commun ne pourrait demander le partage isolé de ces objets, car son auteur ne le pourrait pas.

L'aliénation restera sans effet, si par suite du partage du fonds social, la chose ne tombe pas dans le lot de l'associé aliénateur, car cet associé sera réputé avoir vendu ce qui ne lui a jamais appartenu, suivant le principe que le partage est déclaratif et non pas translatif de la propriété. L'aliénation sera valable au contraire, si la chose tombe dans le lot de l'associé qui sera censé en avoir été propriétaire depuis le moment où la chose a commencé à appartenir à la société. L'aliénation restera également sans effet, si la chose a été aliénée par tous les associés au profit d'un tiers. Et c'est là, suivant nous, la principale application de l'art. 1860, car le principe qne le partage a un effet déclaratif, suffirait pour établir les solutions qui précèdent.

Les créanciers personnels de l'un des associés peuvent se faire subroger judiciairement aux droits de leur débiteur sur les objets qui dépendent du fonds commun. Mais ils ne peuvent saisir sa part de propriété dans lesdits objets, car leur débiteur ne pourrait les soustraire à leur destination. Toutefois, si l'associé se trouve en déconfiture, ils peuvent faire déclarer la société dissoute en vertu de l'art. 1865 et demander la liquidation et le partage de la masse commune pour exercer ensuite leurs droits sur la part échue à leur débiteur.

N° III. *Du droit de l'associé de s'associer une tierce personne relativement à sa part et de la prohibition de l'associer à la société* (art. 1861).

L'associé peut céder à un tiers tout ou partie de ses droits dans la société. Dans le premier cas le cessionnaire a droit à tout ce que l'associé peut retirer de la société et il est tenu de le rendre indemne de toutes les pertes sociales auxquelles il serait tenu de contribuer. S'il y a cession partielle, il y aura une seconde société entée sur la première. Le cessionnaire auquel on donne généralement le nom de *croupier* se trouve être l'associé de l'associé relativement à la part de ce dernier dans la société principale. Mais l'associé ne peut associer le croupier à la société, sans avoir l'assentiment de ses coassociés; car la confiance personnelle est la base du contrat de société, et l'ami de notre associé peut ne pas avoir notre confiance.

Examinons maintenant le mouvement parallèle des deux sociétés. Désignons les membres de la société principale sous les noms de Primus, Secundus et Tertius, et supposons que ce dernier ait pris Quartus pour croupier. Quartus sera l'associé de Tertius, mais non pas celui de Primus et de Secundus, auxquels il est absolument étranger. Dans cette situation voici quels seront les rapports de ces quatre personnes.

1° Quartus communiquera à Tertius les bénéfices qu'il retirera de la chose sociale que ce dernier lui a confiée ; Tertius de son côté en fera part à Primus et Secundus.

2° De même Primus et Secundus communiqueront leurs bénéfices à Tertius, sauf à ce dernier à en faire part à Quartus.

3° Si Quartus subit des pertes de la nature de celles qui doivent être à la charge de la société, il s'adressera à Tertius qui, à son tour, aura un recours contre Primus et Secundus.

4° De même Primus et Secundus s'adresseraient à Tertius qui aurait ensuite action contre Quartus.

5° Si Quartus cause un dommage à la société par son dol ou par sa faute, il en devra bien entendu la réparation à son associé Tertius, qui de son côte communiquera les dommages et intérêts à ses coassociés. Mais Primus et Secundus ne seront pas réduits, soit à attendre que Tertius ait obtenu cette réparation pour l'actionner eux-mêmes, soit à exercer l'action contre Quartus du chef de Tertius, en vertu de l'art. 1166. Ils pourront exiger de Tertius la réparation immédiate du tort que Quartus a causé à la société, car Tertius en est responsable par la raison qu'il a commis une faute en confiant la chose sociale à Quartus. Ils pourront également s'adresser directement à Quartus, en vertu de l'art. 1382.

6° Si nous supposons maintenant que le dommage ait été causé par Primus ou par Secundus, ce sera encore

Tertius qui servira d'intermédiaire entre les membres des deux sociétés. Mais à la différence du cas précédent il n'en sera pas responsable envers Quartus, car ce dernier ne peut se plaindre de ce que Tertius aurait pris pour associés des personnes indignes de confiance, puisque en contractant la société accessoire il savait quels étaient les membres de la société principale. Il est bien entendu que dans tous les cas où Primus et Secundus n'ont pas d'action directe contre Quartus, ils auront contre lui l'action indirecte du chef de Tertius, en vertu de l'art. 1166. De même Quartus pourra exercer l'action indirecte contre eux, dans tous les cas où il pourrait agir directement contre Tertius et où ce dernier aurait un recours contre ses coassociés.

L'art. 1861, qui interdit à l'un des associés d'associer une tierce personne à la société, ajoute qu'il en est ainsi alors même que cet associé serait administrateur. Cette décision est si juste qu'elle n'avait même pas besoin d'être exprimée, car il ne peut dépendre de l'administrateur de modifier la constitution de la société.

Lorsque les associés consentent à ce que l'un d'eux associe un tiers à la société, ce tiers succède en tout ou en partie aux droits et aux obligations de l'associé qui se retire de la société ou qui réduit sa part sociale. Mais ce dernier reste tenu envers les tiers des obligations qu'il a contractées pour la société, sauf son recours contre le nouvel associé.

Section V. *Administration de la société.*

Le Code prévoit deux hypothèses : 1° celle où les associés ont nommé un ou plusieurs administrateurs (art. 1856-1858) ; 2° celle où l'administration n'a été confiée à personne (art. 1859).

N° I. *Administrateurs désignés par les parties.*

I. *Mode de nomination et de révocation.* L'administration peut être confiée à l'un des associés par le contrat même de société ou par un acte postérieur. Dans le premier cas la nomination de l'administrateur constitue une clause du contrat de société qui ne peut être modifiée que du consentement de tous les associés. L'administrateur n'a peut-être consenti à entrer dans la société que parce qu'il devait gérer les affaires sociales; tel ou tel autre associé n'a peut-être été déterminé à faire partie de la société qu'en considération des garanties de probité et de capacité que présentait l'associé administrateur. L'administrateur nommé par le contrat ne peut donc être arbitrairement destitué et il peut faire tous les actes qui dépendent de son administration malgré l'opposition de ses coassociés, car une pareille opposition serait la négation des droits qu'il tient du contrat.

Mais ses coassociés ne sont pas privés de toute garantie contre sa mauvaise gestion. En effet: 1° L'administrateur ne peut agir malgré l'opposition que lorsqu'il *n'y a pas fraude* (art. 1856, al. 1). Or la fraude existe non-seulement lorsque l'administrateur a eu dès le principe l'intention de nuire à la société, mais encore lorsque, ayant été averti par l'opposition de son coassocié du préjudice qu'il va causer à la société, il persiste dans son entreprise hasardeuse. L'associé qui veut s'opposer à un acte de l'administrateur pourra donc s'adresser aux tribunaux et s'il prouve que cet acte doit préjudicier à la société, faire défendre à l'administrateur de passer outre.

2° L'administrateur peut être révoqué *pour cause légitime;* c'est-à-dire pour infidélité ou incapacité. S'il soutient qu'il n'y a pas lieu à révocation, la contestation doit être portée devant le tribunal. La révocation n'emporte pas nécessairement la dissolution de la société, car il ne peut dépendre de l'administrateur de mettre ses coassociés dans l'alternative de subir sa mauvaise gestion ou de dissoudre la société. Mais chacun de ses coassociés peut demander la dissolution en vertu de l'art. 1871.

La gestion des affaires sociales n'est pas seulement un droit pour l'administrateur, c'est un devoir. Il ne peut donc abdiquer ses fonctions sans l'assentiment de tous ses coassociés, ou sans de justes motifs dont l'appréciation appartient aux tribunaux. Si sa demande est admise, chacun des associés peut demander la dissolution de la société, en vertu de l'art. 1871.

L'administrateur nommé par un acte postérieur au contrat de société est à considérer comme un simple mandataire révocable *ad nutum*. Le droit de révocation emporte *a fortiori* le droit de s'opposer à ses actes. Mais il y a lieu de se demander à qui appartient le droit de nommer cet administrateur. Les associés doivent-ils être unanimes, ou bien la majorité suffit-elle ? La même question se présente relativement au droit de *veto* et au droit de révocation. Ce droit appartient-il à chacun des associés, ou bien doit-il être exercé soit par tous, soit par la majorité ? Nous examinerons cette question quand nous traiterons des droits de la majorité.

Les associés peuvent, s'ils le jugent convenable, établir un administrateur révocable par l'une des clauses du contrat de société ou bien un administrateur irrévocable par un acte postérieur. Cet acte postérieur constitue un pacte qui modifie le contrat primitif. D'où il résulte, d'une part, que cet acte doit émaner de tous les associés, et d'autre part, que cet administrateur aura les mêmes pouvoirs que s'il avait été nommé par l'acte de société.

II. *Du cas où il a été nommé plusieurs administrateurs.*

Il faut établir des distinctions :

1° Lorsque leurs fonctions ont été divisées par l'acte de nomination, chacun doit se renfermer dans celles qui lui ont été assignées (Arg., art. 1857).

2° Lorsque les fonctions des administrateurs n'ont pas été déterminées et que l'acte de nomination n'exprime pas que l'un ne pourrait agir sans l'autre, ils peuvent faire séparément tous les actes de cette administration. Mais comme ils ont tous un droit égal à la gestion, il faut reconnaître à chacun d'eux le droit de s'opposer à ce que l'autre voudrait faire, tant que l'opération n'est pas conclue, sauf à la majorité des administrateurs à décider s'il y a lieu ou non de passer outre (art. 1857 et Arg., art. 1859, 1°) ;

3° S'il a été stipulé que l'un des administrateurs ne pourra rien faire sans l'autre, un seul ne pourra agir en l'absence de l'autre, lors même que celui-ci serait dans l'impossibilité actuelle de concourir aux actes d'administration (art. 1858).

En présence des termes absolus de la loi, nous ne pensons pas que, même dans les cas urgents, l'un des administrateurs puisse agir sans le concours de l'autre. Il est bien entendu d'ailleurs que si le refus injuste de l'un des administrateurs ou son absence non motivée cause un préjudice à la société, il sera passible de dommages et intérêts. Si l'un des administrateurs agit seul, ce sera à ses risques et périls. Il pourra donc être condamné à rétablir les choses dans leur état primitif, si l'autre administrateur n'approuve pas l'opération à laquelle il n'a pas concouru, et il n'aura contre ses coassociés que l'action de *in rem verso* pour obtenir le remboursement de ses déboursés jusqu'à concurrence de ce dont la société s'est enrichie.

III. *Des pouvoirs des associés administrateurs.*

Lorsque l'acte qui charge l'associé de l'administration sociale, spécifie les actes qu'il a le droit de faire, il peut les faire tous ; mais son pouvoir se trouve limité à ces actes (art. 1989).

Dans le cas au contraire, où la procuration est muette, les pouvoirs de l'associé sont ceux d'un mandataire dont le mandat est conçu en termes généraux (art. 1988). Il ne peut donc faire que des actes d'administration, c'est-à-dire les actes qui, d'après l'objet de la société, sont nécessaires pour accomplir le but que les associés se sont proposé. D'où il suit qu'il peut payer les dettes de la société avec les deniers de la caisse sociale, recevoir ce qui est dû par les débiteurs de la société, poursuivre ces débiteurs, intenter les actions possessoires et celles qui tendraient à interrompre une prescription, intervenir dans les ordres et distributions de deniers, donner quittance avec main-levée de saisie ou d'hypothèque, interrompre les prescriptions. Il peut également faire les contrats nécessaires à l'entretien et à l'exploitation du fonds social ; il peut donc affermer les immeubles de la société, si telle est leur destination.

Mais tout acte de disposition lui est interdit. Il ne peut donner, aliéner ou hypothéquer les immeubles de la société (art. 1988), ni intenter les actions réelles immobilières (Arg., art. 464). Il ne peut transiger, ni compromettre (art. 1989, Pothier, *Société*, n° 68). On pourrait se croire autorisé à conclure par argument *a contrario* de l'art. 1860, que l'administrateur peut vendre tous les meubles sans distinction. Mais ce serait là un droit exorbitant. L'associé administrateur peut vendre les meubles destinés à être vendus, c'est bien là un acte d'administration, car cette vente réalise le but que s'étaient proposé les associés en contractant la société. Tout au contraire, la vente des meubles destinés à l'exploitation de la société serait un acte de disposition interdit à l'administrateur (Pothier, *Société*, n° 67). Il faut décider en principe que l'administrateur ne peut contracter un emprunt, car si l'on admettait le principe contraire, l'administrateur pourrait ruiner la société par des emprunts inutiles ou exagérés. Mais il ne résulte pas de là que l'administrateur soit dans l'impossibilité absolue de contracter les emprunts nécessaires à son administration. Et en effet, si l'administrateur contracte un pareil emprunt en son nom personnel, il devra être indemnisé de cette obligation aux termes de l'art. 1852. S'il le contracte au nom de la société, le prêteur n'a qu'à faire constater l'utilité de l'emprunt et il aura action contre tous les associés, aux termes de l'art. 1864, que nous expliquerons en traitant des rapports des associés avec les tiers.

N° II. *De l'administration quand elle n'a été confiée à personne.*

Les associés prennent généralement la précaution de régler le mode d'administration de la société. Mais que faut-il décider si la convention est muette? les actes d'administration devront-ils émaner de tous les associés? Il semblerait qu'il dût en être ainsi, puisque chacun d'eux est propriétaire d'une quote-part du fonds social, de sorte que les actes d'administration auxquels il n'a pas participé, sont une atteinte à son droit de copropriété. Mais le législateur a pensé avec raison que les associés n'ont pas voulu mettre de pareilles entraves à l'administration sociale. L'art. 1859, 1°, statue qu'à défaut de stipulations spéciales, les associés sont censés s'être donné réciproquement le pouvoir d'administrer l'un pour l'autre, et que ce que chacun fait est valable, même pour la part de ses associés, sans qu'il ait pris leur consentement, sauf le droit qu'ont ces derniers ou l'un d'eux de s'opposer à l'opération avant qu'elle soit conclue.

Ce droit d'opposition est la conséquence nécessaire de ce que chacun des autres associés a un pouvoir égal à celui de l'associé qui veut agir. Lorsqu'il n'y a que deux associés, l'opposition de l'un est un obstacle invincible; car dans ce conflit de deux pouvoirs égaux, il faut appliquer la règle: *In re pari potior est causa prohibentis.* Si l'opposition était injuste, si elle causait un préjudice à la société, elle rendrait l'associé passible de dommages et intérêts, et elle constituerait même une juste cause de demander la dissolution de la société, en vertu de l'art. 1871.

Lorsqu'il y a plus de deux associés, l'opposition d'un seul entravera-t-elle l'administration sociale? On admet généralement que la majorité des associés décidera s'il doit être procédé à l'acte qui a soulevé l'opposition. Nous adoptons cette solution : 1° parce qu'il nous paraît contraire à l'intention des parties qui ont contracté la société de se trouver à la merci du mauvais vouloir de l'une d'elles; 2° parce que l'art. 1859, 1°, ne s'y oppose pas: cet article dit bien en effet que chaque associé a le droit de s'opposer à l'acte de gestion, mais il ne dit pas quel sera l'effet de cette opposition; il appartient donc à la doctrine de combler cette lacune; enfin, 3° parce que nous trouvons dans l'art. 826 du Code Napoléon et dans les art. 220 et 507 du Code de commerce, de puissants arguments d'analogie en faveur de notre opinion.

La majorité doit se former par têtes, de manière à donner à tous les associés des voix égales et non pas des suffrages dont l'effet serait proportionné à leurs parts sociales; car si l'on adoptait ce dernier système, il arriverait que l'associé dont la part serait supérieure à la moitié du fonds social, serait le maître absolu de la société, ce qui serait manifestement contraire à l'art. 1859.

Le pouvoir de la majorité ne porte d'ailleurs que sur les actes d'administration. Les actes de disposition doivent être consentis par tous les associés. Mais le contrat de société peut étendre les pouvoirs de la majorité, de même qu'il aurait pu augmenter ceux des administrateurs. Le contrat de société peut également modifier la manière de compter les voix dans les assemblées des associés, répartir, par exemple, les voix proportionnellement aux mises.

Nous avions réservé la question de savoir si la majorité des associés peut nommer un administrateur révocable, et à qui appartient le droit de s'opposer aux actes de cet administrateur ou de le révoquer. Nous croyons pouvoir décider maintenant, en vertu du principe que la majorité fait la loi en ce qui concerne les actes d'administration, que l'administrateur révocable pourra être valablement nommé par la majorité, car cette nomination n'est autre chose qu'un acte d'administration. Nous décidons de plus que le droit de *veto* et celui de révocation ne pourront être exercés individuellement, car il ne doit pas dépendre de la minorité d'empêcher que la volonté de la majorité reçoive son exécution. Mais chacun des associés pourra s'opposer aux actes de l'administrateur dans le cas de fraude et demander sa révocation pour cause légitime (Arg., art. 1856).

Les pouvoirs de l'associé qui agit en vertu du mandat tacite qui lui est conféré par l'art. 1859, 1°, sont les mêmes que ceux de l'associé qui a reçu un mandat exprès. Il pourra notamment aliéner les choses destinées à être vendues. Il n'y a pas lieu d'appliquer ici l'art. 1860, car l'associé qui agit en vertu d'un mandat tacite d'administrer, est bien réellement un administrateur.

Les dispositions des n°s 3 et 4 de l'art. 1859, quoique placées sous la rubrique qui se trouve en tête de l'article, reçoivent leur application, alors même que la société a été pourvue d'un administrateur. En effet, le droit conféré par le n° 3 à chaque associé de contraindre ses coassociés à faire les dépenses nécessaires pour la conservation des choses de la société, appartient évidemment à l'associé qui a été chargé de l'administration; et ce droit appartient également aux associés qui en ont été exclus, car ils ont le droit de surveiller l'administration du gérant et de l'empêcher de laisser dépérir la chose sociale.

De même, l'associé administrateur ne peut faire des innovations sur les immeubles de la société sans le consentement des autres associés, car ces actes dépassent les limites de l'administration (Arg., art. 1859, 4°). Il n'a

donc pas plus de droit à cet égard que celui qui agirait
en vertu du mandat tacite conféré par l'art. 1859, 1°.
Lorsque des travaux ont été exécutés par l'un des associés sans le consentement des autres, il faut distinguer
si ces derniers ont ou non manifesté leur opposition
lorsqu'ils ont eu connaissance de l'innovation qu'on faisait
sur l'immeuble social. S'ils ont laissé exécuter les travaux, ils ne peuvent en demander la suppression, mais
ils peuvent demander des dommages-intérêts si ces travaux causent un préjudice à la société. Dans le cas au
contraire où ces travaux ont été exécutés contre leur volonté, ils peuvent en demander la suppression, outre les
dommages-intérêts. Il en est de même si les travaux ont
été exécutés à leur insu et s'ils portent préjudice à la société (Pothier, *Société*, n° 87).

La gestion de l'associé administrateur fait naître en lui
et ses coassociés les mêmes obligations que celles qui
existent entre le mandataire et le mandant. Nous ren-
voyons sur ce point aux deux premières sections de ce
chapitre, où nous avons traité des obligations et des droits
des associés les uns envers les autres.

CHAPITRE V.

Des rapports des associés avec les tiers (art. 1862-1864).

Nous nous occuperons: 1° des créances des associés
contre les tiers; 2° des dettes; 3° du concours des créanciers de la société et des créanciers personnels de l'associé sur sa part dans le fonds social.

Section I. — *Des créances contre les tiers.*

Le Code est absolument muet sur cette matière, qui
est régie par le Droit commun. Nous ne ferons donc
qu'indiquer les diverses hypothèses qui peuvent se présenter.

I. *Lorsque tous les associés ont traité avec le tiers*, la créance se divise par portions égales entre les coassociés, quelle que soit d'ailleurs leur quote-part dans la société (Arg., art. 1863).

Il est bien entendu qu'il en serait autrement si l'obligation était solidaire ou indivisible.

II. *Lorsque le contrat est intervenu avec l'un des associés qui a agi en qualité de mandataire des autres*, la créance est directement acquise à tous les associés (Arg., art. 1998, al. 1).

III. *Lorsque l'associé a agi en son propre nom pour le compte de ses coassociés*, il devient seul créancier, sauf à les faire participer aux bénéfices de l'obligation.

SECTION II. — *Des dettes de la société.*

Les art. 1862 à 1864 sont consacrés aux dettes de la société et à la manière dont les associés en sont *tenus* envers les tiers. Nous allons appliquer ces articles aux différentes hypothèses qui peuvent se présenter.

I. *Obligation contractée conjointement par tous les associés.*

Les associés civils ne sont pas tenus solidairement des dettes de la société (art. 1862, *Cf. supra*, p. 172 et 178). Ils sont tenus envers le créancier avec lequel ils ont contracté chacun pour une somme et part égale, encore que leurs parts sociales soient inégales, à moins qu'ils n'aient en contractant, restreint expressément l'obligation de chacun d'eux sur le pied de l'intérêt qu'il a dans la société. En effet, le créancier est absolument étranger à la convention qui règle la contribution aux dettes sociales. Elle ne peut lui nuire et il ne peut en profiter (art. 1164). Nous repoussons donc l'opinion suivant laquelle le créancier pourrait, s'il le jugeait convenable, poursuivre chacun des associés *au prorata* de sa part sociale.

II. *Obligation contractée par l'un des associés agissant AU NOM DE LA SOCIÉTÉ dans la limite des pouvoirs qu'il a reçus expressément de ses coassociés, ou qu'il est censé avoir reçus, suivant l'art. 1859, 1º.*

Il faut suivre les mêmes principes que dans l'hypothèse précédente, puisqu'aux termes de l'art. 1998, al. 1, la dette contractée par le mandataire dans les limites de son mandat, est censée contractée par le mandant lui-même.

Il n'y a aucune distinction à établir entre le mandat exprès et le mandat tacite, conféré par l'art. 1859, 1º. Les associés invoqueraient en vain contre le tiers l'art. 1864 qui décide que « la stipulation que l'obligation est « contractée pour le compte de la société ne lie que l'as- « socié contractant et non les autres, à moins que ceux- « ci ne lui aient donné pouvoir, que la chose n'ait « tourné au profit de la société.» Le tiers leur répondrait qu'un mandat tacite produit les mêmes effets qu'un mandat exprès (*vide supra*, p. 249).

III. *Obligation contractée AU NOM DE LA SOCIÉTÉ par un associé non mandataire, ou bien par un associé mandataire en dehors des limites de son mandat.*

Il faut appliquer ici l'art. 1864 que nous venons de citer à l'instant. Les autres associés ne seront obligés qu'autant que la chose *aura tourné au profit de la so-ciété*; et comme il s'agit ici de l'action de *in rem verso* qui n'est donnée contre les associés qu'en raison de l'avantage qu'ils ont retiré du contrat, il faut décider que le tiers n'aura d'action contre eux que dans la proportion de leur part dans la société.

L'art. 1864 semble dire que l'associé qui contracte au nom de la société, sera tenu de toute la dette envers le tiers, dans tous les cas où les autres associés ne se trou-veraient pas obligés. Mais une pareille interprétation de l'art. 1864 doit être repoussée. L'associé ne sera tenu de toute la dette que s'il s'est porté fort pour ses coassociés ou s'il s'est présenté comme ayant des pouvoirs suffisants. Mais s'il a déclaré au tiers qu'il n'avait pas de mandat ou bien qu'il avait un mandat insuffisant, il ne sera tenu que pour sa part, car il ne s'est pas obligé pour la part des autres (Arg., art. 1997).

IV. *Obligation contractée par un associé EN SON NOM PERSONNEL pour le compte de la société.*

Nous avons vu au chapitre précédent (p. 222) quelles distinctions il fallait établir entre l'associé qui a contracté des obligatious pour le compte de la société, en exécution d'un mandat et celui qui contracte sans mandat, pour régler leurs rapports avec leurs coassociés. En ce qui concerne les rapports des associés avec le tiers contractant, il faut décider que ce tiers n'aura d'action directe que contre l'associé qui a contracté en son nom personnel, et qu'il n'aura qu'une action indirecte contre les autres associés, en vertu de l'art. 1166.

Il est de principe en effet, que les conventions n'ont d'effet qu'entre les parties contractantes. S'il est vrai que l'associé qui traite au nom de ses coassociés, les oblige envers le tiers contractant, c'est que dans ce cas il agit, soit comme mandataire, soit comme gérant d'affaires, de sorte que le contrat intervient entre ses coassociés et le tiers (art. 1998 et 1375). Les associés sont censés avoir contracté au lieu et place du mandataire qui a agi dans les limites de son pouvoir, et au lieu et place du gérant d'affaires qui a géré utilement. Dans le cas au contraire, où l'associé traite en son nom personnel, le tiers contractant qui ignore que c'est pour le compte de la société, n'entend pas avoir les autres associés pour débiteurs. Ces derniers ne peuvent donc pas être considérés comme ayant contracté avec lui.

La solution que nous donnons est en harmonie parfaite avec l'art. 1864, car cet article qui décide que les coassociés du contractant seront obligés, si la chose a tourné au profit de la société, statue dans l'hypothèse où l'associé a déclaré qu'il contractait pour le compte de la société. Nous n'allons pas jusqu'à dire que l'on puisse tirer de cet article un argument *a contrario* en faveur de notre opinion; mais il est certain qu'on ne peut l'invoquer contre nous, pour établir en matière de société une exception aux principes généraux qui régissent le mandat et la gestion d'affaires.

Il faut donc décider que le tiers contractant n'aura pas d'action directe contre les autres associés, alors même que le résultat de l'engagement aurait tourné à leur profit. L'action indirecte que nous reconnaissons au tiers contractant, n'est autre chose que l'action que l'associé peut exercer lui-même contre ses coassociés. D'où il résulte : 1° que les coassociés peuvent opposer aux tiers toutes les exceptions qu'ils auraient pu opposer à l'associé ; 2° que ce tiers n'a pas un droit exclusif à l'exercice de cette action, qui appartient à tous les créanciers de l'associé.

SECTION III. — *Du concours des créanciers de la société et des créanciers personnels de l'associé sur sa part dans le fonds social.*

Nous avons établi que les sociétés en nom collectif, en commandite ou anonymes, constituent des personnes morales, quelle que soit d'ailleurs la nature de leurs opérations (p. 197). Il est bien évident que dans de pareilles sociétés, les créanciers sociaux ont jusqu'à parfaite satisfaction, un droit exclusif de gage sur tout ce qui compose le patrimoine de l'être moral qui est leur débiteur. Les créanciers personnels de l'un des associés ne peuvent donc concourir sur sa part dans le fonds social avec les créanciers de la société.

Il en est autrement dans les sociétés civiles ordinaires,

c'est-à-dire dans celles qui n'ont pas revêtu la forme commerciale. Ces sociétés ne constituant pas des personnes morales, il faut décider que chaque associé est, pendant la durée même de la société, copropriétaire du fonds social, et que par conséquent sa part dans ce fonds constitue, aux termes de l'art. 2093, le gage commun de ses créanciers sans distinction, puisque aucun texte n'autorise à accorder un privilége à ceux envers lesquels il se trouve obligé en sa qualité d'associé.

Exemple. — Soit une société composée de trois associés, Primus, Secundus, Tertius, ayant droit chacun à un tiers du fonds social et des bénéfices, et tenus de contribuer aux pertes dans la même proportion. Lors de la dissolution de la société, il reste 60,000 fr. d'actif et 30,000 francs de passif; nous supposons d'ailleurs que les dettes sociales ont été contractées conjointement par les trois associés. Primus a droit à 20,000 fr. pour sa part dans l'actif, et il doit 10,000 fr. aux créanciers sociaux pour sa part dans le passif. Mais il a en outre 30,000 fr. de dettes personnelles.

De quelle manière les créanciers de la société et les créanciers personnels seront-ils payés sur les 20,000 fr.? Il faut distinguer si la société dont il s'agit, est ou non une personne morale. Dans le premier cas, les créanciers sociaux seront intégralement payés des 10,000 fr. qui leur sont dus, et les créanciers personnels concourront entre eux sur les 10,000 fr. qui resteront. Au contraire, dans le cas d'une société civile ordinaire, les créanciers sociaux et les créanciers personnels partageront les 20,000 fr. au marc le franc, de sorte que les premiers ne recevront que 5,000 fr. au lieu de 10,000, les créanciers personnels recevront au contraire 15,000 fr. au lieu de 10,000 fr.

Supposons maintenant que dans la société dont il s'agit, le passif consiste en une dette de 30,000 francs envers l'un des associés, Secundus. Faudra-t-il établir la même distinction entre la société personne morale et la société ordinaire ? Il n'en est rien. Secundus prélèvera ses 30,000 francs avant tout partage des 60,000 francs, alors même que la société ne serait pas une personne morale. Les 30,000 francs restants se partageront entre les trois associés : les créanciers de Primus ne toucheront donc que 10,000 fr., et Secundus sera payé intégralement.

Cette différence entre les deux hypothèses s'explique aisément. Dans tout partage, celui des copartageants qui a fait des dépenses pour la chose commune, a le droit d'en prélever la valeur sur le fonds social, de sorte que les autres copartageants n'obtiennent qu'une part réduite par ce prélèvement (art. 828, 831, 1872; voy. Pothier, *Société*, n°s 168 et 198). C'est ainsi que Primus n'obtient que 10,000 francs, soit le tiers de ce qui reste des 60,000 fr., après que Secundus a prélevé les 30,000 fr. qui lui étaient dus. Les créanciers de Primus ne peuvent exercer leurs droits que sur ces 10,000 francs, quoique leur débiteur ait été copropriétaire du tiers de 60,000 fr., car par l'effet du partage, il est censé n'avoir jamais été propriétaire que des 10,000 fr. qui lui sont attribués.

CHAPITRE VI.

Dissolution de la société (art. 1865-1872).

Nous traiterons dans la Section Ire des causes qui amènent la dissolution de la société, et dans la Section II, des effets de la dissolution, de la liquidation et du partage.

SECTION Ire. — *Des causes de dissolution de la société.*

La société finit :

1° Par l'expiration du temps pour lequel elle a été contractée (art. 1865, 1°).

2° Par la consommation de l'affaire pour laquelle elle a été constituée (art. 1865, 2°).

3° Par la perte totale du fonds social (art. 1865, 2°).

4° Par la perte d'un apport promis et qui n'est pas encore réalisé (art. 1867).

5° Par la mort de l'un des associés (art. 1865, 3°).

6° Par l'interdiction, la déconfiture ou la faillite de l'un d'eux (art. 1865, 4°).

7° et 8°. Par la volonté des parties ou de l'une d'elles (art. 1865, 5°).

N° I. *Dissolution de la société par l'expiration du temps pour lequel elle a été contractée* (art. 1865, 1°, et 1866).

Le Code, fidèle à la doctrine de Pothier, considère l'expiration du temps pour lequel la société a été contractée, comme une cause de dissolution qui opère de plein droit, indépendamment de toute renonciation de la part de l'un des associés. Les termes de l'art. 1865 étant absolus, il faut décider que la société sera dissoute, alors même que l'opération que les associés avaient en vue, ne serait pas terminée.

Mais les associés peuvent proroger la société, c'est-à-dire convenir qu'elle durera au delà du terme fixé. Les règles relatives à la preuve de la constitution de la société sont applicables à la preuve de la prorogation. Telle est la seule interprétation raisonnable de l'art. 1866. Ainsi la prorogation d'une société établie par acte authentique pourra être constatée par un acte sous seing privé et réciproquement. La prorogation pourra aussi être prouvée par l'aveu ou le serment des parties, ou même par témoins, quelque important que soit l'objet de la société, dans les cas exceptionnels où la preuve testimoniale est admise (*Civ. rejet,* 19 *juillet* 1852, D. P. 52, 1, 300).

En dehors de ces cas exceptionnels, la prorogation d'une société dont la constitution a été constatée par un acte écrit, ne peut être prouvée par témoins, alors même que son objet aurait une valeur inférieure à 150 fr. Car demander à prouver la prorogation d'une société dont la durée était limitée, c'est demander à faire une preuve contre l'acte de société, ou tout au moins sur ce qu'on allègue avoir été dit depuis. Or, suivant l'art. 1834, 2°, une pareille preuve ne peut être faite par témoins, encore qu'il s'agisse d'une somme ou valeur moindre de 150 fr.

La prorogation d'une société contractée sans écrit peut être prouvée par témoins, pourvu qu'au moment de la convention nouvelle, le fonds social n'ait pas une valeur de plus de 150 francs. Car c'est le fonds social tel qu'il se comporte à ce moment-là qui constitue l'objet du contrat portant prorogation de la société.

Il faut, en ce qui concerne les tiers, appliquer à la preuve de la prorogation de la société, les mêmes règles que celles relatives à la preuve du contrat de société (*vide supra*, p. 183 et 184).

N° II. *Dissolution provenant de la consommation de l'affaire pour laquelle la société a été constituée* (Art. 1865, 2°).

La société est dissoute, parce que le contrat a produit tout l'effet que les parties avaient en vue.

N° III. *Perte totale du fonds social, 1865, 2.°*

Dans ce cas la société finit faute d'objet. Ce mode de dissolution ne s'applique pas à la société universelle de gains, car le fonds social ne comprend pas seulement les meubles présents, mais tous les bénéfices que les associés pourront acquérir par leur industrie. Or la perte des biens présents ne les empêche pas d'en acquérir d'autres par leur industrie. Il en est de même de la société particulière, qui a pour objet l'exercice d'un métier ou d'une profession. La perte totale des objets conférés à la société pour l'exercice du métier ou de la profession ne dissout pas la société. Car le fonds social comprend l'industrie même des associés, qui pourra s'exercer avec d'autres instruments que ceux qui ont péri.

Au contraire la société universelle de tous les biens présents est dissoute par la perte des biens présents, à moins bien entendu qu'elle n'ait été combinée avec la société universelle de gains. La société particulière qui a pour objet une ou plusieurs choses déterminées, est évidemment dissoute par la perte de ces choses.

N° IV. *Perte totale d'un apport promis et qui n'est pas encore réalisé* (art. 1867).

La société est un contrat synallagmatique dans lequel l'obligation contractée par chaque associé de faire son apport et de rester dans la société, a pour cause l'obligation corrélative de chacun de ses coassociés. Lors donc que l'apport promis par l'un des coassociés périt avant d'avoir été réalisé, les obligations des autres cessent faute de cause. L'art. 1867 n'est autre chose que l'application de ce principe : nous avons démontré en effet qu'il n'a apporté aucune modification au principe général que la propriété se transmet par le seul effet des conventions (*vide supra*, p. 210 et 211).

L'art. 1867 s'occupe dans les §§ 1 et 3 de la perte de l'apport dont la propriété avait été promise, et dans le § 2 de la perte de la chose dont la jouissance seule avait été mise en société.

Première espèce (art. 1867, § 1 et 3). — L'associé a promis la *propriété d'un corps certain*. Nous avons déterminé dans quels cas la propriété de l'apport n'est pas transférée au moment même où intervient le contrat de société (*vid.* p. 209). Dans ces différentes hypothèses la perte de la chose arrivée avant la translation de la propriété, empêche la société de se former : car les obligations des autres associés n'auraient pas de cause. Tout au contraire, la perte de la chose dont la propriété a été transférée aux associés, ne dissout pas la société, car cette chose est à leurs risques et périls du moment qu'elle fait partie du fonds commun. Il est bien entendu qu'il en est autrement dans le cas où l'associé s'est chargé des cas fortuits ; ou dans celui où la chose périt après la mise en demeure de l'associé, alors qu'il est prouvé qu'elle n'eût pas péri si elle eût été livrée.

Il faut appliquer les mêmes principes, dans le cas où *l'associé a promis de constituer un droit réel sur une chose déterminée dans son individualité.*

Deuxième espèce (art. 1867, § 2). *L'associé a promis la jouissance d'un corps certain.* Dans cette espèce l'apport n'est jamais pleinement réalisé, car il consiste à procurer chaque jour à la société la jouissance de la chose. D'où il résulte : 1° que si la chose périt avant d'avoir été livrée, la société n'existe pas, 2° que si elle périt depuis, la société est dissoute, car les obligations des autres associés cessent d'avoir une cause (*vide supra*, p. 214 et 215).

N° V. *Mort de l'un des associés* (Art. 1865, 3°; 1868).

Lorsque plusieurs personnes contractent une société, elles prennent en considération les qualités personnelles de chacune d'elles, et non pas seulement les biens qu'elles apportent à la société. Il en est ainsi à l'égard même de l'associé, qui n'a apporté que des choses et qui se trouve exclu de l'administration. Car cet associé a le droit de prendre connaissance de la gestion et d'élever des contestations sur la manière dont les affaires de la société sont administrées. Sa discrétion, son esprit conciliant sont des qualités personnelles qui ont engagé ses coassociés à traiter avec lui. Il ne faut donc pas présumer que les parties aient voulu admettre dans leur société les héritiers de l'associé prédécédé, qu'ils ne peuvent connaître d'avance. Il ne faut pas non plus présumer que les associés aient voulu maintenir la société entre les survivants, car le but qu'ils se sont proposé en s'associant, ne peut en général être atteint que par le concours de tous ; or, si l'un fait défaut, ce concours est détruit. L'industrie ou les capitaux de l'associé décédé, peuvent même avoir été pour les associés survivants, la principale cause qui les a fait entrer dans la société.

Mais les associés peuvent désirer mettre la société à l'abri des chances d'une dissolution anticipée, qui pourrait porter préjudice à leurs intérêts. Le législateur leur permet donc de décider que si l'un d'eux vient à mourir, la société continuera entre les survivants, ou même qu'elle continuera entre les survivants et les héritiers du prédécédé. Cette dernière convention n'était admise par le Droit Romain que dans la *societas vectigalis*. La question de savoir si elle pouvait être insérée dans tous les contrats de société, était controversée dans l'Ancien Droit. Pothier la décidait par l'affirmative (n° 145), et son opinion a passé dans le Code.

Trois hypothèses peuvent donc se présenter :

I. *Les associés n'ont rien dit.* Dans ce cas la société est dissoute par la mort de l'un des associés (art. 1865, 3.°)

II. *Les associés sont convenus que la société ne serait pas dissoute.* Dans ce cas la société continue entre les survivants et les héritiers du prédécédé, alors même que ces héritiers seraient mineurs (art. 1868).

III. *Les associés sont convenus que la société continuerait entre les survivants.* Dans ce cas, il faut liquider la part de l'associé prédécédé, comme si la société eût été dissoute par sa mort. Ses héritiers n'ont donc droit aux bénéfices et ne sont tenus des pertes, qu'autant que ces bénéfices et ces pertes sont une suite nécessaire des opérations commencées avant le décès de leur auteur (art. 1868).

N° VI. *Interdiction, déconfiture ou faillite de l'un des associés* (art. 1865, 4°). [1]

---

1. L'art. 1865, 4°, met la mort civile au nombre des causes de dissolution. Mais la mort civile se trouve abolie depuis la loi des 31 mai - 3 juin 1854.

Les raisons qui font de la mort de l'un des associés une cause de dissolution de la société, sont applicables à son interdiction judiciaire ou légale. Le tuteur de l'associé interdit qui le représente dans tous les actes civils, est tout aussi étranger aux autres associés que le serait l'héritier de l'associé décédé.

On discute la question de savoir si la nomination d'un conseil judiciaire est une cause de dissolution au même titre que l'interdiction. Cette question doit être résolue négativement. En effet, 1° l'art. 1865, 4°, ne parle que de l'interdiction, 2° le conseil judiciaire de l'associé ne le représente pas, il ne fait que l'assister, de sorte que sa présence dans la société est beaucoup moins embarrassante pour les autres associés que ne le serait celle du tuteur de l'interdit. Il est évident d'ailleurs que la nomination d'un conseil judiciaire peut, suivant les cas, être une juste cause pour demander la dissolution de la société avant le terme fixé par le contrat (art. 1871).

La déconfiture de l'associé est une cause de dissolution de la société, car on ne peut forcer les autres associés à rester en rapports d'intérêts avec une personne qui ne présente plus aucune garantie. Il en est de même de la faillite, quoique l'art. 1864 soit muet sur ce point. Il y a même une raison de plus de dissoudre la société, c'est le dessaisissement pour l'associé failli de l'administration de tous ses biens, qui passe entre les mains des syndics.

Les associés peuvent d'ailleurs pour les cas d'interdiction, de déconfiture ou de faillite de l'un d'entre eux, faire les mêmes conventions que pour le cas de mort. Ils peuvent convenir que la société subsistera entre tous les associés, ou bien encore qu'elle continuera entre les coassociés du failli et de l'interdit. Dans ce dernier cas les droits de l'associé qui sort de la société seront liquidés conformément à l'art. 1868.

N° VII. *Dissolution de la société par la volonté de tous les associés* (art. 1865, 5°).

Il est évident que les associés peuvent dissoudre la société quand bon leur semble, sans qu'il y ait à distinguer si la société avait ou non une durée limitée.

Il faut, en ce qui concerne la preuve de la dissolution, appliquer les règles que nous avons établies pour la preuve de la prorogation. Si la société a été contractée sans écrit, la convention portant dissolution ne pourra être prouvée par témoins qu'autant que la valeur actuelle du fonds social ne sera pas supérieure à 150 francs. Lorsque le contrat de société aura été constaté par écrit, la preuve testimoniale ne sera pas admise, alors même que la valeur de fonds social ne dépasserait pas 150 francs (*vide supra* p. 259).

N° VIII. *Dissolution de la société par la volonté de l'un des associés* (art. 1865, 5°; 1869-1871).

Il faut distinguer les sociétés *dont la durée est illimitée* et celles *dont la durée est limitée.*

Chacun des associés peut dissoudre la société dont la durée est illimitée, en notifiant à ses coassociés qu'il entend y *renoncer.* Au contraire, lorsque la société a une durée limitée, l'associé ne peut la dissoudre par sa renonciation ; s'il a de justes motifs de demander la dissolution de la société, il doit la faire prononcer par le tribunal.

Que faut-il entendre par sociétés dont la durée est illimitée ? Suivant certains auteurs, ce seraient toutes les sociétés qui ne sont pas contractées *pour un certain temps limité.* Ainsi la société qui a pour objet *une entreprise déterminée et d'une durée limitée,* serait comprise dans la catégorie des sociétés qui peuvent être dissoutes par la renonciation de l'un des associés. On invoque à cet égard l'autorité du Droit romain et de Pothier (*Société* n° 150), ainsi que le texte de l'art. 1871. Nous soutenons au contraire que *les seules sociétés auxquelles on puisse renoncer, sont celles dont la durée n'a pas été fixée par la convention et ne se trouve pas limitée par la nature même de l'entreprise qui en fait l'objet.* En effet si nous écartons les arguments historiques, pour nous attacher aux principes généraux du Code sur la force obligatoire des conventions, et à l'interprétation des art. 1844, 1869 et 1871, nous arrivons à reconnaître que les rédacteurs du Code se sont écartés de l'ancienne doctrine.

Le principe général posé par l'art. 1134, c'est que les conventions tiennent lieu de loi à ceux qui les ont faites et qu'elles ne peuvent être révoquées que de leur consentement mutuel ou pour les causes que la loi autorise. Cela posé, à quoi s'oblige l'associé, qui contracte une société dont la durée n'est limitée, ni par un terme ni par la nature de l'entreprise ? Il s'oblige à entrer dans la société, mais comme il n'a pas dit pour quel temps, ni pour quelle affaire, il est libre de déclarer qu'il ne veut plus être associé. Tout au contraire celui qui contracte une société pour une entreprise dont la durée est limitée, s'oblige à rester dans la société pendant tout le temps que doit durer cette entreprise. Cette distinction se trouve clairement exprimée dans l'art. 1844. En effet cet article ne mentionne la faculté de renoncer à la société et ne renvoie à l'article 1869, que dans le cas où la société devait durer jusqu'à la mort de l'un des associés. Si maintenant on nous objecte que l'art. 1871 désigne sous le nom *de sociétés à terme*, celles auxquelles on ne peut renoncer, nous répondrons qu'un terme peut être fixé, non-seulement d'une manière expresse, mais encore d'une manière tacite ou présumée. Or l'art. 1844 dit précisément que la société contractée pour une affaire dont la durée est limitée, est censée contractée pour tout le temps que cette affaire doit durer. Donc cette société est à terme et doit être régie par l'art. 1871 (*voy. en ce sens*, Duvergier, n° 453; Troplong, t. II, n° 970; Aubry et Rau, t. III, § 384, note 10).

I. *Renonciation à la société dont la durée est illimitée.*
Pour que la renonciation opère la dissolution de la société, il faut, aux termes de l'art. 1869 :

1° *Qu'elle soit notifiée à tous les associés.* — Cette notification doit être prouvée par écrit, dans tous les cas où la preuve testimoniale ne serait pas admise pour établir la convention de dissoudre la société ; elle doit donc être prouvée, soit par une signification faite par un huissier, soit par un acte sous seing privé, par lequel les associés reconnaissent que cette signification leur a été faite. Cet acte devrait d'ailleurs être fait en autant d'originaux qu'il y a d'associés, conformément à l'art. 1325.

2° *Qu'elle soit faite de bonne foi.* — La renonciation n'est pas de bonne foi, lorsque l'associé la fait dans la vue de s'approprier à lui seul le profit que les associés s'étaient proposé de retirer en commun (art. 1870, al. 1).

3° *Qu'elle ne soit pas faite à contre-temps.* — Elle est faite à contre-temps, lorsque les choses ne sont plus entières, et qu'il importe à la société que sa dissolution soit différée. Il faut donc consulter l'intérêt commun des associés et non pas celui de l'associé renonçant, pour décider si la renonciation n'est pas faite à contre-temps (art. 1870, al. 2. *Pothier*, n° 151).

Lorsque l'une de ces trois conditions fait défaut, la renonciation n'est pas régulière. Mais la nullité dont elle est frappée, est purement relative. Les autres associés peuvent donc, à leur choix, la considérer comme non avenue, ou bien considérer la société comme dissoute. Il en est ainsi notamment dans le cas où la renonciation n'aurait pas été notifiée à tous les associés. Ceux d'entre eux qui auraient reçu la notification, pourraient se prévaloir de la nullité résultant du défaut de notification à leurs coassociés ; car cette irrégularité ne peut leur être imputée.

Certains auteurs enseignent que lorsque la renonciation

ne pêche que par le défaut *de bonne foi*, la nullité consiste uniquement à faire attribuer à la société le profit que le renonçant voulait s'attribuer à lui seul et que sous tous les autres rapports la société est dissoute. Ils invoquent à l'appui de leur opinion le § 4 des Inst. *h. t.* (*vide supra*, p. 148). Mais cette doctrine doit être repoussée en Droit français. Que dit en effet l'art. 1869? Que la dissolution s'opère par une renonciation faite *à tous* les associés, pourvu que cette renonciation soit *de bonne foi* et non faite *à contre-temps*. Donc si la renonciation est *de mauvaise foi*, elle est nulle tout aussi bien que si elle est faite *à contre-temps*.

Remarquons d'ailleurs que Pothier, loin de reproduire la décision des Instilutes, assimile parfaitement ces deux espèces de renonciations irrégulières (n° 154).

Les associés ne peuvent pas s'interdire d'une manière absolue la faculté de demander la dissolution de la société qui a été contractée d'une manière illimitée. Mais ils peuvent remplacer cette faculté par tout autre moyen qui permettrait à l'un des associés de sortir de l'indivision ; par exemple en stipulant pour chaque associé le droit de céder sa part à un tiers, qui prendrait sa place dans la société, ou bien encore en lui reconnaissant le droit de faire liquider sa part dans la société et de s'en faire remettre la valeur soit en argent, soit en effets dépendant de la société.

II. *Demande en dissolution de la société dont la durée est limitée, soit par une convention expresse, soit par la nature de l'entreprise* (art. 1871).

Chacun des associés peut demander la dissolution de la société, en alléguant de justes motifs, dont la légitimité et la gravité sont abandonnées à l'appréciation des tribunaux. La loi cite, à titre d'exemple, le cas où l'un des associés manque à ses engagements et celui où une infirmité habituelle le rend inhabile aux affaires de la société. Ces deux cas se comprennent aisément. Le contrat de société étant synallagmatique, la condition résolutoire y est toujours sous-entendue pour le cas où l'un des associés ne remplirait pas ses engagements, peu importe que ce soit volontairement ou involontairement. Cette distinction ne doit être faite que pour résoudre la question des dommages-intérêts, dont l'associé n'est passible qu'autant qu'il a une faute à se reprocher.

Outre ces deux causes de dissolution de la société, la doctrine et la jurisprudence signalent les suivantes : 1° l'incapacité d'un associé, 2° l'habitude du jeu, 3° une condamnation qui porte atteinte à l'honneur, 4° la dation d'un conseil judiciaire, 5° l'absence sans nouvelles, 6° la mésintelligence grave entre les associés, 7° la diminution du capital social au point d'être devenu insuffisant pour subvenir aux opérations, 8° la cessation des fonctions d'un gérant institué par l'acte de société.

SECTION II. — *Des effets de la dissolution de la société, de la liquidation et du partage.*

A partir du jour ou la société est dissoute, tous les bénéfices que l'un des associés peut réaliser et toutes les pertes qu'il peut éprouver, sont pour son compte particulier.

Il faut pourtant faire certaines restrictions à ce principe. Les pertes et les bénéfices dont nous venons de parler, sont pour le compte de la société, s'ils sont une suite nécessaire des affaires antérieures (Arg., art. 1868). L'associé gérant doit achever les affaires commencées; dans le cas où la société est dissoute par son décès, ses héritiers doivent en donner avis à ses coassociés, et prendre en attendant les mesures que les circonstances exigent (Arg., art. 1991 et 2010). Enfin les opérations faites pour le compte de l'un des associés dans l'ignorance de la dissolution, sont pour le compte de la société (Arg., art. 2008, *vide supra*, p. 140). Les tiers qui ignoraient la dissolution et qui ont traité avec l'associé administrateur, sont dans la position de celui qui traite avec le mandataire dans l'ignorance de la cause qui a fait cesser le mandat : tous les associés sont liés envers eux (art. 2009), alors même que l'administrateur aurait été de mauvaise foi.

Chaque associé a le droit de demander la liquidation et le partage du fonds social. Pour établir la consistance de ce fonds, les associés se rendent réciproquement raison de ce qu'ils peuvent se devoir d'après les règles exposées aux sections I et II du chapitre IV (*vide supra*, p. 207-224). Les parts sont ensuite déterminées ainsi que nous l'avons expliqué dans la section III du même chapitre (*vide supra*, p. 224). Il est ensuite procédé au partage de la société dans les mêmes formes que s'il s'agissait d'une succession. Il faut appliquer également les règles établies en matière de succession, aux effets du partage de la société, à la garantie des lots et à la rescision pour cause de lésion (art. 1872 et Arg., art. 1476).

La disposition de l'art. 841 sur le retrait successoral ne doit pas être appliquée au cas où l'un des associés cède à un tiers ses droits dans la société. En effet le retrait successoral n'est point une opération du partage, c'est une action par laquelle le cohéritier du cédant demande à être mis aux lieu et place du cessionnaire en remboursant le prix de cession. Il est vrai que l'art. 841 fait partie de la section intitulée *de l'action en partage et de sa forme*. Mais on voit souvent dans les lois, des dispositions placées sous une rubrique qui ne leur convient pas exactement. Ainsi les art. 819, 820 et 821, qui se trouvent placés dans la même section, traitent de l'apposition des scellés ; or l'apposition des scellés n'a rien de commun avec le partage ; et personne n'a soutenu que les scellés dussent être apposés lors de la dissolution de la société. Le texte même des art. 841 et 1872 n'est donc pas favorable à l'opinion que nous combattons. Cette opinion est surtout contraire à l'esprit de la loi qui n'a autorisé l'exercice du retrait successoral que pour empêcher les tiers de s'immiscer dans les affaires d'une succession et de pénétrer ainsi dans les secrets de la famille du défunt.

Nous avons déjà fait connaître la disposition de l'art. 59, § 5 du Code de procédure, et nous en avons indiqué les motifs (*vide supra*, p. 194). Il nous reste à voir de quelle manière il faut l'appliquer à la liquidation et au partage de la société. L'art. 59 porte : « Le défendeur sera assigné.... § 5. En matière de société, *tant qu'elle existe*, devant le juge *du lieu où elle est établie.* » Nous ferons observer tout d'abord que cette disposition ne s'occupe que des sociétés qui ont un siége fixe ; l'action en liquidation et en partage d'une société qui n'a pas de siége fixe, devra donc être portée devant le tribunal du défendeur, si le fonds social ne comprend pas d'immeubles (Cod. proc., art. 59, § 1) ; s'il y a un immeuble à partager, l'action pourra être également portée devant le tribunal de la situation (Cod. proc., art. 59, § 4). Occupons-nous maintenant des sociétés qui ont un siége fixe. Si l'on se tenait exclusivement au texte de l'art. 59, § 5, il faudrait appliquer les mêmes règles que dans l'hypothèse précédente, car au moment où la demande en liquidation et en partage est intentée, la société n'existe plus. Mais il faut combiner cet article avec les art. 822 et 1872 du Code Napoléon. Or, aux termes de l'art. 822, l'action en partage de la succession, les actions relatives à la garantie des lots entre copartageants et celles en rescision du partage doivent être portées devant le tribunal du lieu où la succession s'est ouverte. Les mêmes règles devant être appliquées au partage des sociétés (art. 1872), il faut décider que les actions en liquidation et en partage de la société, celles en garantie des lots et en rescision du partage, devront être portées devant le tribunal du lieu où la société était établie.

POSITIONS.

I. DROIT ROMAIN.

1. Le fait de l'un des débiteurs solidaires nuit à l'autre, mais non pas la *mora* (L. 18, *de duobus reis*, D. 45, 2; L. 32, § 4 *de usuris*, 22, 1).

2. Suivant Papinien, lorsque l'héritier institué par un fils de famille sur son pécule *castrense*, ne faisait pas adition, les stipulations faites par un esclave du pécule, étaient frappées de nullité, mais les legs faits à cet esclave étaient valables (L. 14, §§ 1 et 2, D., *de castrensi peculio*, 49, 17).

3. Lorsque de deux débiteurs solidaires *socii*, l'un est incapable de recevoir du créancier à titre gratuit, tandis que l'autre est capable, l'acceptation faite à ce dernier, profite au premier par voie de conséquence (L. 29, *de liberatione legata*, 34, 3; *Nec obstat.*, L. 5, § 1, *de donationibus inter virum et uxorem*, 24, 1).

4. Dans les ventes pures et simples, lorsque la chose vient à périr par cas fortuit après la vente et avant la tradition, la perte est supportée par l'acheteur. Africain la mettait néanmoins à la charge du vendeur, mais son opinion avait été repoussée par les autres jurisconsultes et lui-même avait fini par se ranger à la doctrine générale. (L. 33, D, *locati conducti*, 19, 2. L. 39, D. *de solutionibus*, 46, 3).

5. Lorsque l'un des associés apporte une somme d'argent et l'autre son industrie, le premier peut à la disso-

lution de la société, prélever sa mise, s'il n'y a convention contraire.

6. Dans le calcul du bénéfice de compétence, la déduction *ne egeat* a été maladroitement généralisée par Tribonien (l. 173, *pr. D. de regulis juris*, 50, 17).

7. Dans le dernier état du Droit Romain le bénéfice de compétence pouvait être invoqué par l'associé poursuivi par l'action *pro socio*, non-seulement dans les sociétés *universorum bonorum*, mais dans toutes les sociétés (*l.* 63, *pr. D. pro socio*, 17, 2. — *Nec obstat l.* 16, D. *de re judicata*, 42, 1).

8. Malgré la généralité des termes de la l. 50, D. *pro socio*, 17, 2, l'associé peut, dans certains cas, intenter l'*actio legis Aquiliæ*, après avoir exercé l'*actio pro socio*.

II. DROIT CIVIL FRANÇAIS.

1. La société universelle n'est pas tenue des frais d'entretien et de nourriture des associés.

2. Les sociétés civiles ne constituent des personnes morales, que dans le cas où elles ont été constituées sous la forme en nom collectif, en commandite ou anonyme.

3. On ne peut renoncer sans de justes motifs à la société qui a pour objet une entreprise d'une durée limitée.

4. Les engagements pris par l'un des associés, en son nom personnel, ne donnent aux tiers qui ont traité avec lui, aucune action directe contre les autres associés, alors même que le résultat de ces engagements a tourné à leur profit.

5. Les pères et mères naturels n'ont pas la tutelle légale de leurs enfants.

III. DROIT COMMERCIAL.

1. Les créanciers d'une société en commandite ont une action directe contre le commanditaire pour l'obliger à verser sa mise.

18

2. Les tribunaux peuvent condamner une société anonyme à faire modifier la dénomination sous laquelle elle a été autorisée, si cette dénomination a pour effet d'établir une concurrence déloyale vis-à-vis d'une autre compagnie.

IV. DROIT CRIMINEL.

1. La citation directe devant le tribunal de police correctionnelle peut constituer le délit de dénonciation calomnieuse.

2. La Cour impériale peut, sur l'appel interjeté *a minima* par le ministère public, mitiger la peine ou même acquitter le prévenu, alors que ce dernier n'a pas appelé du jugement qui le condamne.

V. DROIT DES GENS.

1. Le traité conclu par un plénipotentiaire n'est obligatoire qu'après qu'il a été ratifié par le souverain, alors même que le droit de ratification n'a pas été réservé.

2. Les sujets de l'une des puissances qui ont participé ou adhéré à la déclaration du Congrès de Paris du 16 avril 1856, portant que *la course est abolie*, peuvent être traités comme pirates *par ces mêmes puissances*, s'ils se font délivrer des lettres de marque par une puissance qui n'a pas donné son adhésion à ladite déclaration.

Vu par le Président de la thèse :

BUGNET.

Vu par le Doyen de la faculté :

PELLAT.

Permis d'imprimer :

Le Recteur,

ARTAUD.

9 782329 065885